キューバ現代史

革命から対米関係改善まで

後藤政子

Masako Goto

明石書店

はじめに——なぜキューバ革命は生きながらえることができたのか

２０１５年7月、半世紀ぶりにキューバと米国が国交を回復した。

キューバにとって１９５９年の革命以来の歴史は米国の干渉の歴史であった。世界の超大国のすぐ足元にあって、貧しい小さな発展途上国があらゆる干渉に耐えながら革命の基本理念を維持し続け、ついに米国の側から関係改善の手を差し伸べるに至ったことは、奇跡とも言える。

しかも、１９９０年代には経済的に大きく依存していたソ連が解体し、国家の存亡にかかわるほど深刻な経済危機に見舞われた。当時、世界は新自由主義体制の時代であったが、それは革命の基本理念に背くものであるとして、独自の道を選び、孤立無援のなかで、第二の東欧となることなく、国民を統合し、一人の餓死者も出さずに、経済を回復軌道にのせた。

このような逆境にもかかわらず、なぜ、キューバ革命は生きながらえることができたのであろう。

その答えは「キューバ革命とは何であったのか」という問いと深くかかわっている。それはどのような革命であり、今日、21世紀という時代において、どのような意味を持つのであろう。

１９５９年に革命が成功したとき、カリブ海のこの小さな国に世界の注目が集まった。革命指導者の自己犠牲精神やモラルの高さ、国民との一体化、社会主義国に転換したあとも前衛芸術が開花した「自由で陽気な亜熱帯の社会主義」など、——それは歴史上、類を見ない「新鮮な革命」であった。

その後、キューバの社会主義体制のあり方はさまざまに変化し、世界の人々の見方も毀誉褒貶相半ばすることになった。たとえば、一方では「貧しいけれども明るい国民」、「経済的に苦しいなかで教育と医療の無償制度が維持され、国民の基本的な生活が保障された国」への憧憬は絶えない。しかし、他方では「時代遅れの社会主義体制を維持する独裁国」と一蹴する人々も少なくない。

たしかに、決して物質的に豊かではないが、多くの国民は明るく陽気であり、誇りを持って生きているように見える。しかし、「経済的貧しさ」ゆえの深刻な問題も起きており、これを見過ごすならば、なぜ、21世紀に入り、「社会主義の抜本的な見直し」が進んでいるのかが理解できない。逆に、ごく些細な不測の事態が米国の直接介入につながる状況は革命以来、今日に至るまで続いており、もしも「カストロ独裁の国」であったならば、革命政府はずっと早い段階に崩壊していたことであろう。

キューバをめぐっては、「間違いであることが何度も証明されているにもかかわらず、いまだに常識や固定観念が世界を歩き回っている」。これはあるキューバの研究者の言葉であるが、そうした常識や固定観念は、米国政府などキューバに敵意を持つ人々だけではなく、キューバに好意的な人々についても見られる。

キューバは共産党の一党制をとっているが、なぜ、宗教の信者をはじめ、さまざまな信条やイデオロギーを持つ人々が入党しているのか。キューバはいまも「社会主義の維持」を掲げているが、「社会主義」というときにはどのような意味が込められているのか。今日、キューバで進められている「社会主義体制の抜本的転換」を主導したのは、一般にラウル・カストロだとみなされているが、果たしてそうであろうか。実は体制転換の口火を切ったのはフィデル・カストロであった。しかも、革命世代の指導部は必ずしも古い体制の擁護者ではなく、逆に一般市民のなかにもいわゆる「守旧派」は存在する。

このように、キューバについては再検討を迫られる常識や固定観念は大変多い。

革命以来の50年以上にわたる歴史は、キューバにとって、米国の直接間接の干渉、20世紀という時代的条件、そして貧しい発展途上国という制約のもとで、革命の基本理念の実現のために七転八倒してきた過程であった。このような制約に対し、キューバはどのように対応し、何が実現でき、何が実現できなかったのか。それはなぜか。

この半世紀の歴史を見つめていくと、キューバ革命がなぜ生きながらえることができたのか、21世紀に入りキューバが乗り出している「社会主義体制の抜本的転換」とはどのようなものか、対米関係改善によってさらにグローバル化のなかに深く組み込まれることになったキューバは、今後も革命の基本理念を貫いていくことができるのかどうか――こうした問題への答えが見えてくる。

では、「キューバ革命の基本理念とは何か」ということになるが、それはよく知られているように、「キューバ独立の父」といわれるホセ・マルティの思想であり、その「生き様」である。マルティの思想と生き様は「キューバ精神」と呼ばれ、歴史的に国民のなかに脈々と受け継がれてきた。１８９５年に始まる第2次独立戦争の指導者マルティは、「大義の実現のために命を捧げるのは人間の義務である」として、文字通り、キューバ独立のために生涯を捧げた。独立戦争の開始のためキューバの土を踏んだ直後に、「あなたは独立後に大切な人なのだから陣地にとどまるように」というゴメス総司令官の制止を振り切り、パトロールに出たところ、スペイン軍の銃弾に斃れた。

フィデル・カストロも「師マルティの弟子である」と自称するほどマルティを崇拝しており、革命の戦略や戦術も、革命後の社会づくりのあり方も、マルティそのものであった。

マルティの思想は「人間は自由な存在である」ことを出発点としている。しかし、同時に、「自由とは他者の自由の拡大である」、「自由な人間同士を律するものは公正なコンセンサスと、愛と平和である」としていたところに固有性があった。また、独立後の社会のあり方については、「すべての人々の幸せのための社会」を基本理念としていた。しかし、同じく「独立が実現したならば、最も虐げられた人々の解放を最優先課題とする」と訴えていた。

革命直後には、まず、貧困層の生活向上や黒人や女性の平等などに力が注がれ、その後、社会主義国に転換してからは、「すべての国民に等しく基本的な生活を保障する平等主義体制」が取られるが、それはこうしたマルティの「すべての人々の自由」と「最も虐げられた人々の解放優先」という理念にもとづくものである。

しかし、平等主義社会は限界を露呈し、その後、キューバの社会主義体制のあり方は紆余曲折を経ることになる。

カストロがキューバ東部のモンカダ兵営を襲撃して革命を開始したのは1953年7月26日、26歳のときであった。その5年半後の1959年1月1日に革命は成功するが、同じ年の2月に革命政府首相に就任してから2008年2月に81歳で国家評議会議長を辞任するまで、最高指導者として政治のかじ取りを行ってきた。

キューバは、すべての国民に基本的生活が保障され、教育や医学・医療が高度に発展し、先進国並みの社会指標を誇ることで知られている。しかし、その一方で、物質的に豊かな社会は未だに実現できていない。カストロにとってもキューバ革命は「未完の革命」である。

一方、いま、キューバでは「社会主義体制の抜本的転換」が始まっているが、これは既成の社会主義思想を根本から見直し、いわば社会主義思想の呪縛から解放され、「革命の基本理念を実現するにはどのような社会体制が相応しいか」を原点として社会のあり方を追求した結果であった。

「社会主義」の見直しが始まったのは、かなり早く、1980年代のことである。一般に言われているように1990年代のソ連解体による経済危機の時代ではなかった。

きっかけは「人間の多様性」を認識させられたことである。「人間はさまざまである」とすれば、「すべての人々の幸せのための社会」というマルティの理念とどのように統一するか。それにふさわしい社会体制とはどのようなものか。その模索が始まったところでソ連が解体し、深刻な経済危機に見舞われたため、以後、四半世紀にわたり、キューバの体制改革は一進一退を繰り返すことになった。しかし、そのために矛盾は深まり、「革命自壊」の可能性すら指摘されるようになり、ようやく2011年の第6回共産党大会において抜本的体制転換に本腰を入れることが決まった。この新しい社会体制は「21世紀にふさわしいキューバ固有の社会主義」と捉えられている。

いま、キューバが目指しているのは「平等主義社会」から「福祉社会」への転換である。その背景には、平等主義的な社会制度と中央集権的な経済運営体制が人間の多様性に加え、経済発展という点でも限界を露呈したことがあった。しかし、市場化が進むとともに、所得格差の拡大だけではなく、貧困問題が顕在化し、完全に消滅したはずの人種差別や性差別も復活し始めている。その意味でもカストロにとってキューバ革命は「未完の革命」である。

2016年11月25日、フィデル・カストロ前議長が死去した。奇しくも60年前に革命の実現を目指してグランマ号に乗り組み、メキシコの港から出帆した日であった。90歳であった。遺骨は12月4日、マルティが眠るサンティアゴ・デ・クーバのサンタ・イフィヘニア墓地に納められた。銅像や胸像をつくらないように、道路などに自分の名前をつけないようにという遺言を残していた。「師」マルティの「弟子」

らしい生き様であった。

死去の報に接し、思い起こされるのは２００５年にカストロがハバナ大学の学生を前に行った講演である。革命以来の半世紀にわたる試行錯誤の過程を振り返り、心情を吐露したものであった。直後に病を得て引退しており、事実上の遺言となった。このとき、カストロは新しい時代を担う若者たちに対し、「最も大事なのは人間の命だ。革命の出発点はそこにある」として、人間らしい社会にふさわしい政治経済体制とはどのようなものか、知力を尽くして追求してほしいと訴えた。「知の社会」の形成、革命後世代の政治指導部の育成、すべての国民の政治参加制度など、すでにそのための準備も整えていた。

フィデル・カストロの死は「一つの時代の終わり」を示すものではない。多くの人々が新自由主義の限界を認識し始めており、「トランプ現象」の世界的広がりは「資本主義の時代」が歴史的転換期を迎えていることを示している。カストロがキューバの若い世代に実現を託した「未完の革命」は、21世紀に生きる世界の人々の課題でもある。

「マルティの弟子」としてカストロが目指したのは、人間の真の解放、すべての人々、人種、民族、国の平等と助け合い、自然と共存した経済発展などである。そのため、はじめは理想主義社会を目指したが、カストロも深く反省しているように、実現不可能であることが明らかになった。他方、ソ連が解体して未曽有の経済危機に見舞われたときには、革命の基本理念を守るために世界的潮流となっていた新自由主義体制への転換を退け、国民の結束のもとで、経済を回復軌道に乗せた。

なぜ、理想主義体制は実現不可能であったのか。なぜ、貧しい発展途上国が厳しい国際条件のもとで「第二の東欧」となることなく、「革命」を維持し続けることができたのか。固定観念を排して半世紀にわたるカストロの試行錯誤の過程を見つめていくならば、新しい社会体制のあり方について考える際の一助となる。

ラウル・カストロ政権のもとで動き出した抜本的な社会主義体制の転換は、期待通りに機能するかどうか、まだ不確定である。政治指導部の必死の努力にもかかわらず、人種差別や性差別の復活など負の側面が拡大している。その一方では、米国との国交回復後も世界一厳しいといわれる経済封鎖も変わることなく続いている。遠いカリブ海の小国ではあるが、「キューバの実験」から目を離すことができない。

本書では「革命の始まり」といわれる1953年のモンカダ兵営襲撃事件から対米関係改善に至る歴史を振り返りながら、「キューバ革命とは何であったのか」について考えてみたい。実は、筆者自身も、いまさらながら、常識や固定観念にとらわれていることに気づき、七転八倒しながら革命過程の見直しを迫られた。これはそのなかからようやく垣間見えてきた一つの見方である。そこからは一般のイメージとは異なるキューバの姿が見えてくるであろう。

2016年12月

著者

キューバ現代史——革命から対米関係改善まで❖目次

第3章◉キューバ風共産主義　115

第4章◉「ソ連化の時代」　155

第5章◉「社会主義」を見直す　167

第6章◉ソ連解体の衝撃――「革命」の生き残りをかけて　187

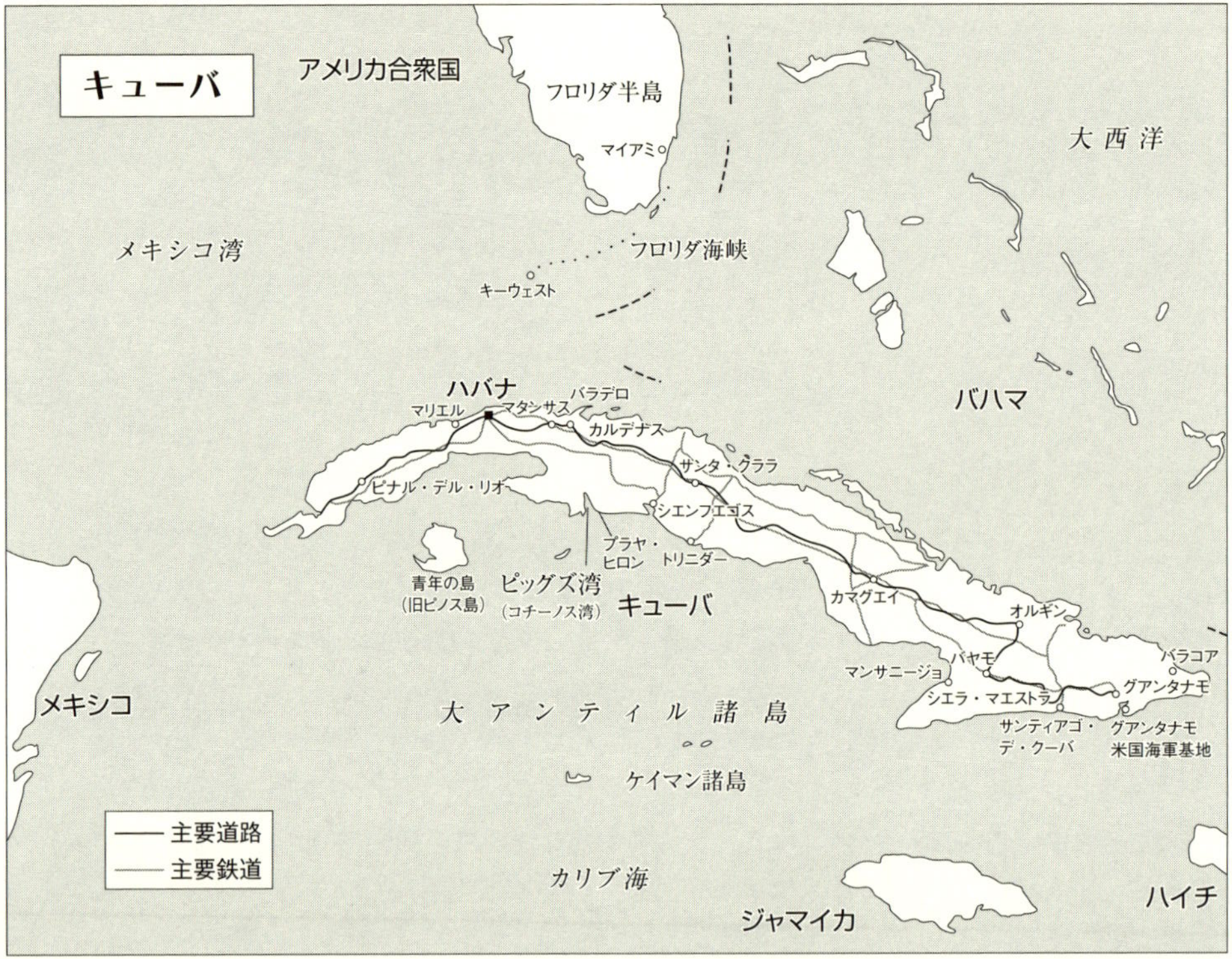
キューバ
アメリカ合衆国
フロリダ半島
マイアミ
大西洋
メキシコ湾
フロリダ海峡
キーウェスト
ハバナ
バラデロ
マリエル
マタンサス
カルデナス
バハマ
サンタ・クララ
ピナル・デル・リオ
シエンフエゴス
プラヤ・ヒロン
トリニダー
青年の島
(旧ピノス島)
ピッグズ湾
(コチーノス湾)
キューバ
カマグエイ
オルギン
バヤモ
バラコア
マンサニージョ
グアンタナモ
シエラ・マエストラ
メキシコ
大アンティル諸島
サンティアゴ・デ・クーバ
グアンタナモ米国海軍基地
ケイマン諸島
主要道路
主要鉄道
カリブ海
ハイチ
ジャマイカ

第1章◉モンカダ兵営襲撃からシエラ・マエストラへ

1　革命の始まり

（1）1953年7月26日　モンカダ兵営襲撃

1953年7月26日日曜日早朝、121人の若者がキューバ第二の都市サンティアゴ・デ・クーバにあるモンカダ兵営を襲撃した。フルヘンシオ・バティスタ独裁政権を倒し、社会変革を目指す「キューバ革命の始まり」であった。モンカダ兵営はキューバでは2番目に大きな兵営である。当時、最大の兵営はハバナのコルンビア兵営であった。

指導者は26歳のフィデル・カストロである。ハバナ大学卒業後、弁護士としてわずかな生活の糧を得ながら、社会変革の道を探し求めていた。

バティスタは前年の1952年3月10日にクーデターを起こし、権力を握った。大統領選挙での当選が危ぶまれたためである。これに対し、伝統的に革新政党とみなされ、またそのように自称してきた「キューバ革命党アウテンティコ（真正派）」（アウテンティコ党）も、また、アウテンティコ党の腐敗や無策を批判して分党し成立した「キューバ革命党オルトドクソ（正統派）」（オルトドクソ党）も、「何もしなかった」。そのためフィデル・カストロは既成政党とは結びつきのない若者の手で運動を起こすことを決意し、地下放送を通じて呼びかけを行った。フィデル、アベル・サンタマリーア、ニコ・

ロペス、ヘスス・モンタネの４人からなる指導部を核に、各地に細胞を形成していった。メンバーの数はモンカダ兵営襲撃直前にはおよそ２０００人に達した（Mencía, 1993）。

襲撃参加者が闘争の根拠地となっていたサンティアゴ・デ・クーバ郊外のシボネイ農場に集まったのは前日の７月25日である。それぞれ隠れ住んでいたサンティアゴ市内からカーニバルを祝う人々に紛れ込み、車で三々五々、やってきた。その数は１３１人。闘争資金が限られていたため、武器の数に合わせて選出された者たちであった。商売道具を売り払い、資金を提供した者もあった。選抜にあたっては子どものない者が優先された。ほとんどが月収２００ペソ以下の貧しい労働者であり、大卒者はフィデル、メルバ・エルナンデス、医師のマリオ・ムニョス、歯科医のペドロ・セレスティーノ・アギラーレの４人。フィデルが、自分が死んだ場合に運動を託すことを考えていた第二の指導者アベル・サンタマリーアは専門学校卒である。

モンカダ兵営周辺地図

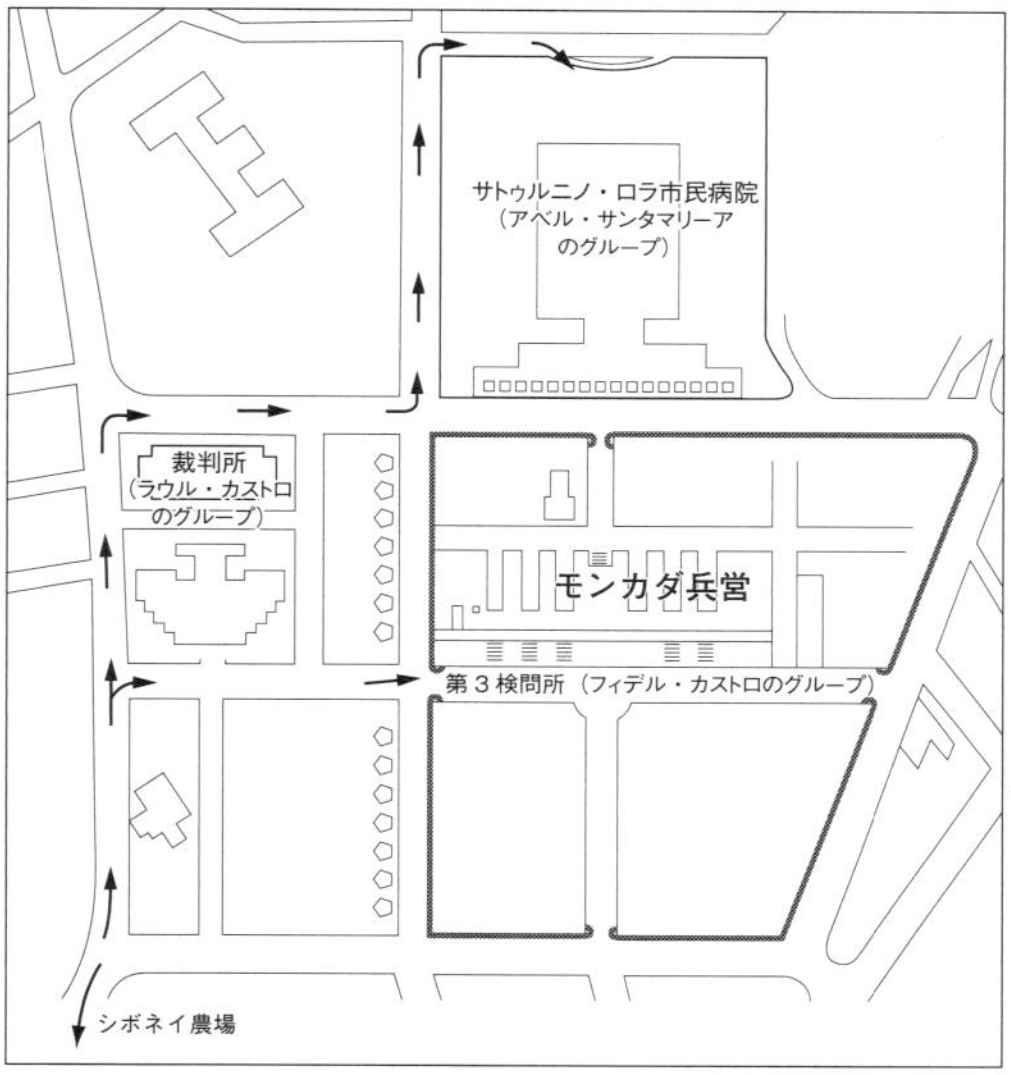

出典：Mencia, 1986 より作成。

モンカダ兵営襲撃は完全な秘密裡のうちに準備された。農場にたどり着いた若者たちは何のために集まったのか、まったく知らなかった。兵営を襲撃することが明らかにされたのは7月26日早朝、すなわち出発直前である。参加を望まない者は名乗り出るようにというカストロの声に応じたのは10人。襲撃が終わるまで農場に足止めされた。4時、カストロらは出発した。

兵営襲撃開始は5時15分と定められていた。

若者たちはアイデー・サンタマリーアとメルバ・エルナンデスがミシンで手作りした政府軍の軍服を身に着け、16台の車に分乗してサンティアゴ市内へ向かった。サンティアゴは初めてという者がほとんどであり、市内に入ったところでほぼ半数の人員が乗っていた車が迷子になってしまった。武器のほとんどが積まれていたため、わずかな武器がさらに少なくなってしまった。カストロら主軸部隊45人はモンカダ兵営の第3検問所に向けて突き進んだ。アベルら21人のグループとフィデルの弟のラウル・カストロら7人のグループはそれぞれ、兵営に隣接する市民

モンカダ兵営

壁の弾痕

病院と裁判所へ向かった。病院グループにはけが人の手当てのための医師と2人の女性の姿があった。アイデーとメルバである。フィデル・カストロは女性にはあまりにも危険すぎるとして、農場にとどまるように説得したのだが、2人の熱意に負けてしまったのだ。アベルは兵営が占拠できたら、国民へ向けてメッセージを放送する予定であった。

このほか、別働部隊としてバヤモのカルロス・マヌエル・デ・セスペデス要塞の周囲に25人が待機していた。通信網を切断し、バティスタ軍がモンカダ兵営に援軍を送れないようにするためである。バヤモはサンティアゴ・デ・クーバ市の西方に位置する古い都市で、第1次独立戦争のときに住民が街に火を放ち、スペイン軍の襲撃を阻止したことで知られている。

主軸部隊のうちレナト・ギタルら先遣隊3人がモンカダ兵営の第3検問所に到達し、兵営の庭に入り込んだ。政府軍の制服を身に着けていたために検問所の兵士がそのまま通したのだ。しかし、哨兵の一人が警報ボタンを押した。兵営に警報が鳴り響いた。

フィデルの車は、検問所に向かう道に入ったところで、突然政府軍のパトロール隊とでくわした。カーニバルの日にあたっていたためパトロールが行われることは想定していたが、これほど早い時間に巡回するとは考えていなかった。パトロール隊の兵士が銃口を向けた。戦闘が始まった。

警報が鳴ると同時に、兵営の上からフィデル・カストロらにも激しい銃弾の雨が降り注いだ。15分余りが経った。弾丸が尽き、抵抗は不可能であると判断したカストロは撤退を命じた。武力で圧倒的に勝る政府部隊を前に襲撃を成功させるには急襲以外にない。攻撃は10分以内で終わらせなければならなかった。軍上層部など一部の軍人を除けば投降する兵士も多いはずだ。だが、想定外の事態のために兵営に到達する前に戦闘になってしまった。

病院を占拠したアベルはその場で捕えられ、目をくりぬかれた末に、虐殺された。看護室で看護師に紛れ込んでいたメルバとアイデーも捕えられた。まったく武器をもたず、平服だった医師も殺害された。

戦闘で死亡したのは第3検問所に向かったグループの3人と市民病院を占拠したグループの1人の計4人である。そのほかに50人あまりが命を落としたが、戦闘のあとに虐殺された者たちだった。バヤモの要塞グループも戦闘の負傷者は1人だけであった。政府は10人が死亡したと発表したが、これも軍による虐殺であった。

シボネイ農場に何とかたどり着いたのはおよそ60人。闘いを続けるべきか否か。話し合いの末に、戦闘継続を主張するカストロら19人は山へ向かった。他の者たちは解散し、家に戻ることになった。

カストロらは数グループに分かれて山中をさまよい歩いた。山は軍に占拠されていた。8月1日、疲労困憊し、仮眠をとっていたとき、政府軍のパトロール隊に発見された。ところが奇跡が起きた。パトロール隊の隊長のサリーア中尉が兵営に連行せよという上官の命令に逆らい、カストロらをサンティアゴ・デ・クーバの駐屯地へ引き渡したのだ。そこにはアイデー、メルバ、ラウルなどもいた。兵営に連れて行かれていれば、他の多くの同志と同様、命はなかった。カストロは生き残りの者たちとともにボニアートの監獄に収監された。かれらはモンカディスタ（Moncadista）と呼ばれるようになる。

（2）なぜキューバ第一の兵営ではなく、第二の兵営を襲撃したのか

闘いが国民の「意識化」を進める

一般には、フィデル・カストロはモンカダ兵営を襲撃して武器を捕獲し、革命戦争を起こそうとしたと考えられている。

しかし、モンカダ兵営はキューバ第二の兵営であり、しかも政治経済の中心地である首都のハバナからは遠く離れている。兵営襲撃という手段によってバティスタ政権の軍事的基盤を崩壊させ、政権打倒につなげようというのであれば、キューバ第一の兵営であるハバナのコルンビア兵営を襲撃しなければならない。

では、なぜ第二の兵営だったのだろうか。１９５３年という年に、なぜモンカダ兵営襲撃という手段をとり、何を実行しようとしていたのであろう。

カストロの目的は兵営を占拠して全国の市民に呼びかけ、民衆蜂起を起こすことにあった。兵士と戦闘することとは考えていなかった。一握りの軍上層部を除けば多くの兵士が同調するだろう。軍隊がバティスタから離反すれば、政権の基盤が揺らぐ。

だが、カストロは、民衆蜂起が起きたからといって、政権の掌握や社会変革につながるとは考えていなかった。

そのためには何よりも、運動の「組織化」と国民の「意識化」が不可欠である。カストロは、「闘

いが国民の意識化を進める」と言う。モンカダ兵営襲撃はそのための最初の一歩であった。カストロらのグループはまだ大海の一滴にすぎない。市民が立ち上がった場合には、自分たちが接着材となって組織化を進め、国民を変革に向けて「意識化」させていくこと——そこにカストロの目的があった。

アウテンティコ党政権時代から国民の政治不信は大きかった。公約はそっちのけで汚職に走る政治家たち、反対派への弾圧や言論統制等々。そのため、多くの人々は「誠実な政治家であれば社会を変えることができる」と考えていた。

しかし、「誠実な政治家である」だけでは何もできない。1933年のマチャド独裁崩壊後の歴史はそれを示している。1902年の独立以来、初めて社会変革の可能性が芽生えた時代であったが、政治家たちは「何もできなかった」。米国の意に反する改革はどんなにささやかなものであっても干渉が避けられないためである。それほど米国のキューバ支配の重みは大きかった。これをいかにして一般国民に認識させていくか。

「闘いが国民の意識化を進める」——モンカダ兵営襲撃のあと、事態はその通りに進んでいった。

ボゴタソの経験——自然発生的蜂起だけでは社会変革はできない

カストロが市民の自然発生的蜂起だけでは社会変革は実現できないと考えるにいたったのは「ボゴタソの経験」によるところが大きい (F.Castro, 2005)。

ボゴタソ (Bogotazo) とは、コロンビアで1948年に自由党の指導者ガイタンが暗殺されたのを機に市民が自然発生的に蜂起した事件である。このとき、フィデル・カストロはたまたま首都のボゴタに滞在しており、市民蜂起に加わった。というよりも巻き込まれた。そのため、カストロは「ボゴタソの経験」から武装闘争路線を決意したと言われるようになったが、彼にとって「ボゴタソの経験」の教訓は別のところにあった。

カストロによれば、１９４８年にボゴタを訪れたのは、ラテンアメリカ学生会議でドミニカ共和国のトルヒージョ独裁打倒について話し合うためであった。反帝国主義という観点からガイタンの考え方や行動に共感を抱いており、支援を得られればプラスになると考え、面会を申し込んでいた。ガイタンの事務所に向かっていたちょうどそのとき、暗殺の報が入った。そのまま怒り狂う群衆に呑み込まれ、一緒に行進し、行動することになった。民衆のエネルギーの大きさは感銘的であった。しかし、まさに自然発生的蜂起にほかならなかった。明確な方針も、指導者もないまま、民衆は無秩序に行動するだけであり、ついに商店の略奪まで起きた。最終的に蜂起は雲散霧消し、地方に撤退した自由党と政権を掌握した保守党の間で「ビオレンシア」と呼ばれる内戦が始まった。１９５７年に両党間の合意が成り、内戦は終結するが、保守・自由両党が交互に政権を担い、公職も二分するという「国民戦線」体制が続き、古い社会経済構造は変わらなかった。

民衆の膨大なエネルギーをいかに組織し、社会変革につなげるか。この問題についてカストロが研究し、参考になったのは、むしろフランス革命時の民衆運動、特にバスティーユ襲撃事件だったという。バスティーユ襲撃も、またその報を受けて全国に広がった農民の一揆も惨劇を残しただけで、フランス革命は立憲君主派の主導のもとに進められた。１７９２年の共和制成立、ジャコバン派の権力掌握、そしてテルミドール・クーデターを経て、１７９９年にはブリュメール・クーデターによってナポレオンが権力を掌握し、1804年には帝政下に置かれている。

1950年代にキューバの心ある多くの国民が期待を寄せていたのはオルトドクソ党であった。汚職にあけくれるアウテンティコ党政権に対し、オルトドクソ党はその腐敗ぶりを激しく追及していた。国民は「誠実な政治家であれば改革はできる」と考えていた。だが、「誠実な政治家」だけでは社会変革は実現できない。これを国民にいかにして認識させるか。モンカダ兵営襲撃はそのための行動であった。

では、カストロは国民の意識化をどのようにして進めていったのであろう。モンカダ襲撃以後のカストロの対応を見ていくと、その過程が明らかになってくる。

モンカダ裁判

モンカダ兵営襲撃事件のあと、バティスタ政権は事件を密かに葬り去ろうと考えた。そのため、裁判も行われなかった。ところが、息子の行方を探す両親の活動が一般の人々の知るところとなり、市民の抗議行動が巻き起こり、裁判が開かれることになった。公判は緊急法廷第37号事件と命名され、サンティアゴの裁判所で、1953年9月21日に始まった。被告にはボニアート監獄に収監されていたモンカディスタだけではなく、まったく無関係の市民も含まれていた。裁判のさなかにも反対派の虐殺が続いていた。

10月6日、ラウル・カストロら26人のモンカディスタに対し13年から3年の禁固刑が言い渡され、13日にハバナ州の南方に浮かぶピノス島（現「青年の島」）のモデロ監獄へ送られた。ここはマチャド独裁時代（1925〜33年）に建設された政治犯収容所である。

2人の女性、メルバとアイデーはハバナから50キロのグアナハイ監獄に収監された。この裁判にフィデル・カストロが出廷したのは最初の一回だけであった。その証言が大きなインパクトを与えたため、出廷が禁止された。政府は偽の診断書を作成し、病気のため出廷できないという理由で欠席裁判を行おうとした。カストロは、自分は病気ではないことを記した紙片をひそかに同志に託した。カストロが出廷しないまま裁判が始まり、診断書が提出された。そのときメルバが紙片を示し、カストロは病気ではないことを明らかにした。

モデロ監獄

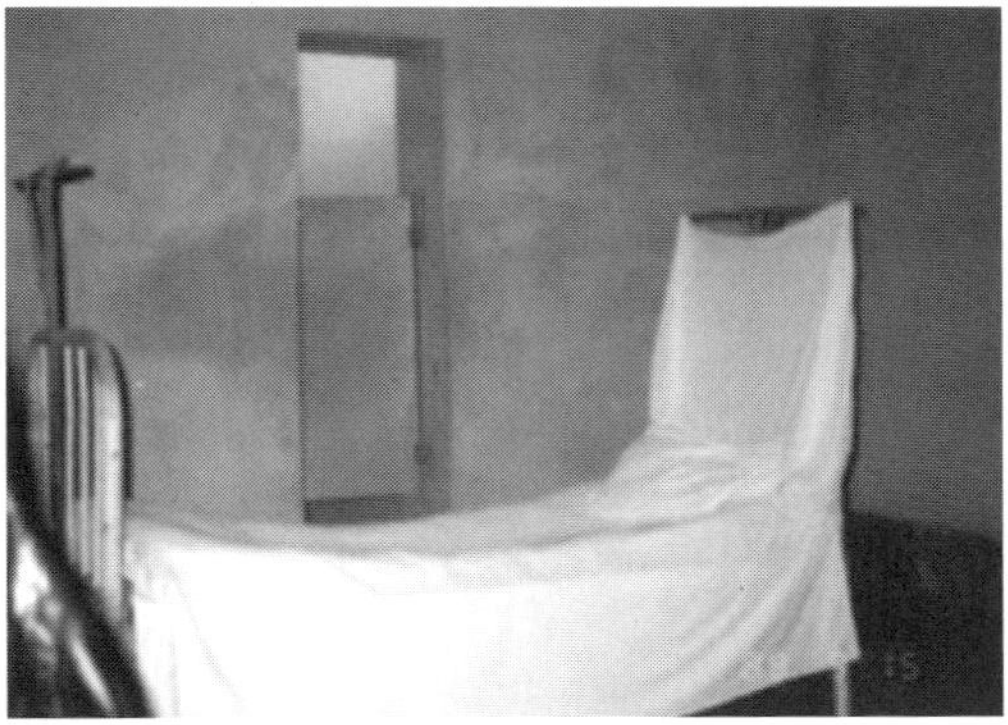
監獄内のフィデルの独房

10月16日、サトゥルニノ・ロラ市民病院付属の看護学校の一室で、2人の判事と2人の検事のほか、6人の新聞記者の立ち会いが許されただけで、裁判は極秘裡に行われた。にわかづくりの法廷は武装した100人の兵士に包囲されていた。駆けつけた弁護士たちは排除された。カストロは弁護士の資格をもっていたため、被告でありながら法衣を身に着けて弁護人席に移り、陳述を行った

モンカダ兵営襲撃に参加した121人の青年のうち、戦闘で死亡したのは兵営から逃亡中に捕えられ虐殺された者も含め計8人。そのほかにおよそ50人が死亡したが、戦闘後に戒厳令が敷かれ、街で捕えられるなどして軍に虐殺されたものである。しかし、バティスタ政権は、死者は戦闘によるものだと発表していた。言論統制のため市民は事実を知るよしもなかった。既成政党や政治家も若者の暴走を批判し、平和路線による社会変革を唱える人民社会党（PSP＝共産党）もカストロらの行動を冒険主義として退けていた。

そのため、カストロが陳述でなすべきことは、国民に対し虐殺の実態を明らかにし、バティスタ政権の本質を示すこと、そして、なぜ兵営襲撃という手段をとったのか、政権を掌握した場合にはどのような政策をとるのかを訴えることであった。

「歴史は私に無罪を宣告するだろう」

兵営襲撃後、軍は何をしたのか。カストロはその残虐ぶりを明らかにした。襲撃事件のあと1週間にわたりモンカダ兵営内部では身の毛もよだつような殺戮が繰り返され、サンティアゴ市内では軍による厳しい追及が続き、逃亡した若者が逮捕され、拷問され、殺害された。街ではパンを買いに来た子どもが撃ち殺された。

次いでカストロは、クーデターによって政治権力を握ったバティスタ政権の非合法性、立憲主義に

違反する統治、さらに1933年のマチャド独裁崩壊以来、バティスタが果たしてきた役割などを諄々《じゅんじゅん》と述べ、キューバの1940年憲法、モンテスキューの三権分立論やジョン・オブ・ソールズベリー、トマス・アクィナス、ルター、ミルトン、ロック、ルソー等々の理論に依拠しつつ、モンカダ兵営襲撃は圧政に対する人民の抵抗権によるものであることを説いていった。

では、なぜモンカダ兵営襲撃という手段をとったのか。それは兵営を占拠し、国民に蜂起を呼びかけるためである。兵士との戦闘を目的としたものではない。多くの心ある兵士は若者側につくであろう。軍が離反することによってバティスタ政権の基盤は揺らぐ。

革命が成功したならばどのような政策を実施するか。政権を握ったならば、まず、直ちに5つの革命法を実施する。それは、①1940年憲法の復活、②小作人への土地分与、有償による土地の接収、③労働者の企業利益への参加、④刈り分け小作人の収益参加率の引き上げ(50%)、⑤不正取得資産の返還である。その後、政権が安定したならば、農業改革、教育改革、電力・電話の国有化などに着手する。

注目されるのは、農業改革の実施が含まれ、最高所有限度面積を規定することも明らかにされていたことである。いずれも1940年憲法に謳われていたものである。この憲法の制定を推進したのはアウテンティコ党であったが、農業改革を実行できないまま、腐敗にあけくれ、そのために米国の支配体制が維持されてきた。

カストロはまた、革命は大地主など少数の支配層を除くすべての「人民」の幸せのためであることを明らかにした。「人民」とは、カストロによれば、次のような人々だった。

職にあぶれ、より良い機会を求めて移民することなく、ここキューバで正直な暮らしを立てたいと願っている60万人のキューバ人。みすぼらしい小屋に住み、1年に4か月間働き、残りの期間は1インチの農地もないまま、子どもらとともに飢えながら暮らす50万人の農業労働者。年金は奪い取られ、すべての福祉をはく奪され、住居といえばみすぼらしいアパートの一部屋だけ、給料は雇用者から金貸しの手へと流れ、未来は賃下げと首切り、暮らしは死ぬまでつづく労働、そして唯一の希望は墓のなかでの休息という40万人の工場労働者……。次の世代の運命をより良くするための大事な存在であるにもかかわらず、ひどい待遇を受け、乏しい給料しか与えられない、自己犠牲を強いられた3万人の教師や教授たち。恐慌で破産し、腐敗した役人たちに最後の一撃をくわえられ、借金に押しつぶされた2万人の小商人。学位をもらい、生活のために奮闘しようと希望に満ちて大学を出たものの、いくら叫ぼうと、訴えようと、扉という扉は閉ざされ、どうにもならない袋小路に追い込まれた1万人の自由職業家——医者、教師、弁護士、獣医、歯科医、薬剤師、新聞記者、画家、彫刻家……。

しかし、圧倒的多数の国民にとって当然の改革であっても米国は必ず介入する。それだけではなく、「革新派」を自称する国内の政党や勢力も米国の利権を制限するような政策には抵抗するだろう。さまざまな思惑のもとに、さまざまな勢力が政治権力の掌握を目指して蠢《うごめ》いている。これを打破するには「意識化された国民」に依拠しながら、真に社会変革を望む勢力のヘゲモニーを確立していかなければならない。兵営襲撃が失敗した今、これをいかにして実行していくか。

臨時法廷で15年の刑を宣告されたフィデル・カストロは、53年10月17日、モデロ監獄に送られた。そこにはラウルら26名のモンカディスタが待っていた。

54年2月12日、バティスタが近くの発電所の開所式に出席した際に監獄に立ち寄った。収容者たちは「7月26日運動の歌」で迎えた。歓迎の歌ではないと気づいたバティスタは怒り狂い、フィデルはまったく光の差し込まない独房へ閉じ込められ、外部との接触を断たれた。

昼間にわずかに漏れてくる太陽の光を利用し、フィデルはモンカダ裁判の弁論を再構築した。レモンの汁で紙に記した「陳述」は密かに外部に届けられ、メルバ・エルナンデスがアイロンで文字を浮き上がらせて書き写し、地下組織を通じて配布した。54年10月ころのことであり、それはおよそ1万部に達した。フィデルは反バティスタ運動のシンボルとなり始め、カストロらの恩赦運動が巻き起こった。国民の人気を得るためバティスタは恩赦を決定した。しかし、モンカディスタは除外した。ところが、上下両院はバティスタの抵抗を振り切って恩赦法を採択し、55年5月16日、カストロらはモデロ監獄を後にした。

ピノス島からハバナへ向かう船中で革命運動組織「7月26日運動」の結成が合意された。55年6月12日、政府の厳しい監視の目が光るなかで、ハバナで密かに会合が開かれ、全国指導部が結成された。だが、暗殺の危険が迫っていた。カストロは6月24日、ハバナを後にしてメキシコに向かった。その他のモンカディスタたちもメキシコでの再会を約束して、三々五々、密かに出国した。

2 キューバの歴史が示すもの――〝何もできない〟

（1）米国の事実上の植民地としての独立

キューバにとって米国の支配はあまりにも大きな重みをもっていた。それは独立のときから始まっている。そこで、まず独立以来の歴史を振り返ってみたい。

多くのラテンアメリカ諸国は19世紀初頭に独立を果たしたが、キューバはスペインの最後の植民地として、その支配は19世紀末まで続いた。１８６８年にはカルロス・マヌエル・デ・セスペデスらが指導する第1次独立戦争が起きたが、10年戦争と呼ばれているように10年間続いたのち、１８７８年にスペインとの間で休戦協定が結ばれ、独立は成らなかった。翌年には休戦を不満とするアントニオ・マセオやカリスト・ガルシアらが東部や中部で「小戦争」を起こしたが、１８８０年までに消滅した。

それから15年後の１８９５年、ホセ・マルティの指導のもとで第2次独立戦争が始まった。マルティは上陸直後に、「あなたは大事な人なのだから、陣地に止まるように」という独立軍司令官のマクシモ・ゴメス将軍の制止を振り切り、パトロールに出た。その直後にスペイン軍の銃弾に斃れた。

しかし、独立軍はマクシモ・ゴメス将軍の指揮のもとで善戦し、スペイン植民地支配の中心地であるハバナに向けて進撃を開始した。１８９６年初めにはアントニオ・マセオ部隊がキューバ島西端のピナル・デル・リオにまで到達した。スペイン軍の敗北は明らかであった。

１８９８年2月15日夜、ハバナ湾に停泊していた米国の軍艦メイン号が謎の爆発事件を起こし、沈没した。これを機に米国がスペインに宣戦布告し、「独立戦争」は「米西戦争」となった。その８か月後の10月1日、独立軍の頭越しに、米国とスペインの間でパリにおいて和平交渉が始まった。12月には和平条約が締結され、キューバは米国の占領下に置かれた。このときにはプエルト・リコとグアムが米国に譲渡され、フィリピンも２０００万ドルで米国に売却された。

米国は１７７６年の独立直後からキューバ領有の意図を隠さなかった。１８２３年にモンロー大統領は「キューバはスペインから分離すれば、重力が働くように自然にわが国の手に落ちてくるだろう」と語っている。その後、第２次独立戦争によってキューバ独立が現実のものとなるに及んで、「その時は来た」。

スペインとの和平条約では、米国はキューバ独立を認めることになっていた。１９００年、キューバ島では制憲議会選挙が実施され、憲法制定のための作業が始まった。そこに、１９０２年2月、米国が独立承認の条件として、８項目からなる付帯条項を新憲法に含めることを要求してきた。受け入れない限り独立は認めないというのである。

これは提案した米国議員の名を取ってプラット修正条項と名づけられている。キューバに対する米国の干渉権を認めたものであり、第3項では「米国が個人の生命、財産、自由が危険にさらされると判断する場合は、軍事介入を行う権利を認める」と規定されていた。

外国との条約締結権や債務締結権も制限されていた（第2項）。イギリスなどのヨーロッパ諸国を排除し、米国の利権を確立するためであった。

また、外国に軍事的拠点を与えることも禁止されていた（第1項）。ところが、「米国大統領の同意により決定された一定の地点に兵站基地ないしは海軍基地を売却ないしは貸与する」とされていた（第7項）。米国は例外だったのである。革命後、今日に至るまでキューバ東部には米国のグアンタナモ海軍基地が存在するが、これはプラット修正に基づき設置されたものである。1934年にグアンタナモ基地の提供は恒久条約となり、双方の合意がなければ基地の撤去はできないことになった。

このような条項はたとえ保守派であっても受け入れられるものではなく、制憲議会は会議を開いては、拒否を伝え続けた。しかし、米国は無条件受け入れを譲らなかった。最終的に、独立のためにはやむなしとしてキューバ側は受け入れを決定し、1902年5月に共和国が発足した。初代大統領に就任したのは米国の市民権をもつエストラーダ・パルマであった。

(2) 砂糖輸出割当制度は従属と低開発と貧困の元凶だった

独立が認められたあとには親米政権が続き、経済的にもイギリスに代わって米国の支配が確立し、主産業である砂糖産業は米系砂糖会社の完全な支配下に置かれた。

1934年にはフランクリン・ルーズベルト大統領のもとで善隣政策がとられ、それとともにプラット修正条項は廃止されたが、しかし、これによって事実上の植民地状態から脱却できたわけではなかった。

善隣政策は、1929年の大恐慌を機にラテンアメリカ諸国で民族主義が高揚したのに対し、伝統的な「棍棒政策」を転換したものであった。民族主義政権に対して海兵隊を派遣したり、クーデターを画策して倒すというような強硬な政策ではさらに民族主義を刺激すると考えたためである。これに対し、善隣政策は関税を撤廃して貿易を活発化することにより、ともに経済発展を実現することを謳ったものであり、そのために互恵通商貿易条約の締結が推進された。

最大の輸出品である砂糖の輸出市場をほとんど米国に依存していたキューバは、いち早く互恵通商条約を締結した。ところが、そのためにキューバのモノカルチャー経済構造は固定化された。米国から大量生産された工業製品が流れ込んでくれば、工業が発展する余地はない。

経済的従属だけではなく政治的従属を深めたのは、砂糖輸出割当制度である。当時、ハワイ、フィリピン等々、米国が砂糖を輸入する国は増加しており、そのために米国政府は毎年、各国に砂糖輸出額を割り当てていた。最大の対米砂糖輸出国であったキューバは最大の輸出枠を与えられた。それだけではなく、米国の国内糖業を保護するために輸入価格は国際市場価格よりも高く設定されていたため、キューバにとってはきわめて有利な制度に見えた。

しかし、各国の輸出枠は米国の商務省が決定する。その際、重要な尺度の一つになるのは「親米の度合い」であり、輸出国は米国政府の意に反するような政策をとることはできない。

割当制度はまた、キューバに慢性的不況をもたらした。輸出額はキューバの生産能力を大幅に下回っていたためである。国際自由市場も飽和状態であり、世界的な砂糖ブームでも起きなければ割当額に即した生産しか行われない。その結果、広大な農地が耕作されないまま放置され、国の経済規模も「砂糖割当額の範囲内」にとどまった。

これによって貧困も恒常的なものとなった。特に、サトウキビの収穫期（サフラ）は4～5か月間、1年のほぼ3分の1である。その間には全島のサトウキビ農場や製糖所、鉄道や港が一斉に動き出し、経済は活気づく。だが、ひとたび収穫期が終われば、大量の労働者が失業者として街頭に放り出される。「死の季節」の到来である。

砂糖輸出割当制度は従属と低開発と貧困の元凶であった。

（3）砂糖を軸にあらゆる経済部門を支配する米国企業

米国のキューバへの経済進出は、キューバがまだスペイン植民地だったときから始まっている。第1次独立戦争（1868～78年）のあと、米国の砂糖会社は戦争で荒廃した農場を手中にした。その後、占領期を経て1920年代までにキューバの砂糖産業は米国企業の独占的支配下に置かれるが、その支配はサトウキビ栽培や製糖に限られず、製糖所を動かすための電力や砂糖を港に運ぶための鉄道、さらには菓子や製薬等の砂糖の副産物生産などの関連産業等々、経済全体に及んだ。

革命が成功した1959年の時点には米系砂糖会社が「支配」していた農地（所有地や借地）は全農地の47・5％、耕作地では70～75％に達していた（Pierre-Charles, 1978）。キューバ最大の地主はアトランティック・シュガーをはじめとする米国の砂糖会社である。これらの企業はすべて米国の大財閥グループの傘下にあり、政治的影響力も大きい。

米国企業の所有地には遊休地が多かった。サトウキビ栽培に充てられていた農地は60％以上、そのうち半分が遊休地であった。これは砂糖需要が増加したときのために留保されていた土地であり、遊休地を接収して土地を持たない農民に分配するなどということは、たとえ有償であっても、砂糖会社にとって論外であった。それどころか遊休地に他の農作物の栽培を求めることすら叶わなかった。そのためキューバは農業国でありながら、主食の米をはじめ、ほぼすべての食糧を米国から輸入していた。革命前には食料輸入は総輸入額の80％を超えていた。

米国の経済支配は米系砂糖会社が「支配」する土地や製糖所に限られない。砂糖生産はセントラル方式と呼ばれる形態で行われていた。砂糖農場の中心に製糖所が置かれているためにこのように名づけられているのだが、製糖所にはコロノと呼ばれる農民からもサトウキビが持ち込まれる。その量はサトウキビ生産の90％にも達していた（楊井、1959）。コロノは自分の土地を所有していたり、製糖所から土地を借りて耕作する農民だったりするが、製糖工場と契約してサトウキビ栽培を行う。コロノの下にはさらに下請のコロノが存在することも多かった。これはキューバ糖業の特徴であり、米国砂糖会社の影響力はきわめて広範になる。

加えて、製糖工場に提供される電力も、港につながる鉄道も、港湾施設も、米国に向かう輸送船もすべて米系企業の所有であってみれば、その支配網は限りなく広がる。

（4）マチャド独裁崩壊のあとで――失望に終わった改良主義時代

「所詮、米国の手からは逃れられない」

このように、キューバは政治的にも、経済構造においても、米国の支配網に絡め取られ、米国の介入を覚悟しなければ「何もできない」状態にあった。そのため、「所詮、米国の手からは逃れられない」という諦めが広がり、割当制度の枠内で最大限の利益を引き出すべきだという声も強かった。

1930年代から1950年代にかけて、キューバは独立後初めて「改良主義の時代」を迎える。しかし、改革は不発に終わった。

改良主義時代の幕開けは1933年のマチャド独裁崩壊である。ヘラルド・マチャド政権（1925～33年）は、29年の世界大恐慌のために経済がどん底の状態に陥り、国民の不満が高まると、独裁性を強めた。これに対し30年にはハバナ大学法学部学生の大学改革要求デモをきっかけに労働者のゼネストが全国に拡大し、33年にはマチャド独裁政権は崩壊した。

といっても、マチャド政権は大衆蜂起によって崩壊したわけではない。米国のサムナー・ウェルズ大使の介入がなければ実現しなかった。米国政府は、独裁政権を支援し続ければ、民族主義勢力を勢いづかせることになり、支配体制の崩壊につながると、恐れたのである。ちょうど、善隣政策への転換期でもあった。

マチャド独裁崩壊時に米国の寵児として暗躍し、その後も黒幕として政権交代を画策したのがフルヘンシオ・バティスタ軍曹である。ところが時代的状況もあり、バティスタは複雑な動きを見せる。

マチャド独裁崩壊後には保守派のカルロス・マヌエル・デ・セスペデス政権が成立している。これを軍曹だったバティスタがクーデターで倒し、民族主義的な五頭政府が成立した。大統領にはハバナ大学の哲学教授ラモン・グラウ・サン・マルティンが就任した。

グラウ政権にはアントニオ・ギテーラスが内相として入閣していた。抜本的な社会変革を訴える「若きキューバ」(Joven Cuba)の指導者である。そのため米国は政権を承認せず、五頭政府は「100日政府」に終わった。ギテーラスは政権期間中に労働省の設置、土地分配、生活必需品の価格や電気料金の引き下げ、電力会社への介入等を実施していた。しかし、1935年にバティスタの手で暗殺される。

共産党(当時は共産主義革命連合党=PURC)の政策もバティスタの評価に混乱を招いた。このころ、ヨーロッパではナチズムが台頭しており、1935年のコミンテルン第7回大会で反ファシズム統一戦線路線が決定された。これを受けて、共産党はバティスタとともに民主社会主義同盟を結成した。自由党、民族主義統一党、共和民主党、民主民族集団、共産主義革命統一党が参加したが、反共主義が強いグラウらのアウテンティコ党は加わらなかった。

1940年――進歩的憲法は制定されたけれど……

五頭政府崩壊のあとには、バティスタが暗躍し、短期の政権交代が続いた。それでもこの時代には革新的な政治状況を背景に、政治犯の釈放(1937年)や共産党の合法化(1939年)が行われ、初の合法的全国労組であるキューバ労働者連合（ＣＴＣ）が成立するなど、労働運動や反体制運動が活発化した。たばこ産業や砂糖産業の国家管理、社会保障政策も導入され、１９３８年には土地分配法も制定され、ごくささやかな規模ではあったが、西部のピナル・デル・リオ州で実施された。

１９３９年、制憲議会選挙が実施された。米国の干渉を合法化した１９０２年の憲法に代わる新しい憲法の制定が求められていたのである。

制憲議会で多数を占めたのはキューバ革命党アウテンティコであり、１９４０年7月には、当時のラテンアメリカで最も民主的かつ進歩的と言われた新憲法が制定された。

新憲法には国家主権の確立、すべての人間の平等（人種、性、階級による差別の禁止）、大統領再選禁止、普通選挙、さらには大土地所有制《ラティフンディオ》の廃止、最高土地所有限度の設定など（第90条）も規定されていた。

新憲法のもとで選挙が行われ、民主社会主義同盟のバティスタが当選した（１９４０～44年）。政権中には同一労働同一賃金や有給休暇制度が導入され、金券による賃金支払いの廃止なども実施された。しかし、大土地所有制度などの構造改革はまったく実行されなかった。当時は第2次世界大戦によるヨーロッパ経済の破壊もあって砂糖ブームが巻き起こり、キューバ経済は好調に推移し、米国の砂糖輸入割当額も拡大した。バティスタ政権期は最も対米関係が緊密化した時代となった。

汚職に走るアウテンティコ党政権――「誠実な政治家であるだけでは変革はできない」

１９４４年の選挙ではバティスタに対する最大の対抗勢力であるキューバ革命党アウテンティコのラモン・グラウ・サン・マルティン政権が成立した（１９４４～48年）。

キューバ革命党アウテンティコは1934年に成立している。アウテンティコと名乗ったのは、ホセ・マルティが独立実現のために1892年に創立したキューバ革命党の精神を真に（アウテンティコ）受け継ぐ党という意味である。「反帝」、「反植民地」をかかげていたが、綱領では共産党と一線を画すことが明記されていた。共産党の反ファシズム統一戦線形成のための提案を拒否したのもそのためであった。

グラウ第2次政権期は、第2次大戦後のヨーロッパの砂糖需要拡大と米国の砂糖輸入割当の増加による砂糖ブームの時代であった。このような状況のもとでは、40年憲法に規定された大地主制度（すなわち米系砂糖会社の土地独占）の廃止など実施されるはずもなく、結果として公約は履行されず、政府の要人も官僚も、改革はそっちのけで、権力を濫用し、蓄財に走った。

フィデル・カストロがハバナ大学に入学したのはちょうどこのころ、1945年のことである。ハバナ大学では与党の庇護のもとに大学生連合（FEU）が腐敗の限りを尽くしていた。教科書の販売を独占したり、試験問題を売って儲けたり、教育相から闘争資金を供与されたり……。そのため、執行部掌握をめぐる学生グループの内ゲバも激しく、武器をもたずに校内を歩くことはできなかった。

1948年にはグラウの後継者のプリオが就任するが、状況は変わらなかった。前年の1947年には、初心に帰ること、そして、特に腐敗の根絶を訴え、キューバ革命党オルトドクソ（正統派）が与党から分裂し、成立していた。だが、党首のエドゥアルド・チバスは、糾弾していた教育相の汚職の証拠を示すことができないまま、ラジオ放送の番組中に自殺した。オルトドクソ党は多くの国民の共感をえていたが、チバスの自殺後、衰退する。

1952年の大統領選挙にはバティスタとオルトドクソ党のロベルト・アグラモンテが出馬した。劣勢を伝えられていたバティスタは3月10日、クーデターにより政権を掌握する。

バティスタのクーデターに対する国民の不満は強かった。しかし、単にバティスタ政権を追放し、民政移管を実現すればよいということではない。1940年憲法に規定された国民の基本的人権の保障、社会保障の充実、そしてラティフンディオの廃止を実行しなければならない。そのためには米国の干渉を覚悟しなければならない。だが、歴史が示すように、それは「誠実な政治家」であるだけでは実行できない。

3　メキシコからシエラ・マエストラへ

（1）マルティ――「回避できる戦争を促進するのは犯罪である」

モンカダ兵営襲撃が失敗に終わったあと、モデロ監獄から釈放されたカストロは身の危険を避けるため、メキシコに向かい、ゲリラ戦の準備を開始する。

だが、カストロが「師」と仰ぐホセ・マルティは「回避できる戦争を促進するのは犯罪である」と主張していた。カストロ自身も、「わずかでも平和路線の可能性がある場合には武装闘争路線をとるのは誤りである」としていた。では、なぜ、ゲリラ戦略をとったのか。

ホセ・マルティは、スペインから独立するには戦争の道しかないと考え、そのために全生涯を捧げた。スペイン政府は決してキューバ独立を認めないこと、あらゆる手段を賭して最後の植民地を死守することを、身を以て体験していたからである。

マルティは1870年4月、16歳のときに友人に独立の必要性を訴えた手紙を書いたという理由で逮捕され、強制収容所に収監され、1871年1月にスペインに追放された。

スペイン滞在中には医学生銃殺事件が起きている。第1次独立戦争（1868〜78年）のさなかの1871年11月、ハバナ大学医学部の1年生だった16歳の8人の学生が大学裏手の墓地でスペイン人ジャーナリスト、ゴンサーロ・カスタニョンの墓のガラスを傷つけたという理由で、即決裁判により銃殺されたのである。学生たちは休講のために散歩に出かけ、墓地の前に置かれた荷車に乗って遊んだり、事務所の前の花を一輪手に取ったにすぎなかった。カスタニョンの遺族も、のちに墓が壊された形跡はなかったとしている。スペイン政府は恐怖政治によって独立思想の拡大を阻止しようとしていたのであり、たとえ少年であっても容赦しなかった。

その後、スペインでは1873年2月に共和政府が実現している。マルティは歓喜し、独立容認への期待を高めるが、共和政府にもキューバ独立を認める意向は全くなかった。落胆したマルティはスペイン国民、特に議員たちに向けて、なぜキューバは独立を求めているのかを訴えた小冊子を発表した（『キューバ独立を前にしたスペイン共和国』"La república española ante la independencia cubana"）。その共和政府も短命に終わり、1874年12月に王制が復活すると、マルティネス・カンポス指揮下の2万の軍隊がキューバに送られ、1878年には休戦協定（サンホン協定）が結ばれ、第1次独立戦争は収束する。

サンホン協定ではスペイン支配の存続と独立軍の無条件解体のほか、キューバにプエルト・リコと同等の自治権が与えられることが規定されていた。これにもとづき1892年にはスペイン議会議員選挙が行われたが、キューバ島出身議員には重要案件に関する投票権はなかった。しかも、選挙権を与えられたのは有産階級だけであり、キューバ人代表といえる議員は40人中4人にすぎなかった。

スペイン政府が自治を打ち出すのは、第2次独立戦争において独立軍がキューバ島の西部にまで達し、敗北は避けられないことが明らかになってからである。独立を認めるのは、米軍が参戦し、スペイン軍が完全に崩壊したあとのことであった。

カストロも、マルティと同じく、バティスタ政権の追放は合法手段では不可能であると考えていた。バティスタが1952年にクーデターを起こしたのは大統領選挙で当選の見込みがなかったためであり、オルトドクソ党、すなわち、当時、かなり多くの国民の支持を集めていた候補者の勝利を阻止するためであった。米国政府はクーデター後、直ちにバティスタ政権を承認している。そうであるとすれば、ごくささやかな改革であっても軍事力をもって阻止する。

モンカダ襲撃前に、カストロはクーデターで権力を握った政権は非合法であるとして裁判に訴えたが、門前払いされている。承知の上での訴えだった。

フィデル・カストロは学生時代にはオルトドクソ党の青年部に属していた。党執行部に社会変革を行う意思はないと考えてはいたものの、当時は、心ある多くの若者がその青年部に属し、執行部に圧力をかけていた。1952年の選挙ではカストロはオルトドクソ党から下院議員に立候補している。バティスタがクーデターを起こしたために幻に終わった選挙である。

(2) バティスタとの話し合いと米国の仲介に期待をかける既成政党

3月10日のバティスタ・クーデターに対し、アウテンティコ党をはじめとする既成政党はバティスタとの話し合いによる政権交代に期待をかけていた。53年1月にはオルトドクソ党の大会が開かれた。カストロが最後の希望をかけていた会議であったが、反バティスタで統一することすらできなかった(Mencía,1986)。そのため、直ちに地下放送を通じて同志を集め、モンカダ兵営襲撃の準備を開始した。

1953年はマルティ生誕100周年にあたる。カストロは既成政党を排し、マルティの遺志を継ぐ若者のみで行動することを決意したのであった。

バティスタはモンカダ裁判が始まった直後の53年10月末、政権の合法化を図るために、54年11月1日の大統領選挙実施を決定した。カストロはまだ獄中にあった。モンカダ綱領が知れ渡るとともに、独立運動発祥の地である東部では指導者としてのカストロへの呼び声は高まったが、政治経済の中心地であるハバナを中心に既成政党の影響力は依然として強かった。選挙実施の可能性が切り開かれるや、既成政党も、また一般国民も、次第に選挙による政権交代への期待を強めていった。

アウテンティコ党のプリオ元大統領は、オルトドクソ、アウテンティコ両党の一部のメンバーとともに、53年6月にメキシコでモントリオール協定を結んでいた。クーデター後、弾圧が激しくなったために、蜂起し、米国の仲介でバティスタ政権の更迭を実現しようとしたのである。バティスタが選挙の実施を決定したときも、プリオはモントリオール協定を追認し、選挙への参加を拒否した。7月26日運動のメンバーの一部もこれに参加していた。またもや、1933年のマチャド崩壊以来の歴史が繰り返される。獄中にあったフィデルはメルバを派遣し、7月26日運動は協定に反対であることを伝えるとともに、バティスタの選挙の欺瞞性を明らかにするために、革命後にとるべき政策を明らかにした「7月26日運動のマニフェスト」を作成し、チバスの命日やオルトドクソ党大会で配布した。

選挙は野党の思惑通りには進まなかった。アウテンティコ党、オルトドクソ党、さらには人民社会党も、反バティスタ票が上回ればバティスタが当選しても合法性は失われると考えたが、新政党の結成が制限され、立候補者を立てるのは難しくなった。出馬を表明したグラウ・サン・マルティンも生命の危険が迫るに及んで立候補を取りやめた。大統領選挙はバティスタと無名の小政党の候補者の二人の間で争われ、バティスタが圧勝した。

選挙のあとバティスタは政権の合法性が認められたとして、硬軟両様の政策を取った。反対勢力に対する弾圧の手を緩めることなく、1940年憲法の復活などの「融和策」に出たのである。

これに対し、反対派の既成政党や共和国友人協会（1959年の革命後、首相に就任したミロ・カルドナもメンバーだった）などのいわゆる穏健改革派勢力は合法的なバティスタ追放に期待を強めていった。選挙のやり直し、政治犯の恩赦、政治亡命者の帰国許可を条件に、話し合いによる政権交代を目指したのである。再選挙が行われなくても大統領の4年の任期が切れれば、事実上、バティスタを追放できると期待し、要求は次第に政治犯釈放と亡命者の帰国の保証に移っていった。55年5月、バティスタは亡命者の帰国と恩赦を認め、8月にはプリオがハバナに戻った。蜂起路線を放棄したことを意味するものであった。

このとき、カストロも恩赦により釈放されるが、刺客が迫っており、54年6月、「キューバ国民に必要なのは根本的な転換である。バティスタ政権のもとでは平和路線による政権転覆は不可能である」ことを宣言してメキシコに渡った。マルティの独立戦争論に沿ってゲリラ戦を開始するためであった。

既成政党の間では話し合いや米国の介入によるバティスタ辞任に期待が集まっていた。しかし、それは「バティスタなきバティスタ政権」の成立、すなわち1933年のマチャド独裁崩壊以来の歴史が繰り返されることを意味する。

だが、その一方では、革命成功のためにはあらゆる勢力の結集が必要であった。メキシコに亡命したカストロはまだ小さな勢力にすぎなかった。そのため、すべての反バティスタ勢力の統一を図りながら、抜本的改革実現の鍵である「人民の意識化と組織化」を進めていった。これも半世紀前に、マルティが米国滞在中にとった行動に倣ったものであった。

（3）メキシコ——すべての勢力の結集とゲリラ戦争の準備と

メキシコに到着したカストロはすぐさま、反バティスタ勢力の統一と革命戦争実現のための準備に取り掛かった。

マルティと同じく、ニューヨーク、テキサス、マイアミ、コスタリカなどを巡り、アウテンティコ党やオルトドクソ党などとの協力関係を築き上げた。アウテンティコ党と手を結ぶ大学生連合（FEU）を批判して革命幹部会（DR）を結成したアントニオ・エチェベリーアとも「協調し合い、行動する」ことを約束した協定を結んだ（55年8月）。革命幹部会は武装闘争路線を主張していたが、独自の形で行う方針をとり、カストロがシエラ・マエストラでゲリラ戦を始めていた57年3月13日にバティスタ暗殺のため大統領官邸を襲撃した。しかし、失敗に終わり、エチェベリーアは虐殺された。

一方、人民社会党（PSP）はモンカダ兵営襲撃を冒険主義と批判していたが、指導部の方針に反対してカストロと行動を共にする党員が出ていた。カストロらがグランマ号で革命戦争のために出帆したときに一緒に乗り組んだ党員もあった。指導部も徐々に路線を転換し、56年半ばにはグランマ号

▲グランマ州ラス・コロラーダス海岸。「グランマ号上陸国立公園」となり、ユネスコの世界遺産に登録された

▼上陸時の様子を描いたイラスト

上陸を迎えるために東部で支援活動を行うことを約束している。

メキシコ到着後すぐにゲリラ戦の訓練も開始された。スペイン内戦中に外人部隊で活躍したバヨ将軍が指導者として招かれた。56年1月には体力の増強、ゲリラの実戦訓練等、本格的な訓練が始まった。キューバ内外に散らばっていた7月26日運動メンバーだけではなく、アウテンティコ、オルトドクソ、人民社会党などからも志願者が続々と集まり始めた。二度目のラテンアメリカの旅の途中にメキシコに到着していたチェ・ゲバラも、56年8月半ば、一夜の話し合いでフィデルに傾倒し、「この男にかけてみよう」と加わった。訓練への熱意、ゲリラ戦士としての高い能力などを認められ、訓練隊長に指名されたりもした。

バティスタ政権の追及の手はメキシコにも及んだ。6月20日にはカストロらが逮捕された。メキシコ革命後、最も改革を推進した大統領として高く評価されていたカルデナスの仲介で1か月後には釈放されるが、ゲバラはキューバ人ではなく、しかも共産主義者であるという理由で、また、カリスト・ガルシアはビザが不備だったために、拘束が長引いた。両者が釈放されるのは8月半ばのことである。

バティスタ政権の包囲網はさらに狭められていった。遠征計画が外部に漏れた。直ちに出発しなければならない。11月21日、カストロはメキシコ各地に散らばる同志にグランマ号が係留されているベラクルスのトゥスパンに急きょ集まるよう、連絡した。知らせが届かなかった者、時間的に間に合わなかった者もあった。25日午前2時ころ、荷物がなくても22人しか乗れない小さなヨットに、55丁の武器と82人の人間が乗り組み、１００年前にマルティが上陸したキューバ島東部の海岸を目指して嵐の海に乗り出した。

4　シエラ・マエストラの闘い

（1）一握りのゲリラから

グランマ号は大波と大雨を受けて浸水し、3基あったモーターのうち1基が故障した。ヨットから乗組員が転落し、暗い海を何時間も捜索し、救出した。カストロ自身が表現しているように「大海のクルミのごとく」海上を彷徨いながらキューバ東部のラス・コロラーダス海岸に漂着したのは12月2日。予定より2日遅れであった。計画ではニケーロから上陸し、マンサニージョからシエラ・マエストラへと向かうはずであった。バティスタ軍を分散させるため、上陸と同時に全国で一斉蜂起を行う計画であったが、到着が遅れたために中止命令がだされた。ハバナなどでは不発に終わり、東部ではあえて実行されたが、軍により鎮圧された。海岸でトラックを準備し待機していた100人ほどの農民グループも危険が迫ったために退避した。東部の女性活動家セリア・サンチェスが組織した農民たちである。

乗組員はマングローブの生い茂る海岸を何とか乗り越え、大地に足を踏み入れたが、アレグリーア・デル・ピノでバティスタ軍の出迎えを受けた。多くのメンバーが銃撃で死亡し、あるいは捕えられ虐殺された。グランマ号到着のうわさを伝え聞いた農民の支援グループが再度、動きだした。まず

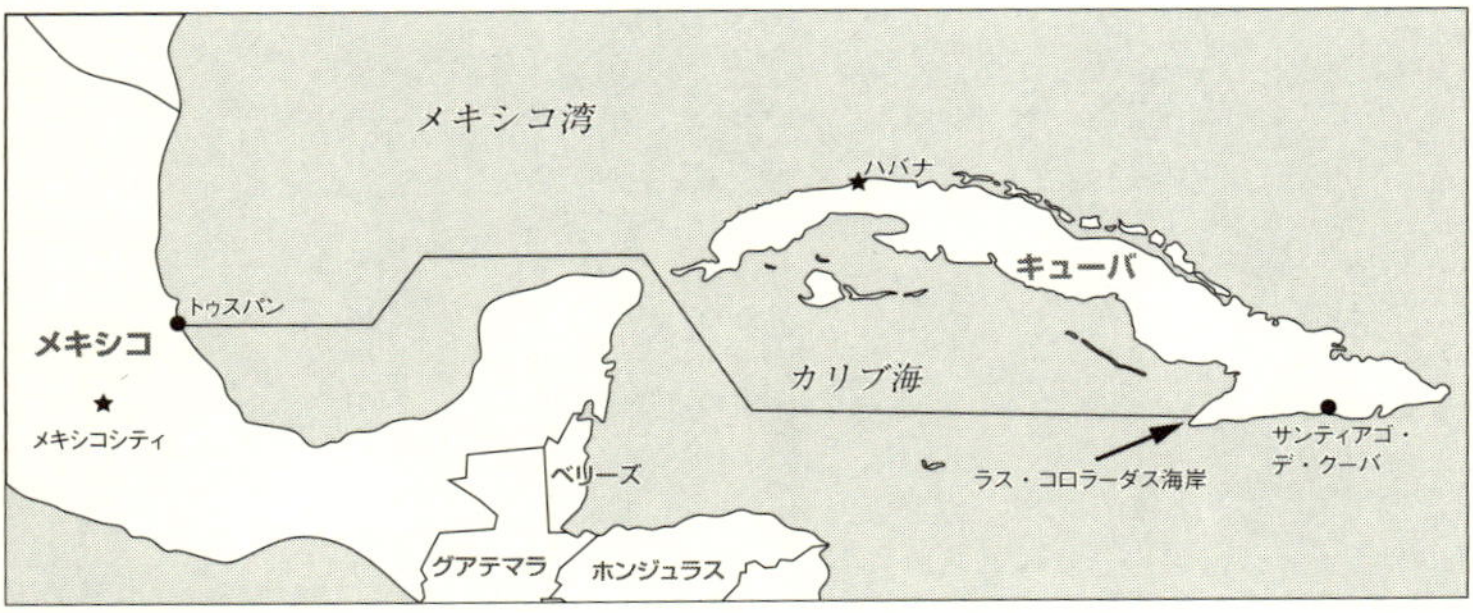

グランマ号ルート

ファン・アルメイダ、カミロ・シエンフエゴス、ラウルらが農民リーダーのクレスセンシオ・ペレス・モンタノに保護された。フィデルも2人の同志とともに、16日にはクレスセンシオの兄弟で、元オルトドクソ党員のモンゴ・ペレスのシンコ・パルマス農場にたどり着いた。

翌17日、ラウルら6人のグループがフィデルのもとにやってきた。この時の逸話はのちに広く知られるようになった。ラウルと出会うや、フィデルが真っ先に、「銃は何丁あるか」と尋ねた。5丁と答えると、フィデルは言った。「自分は2丁だ。これで勝利できる」。これは第1次独立戦争の指導者カルロス・マヌエル・デ・セスペデスが敗北をこうむったときに語った言葉である。こうしてカストロ・グループ3人、ラウル・グループ6人、これに農民が加わり、計12人でゲリラの母体が形成された。伝説となった「12人」である。

その後、アルメイダ・グループの7人が合流した。ゲバラもこのなかにいた。ファウスティーノ・ペレスは、フィデルらが生きていることを伝え、平地部（ジャノ）の7月26日運動組織との共闘を開始するためにただちに下山した。20日には17人と武器8丁でゲリラ戦の訓練を開始し、翌21日にはシンコ・パルマスを出発し、移動戦

グラン・ピエドラから臨むシエラ・マエストラ山脈

に乗り出した。農民の支援で救出された生き残り３人と農民志願兵が加わり、計29人での出立であった。

それから1か月足らずのちの57年1月17日には小さな兵営を攻撃し、武器を獲得した。2月17日には7月26日運動の全国指導部会議をシエラ・マエストラのヒバロで行い（フィデル、ラウル、フランク・パイス、ファウスティーノ・ペレス、アルマンド・ハーツ、ビルマ・エスピン、セリア・サンチェス）、シエラ＝ジャノの活動を調整し、シエラ・マエストラ宣言を発表した。ゲリラ戦による革命の実現、40年憲法の復活など6項目の行動計画を掲げていた。「陳述」に沿ったものであった（Furiati, 2003）。

29人の小さなゲリラ部隊は5月29日にはトゥルキーノ山へ移動し、7月には根拠地を確保した。それからおよそ1年後の58年2月にはゲリラの勢力はほぼ３００人に達した。当時の政府軍の総兵力は5万人。58年5月から7月にかけての政府軍の最終攻勢の際には７０００人から1万人の兵力が投入されたが、ゲリラ部隊の勢力はおよそ20分の1であった。

シエラ・マエストラのゲリラとジャノの7月26日運動は密接な連携のもとに活動していた。武器その他の物資や兵員の供給、情報の収集等々、ジャノの支援がなければゲリラの発展はなかった。

シエラ・マエストラのふもとの東部地方で支援活動に中心的役割を果

シエラ・マエストラ　ゲリラ総司令部

政府軍攻撃の際には扉を閉じる

たしたのはフランク・パイスである。

57年3月にはフランク・パイスの努力が実を結び、最初の新兵58人が到着した。チェ・ゲバラがその訓練にあたった。5月には武器も届き、同月末にはウベロ兵営の襲撃が可能になった。7月にはチェ指揮下の第4部隊が形成された。その根拠地のオンブリートには識字学校、輪転機、放送局（フランク・パイスのアイディアである）、武器製造所・保管庫などもできた。反乱軍の機関誌『自由キューバ人』（*El Cubano Libre*）も発行され、「反乱放送」（Radio Rebelde）も始まった。反乱放送は国民向けの宣伝と反乱軍内部の連絡に重要な役割を果たした。メッセンジャーでは間に合わない場合が多かったのである。

だが、フランク・パイスは7月30日、サンティアゴで活動中に暗殺される。多大な損失であった。

1958年2月にはラウル・カストロ指揮下の「フランク・パイス・オリエンテ第2戦線」が形成された。バティスタ軍の攻撃がフィデルの第1戦線に集中するのを避けるためであった。フランク・パイスの提案にもとづくものであり、彼はそのための武器の確保に奔走したが、実現を見ることなく暗殺された。

フィデル・カストロの「ホセ・マルティ・オリエンテ第1戦線」がシエラ・マエストラ中心部のラ・プラタに総司令部を置いていたのに対し、第2戦線は東部のクリスタル山脈を根拠地とし、サンティアゴ・デ・クーバ市の東側全域が作戦地帯となった。広大な平地を含む地域であり、米国のグアンタナモ海軍基地もあった。政府軍の兵営も各地に点在しており、闘いは生易しいものではなかった。兵営襲撃、ニカロ工業地帯の包囲など壮絶な戦闘が繰り広げられ、多くの犠牲を出している。

(2) さまざまな勢力が蠢くなかで

グランマ号で上陸し、命からがらシエラ・エストラ山中に逃げこみ、農民の助けにより生き残った者たちが合流してゲリラ活動を開始したとき、政府はカストロ死亡説を流していた。カストロはすぐさま、ジャーナリストとの接触を試みた。国内ジャーナリストがシエラ・マエストラへ登るのは不可能であった。そのため、2月17日、『ニューヨーク・タイムズ』紙のマシューズ記者がセリア・サンチェスに伴われてロス・チョロスのエピファニオ・ディアスの農場を訪れ、インタビューが行われた。ぼろをまとったゲリラの写真が紙面を飾り、「カストロは生きている」ことが世界に知れ渡り、その

シエラ・マエストラのフィデル・カストロ（中央）とラウル・カストロ（左）［所蔵：Oficina de Asuntos Históricos del Consejo de Estado］

後、キューバ国内にも伝わった。外国メディアとの接触はゲリラ部隊にとって重要な広報活動の手段となった。その2か月半後の5月5日にはCBSコメンテイターのボブ・テイバーとのインタビューが実現するなど、シエラ・マエストラには多くの外国人記者が訪れている。

その一方で、カストロはアウテンティコ党、オルトドクソ党など既成政党を含む広範な勢力と接触した。当時、活発な動きを示していたのはオルトドクソ党首のラウル・チバス、キューバ国立銀行元総裁のフェリーペ・パソス、キューバ農工業振興銀行元総裁のフスト・カリージョらである。

あらゆる反バティスタ勢力との連携を確保しながら、「バティスタなきバティスタ政権」の成立を阻止するにはいかにすべきか。カストロは連携に際して、協同行動からいかなる勢力も排除しないことを最低限の原則として認めさせた。既成政党のなかには7月26日運動を排除しようとする勢力がまだ強かったのである。また、反共主義を掲げるアウテンティコ党は人民社会党（ＰＳＰ）の参加も阻止しようとしていた。だが、闘いを続けていけば必ずや7月26日運動への国民の支持は高まり、それが変革実現の担保となる――カストロはそのように考えていたのである。

山を下りたファウスティーノ・ペレスから、既成政党を中心にした臨時政府樹立の動きがあることを知ったカストロは、１９５７年７月、その立役者であるチバスとパソスをシエラ・マエストラに招き、会談を行った。こうして７月12日、シエラ・マエストラ宣言（『キューバ人民への呼びかけ』）が署名された。草案は主としてカストロが作成し、①革命市民戦線（Frente Cívico Revolucionario）結成による闘争の統一、②臨時政府首班の指名、③外国の干渉排除、④軍事評議会の拒否、⑤１９４０年憲法の復活、⑥腐敗根絶、⑦遊休地の有償接収などが、掲げられていた。

このうち、カストロが最も重視していたのは、統一戦線の結成と軍事評議会阻止である。これはバティスタなきバティスタ体制の成立を阻止するための担保であった。

シエラ・マエストラ宣言は反乱放送でも発表され、一般国民も知ることになった。これもカストロにとっては重要な戦術であった。

ところが、このあと、既成政党勢力は表面的にはシエラ・マエストラ宣言の実施を唱えながら、７月26日運動を排除した独裁打倒と臨時政府樹立に動きだした。パソスは57年11月30日にマイアミで既成政党や大学生連合（ＦＥＵ）などを集め「キューバ解放委員会」（「マイアミ協定」）を設立した。このなかには７月26日運動の都市部の活動家の一部も参加しており、合意文書に署名していた（Furiati, 2003）。マイアミ協定は、米州機構と国連の監視のもとでパソスを首班とする「立憲主義、合法、民主」臨時政府を形成し、独裁崩壊後18か月以内に選挙を実施するという趣旨のものであった。パソスは米国や軍人とも接触を始めていた。既成の政党や政治家はまだ、シエラ・マエストラのゲリラ勢力を主導勢力として認め、そのもとで行動の統一を図ることを受け入れてはいなかったのである。

この報に接したカストロは12月14日、キューバ解放委員会に書簡を送り、7月26日運動の名で署名した人物は代表権をもたないことと、協定を認めないことを伝えた。

58年7月、チバスとパソスがシエラ・マエストラを訪れ、革命市民戦線のもとでの統一、臨時政府首班の指名、外国の干渉排除、軍事評議会拒否、憲法回復、反腐敗、遊休地・有償土地接収などを盛り込んだシエラ・マエストラ宣言が発表された（7月12日）。1年前の宣言を再確認したものである。宣言は7月20日にプリオを含む11の団体により署名され、「カラカス協定」と命名された。なお、このときには人民社会党は参加していない。

シエラ・マエストラでは臨時政府首班の指名についても話し合われた。パソスは自分が臨時大統領になることを望んでいた。ところが、8月11日にマイアミで開かれたカラカス協定署名団体の会議では、マヌエル・ウルティアを臨時政府の首班とすることが決定された。モンカダ裁判のときに、あらゆる合法的手段が奪われているときには武装抵抗は憲法上許されると主張していた最高裁の判事である。ウルティアの臨時大統領指名は7月26日運動、すなわちカストロが提案したものであった。提案は多数の賛成で承認された。

ゲバラはこれを知ったときに、カストロのプチブル性を示すものとして批判した。だが、カストロは「革命は大衆や武装勢力の手中にある。新政府のあり方は力関係によって決まる」として、問題としなかった（Hernecker, 1979）。

当時、多くの国民がシエラ・マエストラのカストロらによるバティスタ追放に期待を寄せ始めていたとはいえ、未だに既成政党の影響力は無視できなかった。願望と現実とは異なる。そこで、カストロは「ブルジョア派」を前面に立てながら、当面の最低限の条件として、外国の介入と軍事クーデターの可能性を断つことを確保し、機が熟したときに「意識化された」国民の支持を背景に社会変革の実行に向けて動きだすことにかけたのである（Hernecker, 1979）。のちにゲバラはカストロの情勢判断力と見通し能力に感嘆し、非難したことを大いに反省する。

(3) 4月ストライキ――ゲリラ部隊のヘゲモニー確立

ゲリラ活動が開始されてから1年を経たのちも、既成政党だけではなく、7月26日運動内部でもシエラ・マエストラのゲリラ部隊のヘゲモニーが確立していたわけではなかった。ゲリラ戦開始直後の57年2月の全国会議でも、シエラとジャノの協力と協調が決定されていたが、ジャノの指導部のなかには、依然として、ゼネストと人民蜂起路線によるバティスタ政権打倒を考える勢力が強かった。国民も必ずしもすべてがゲリラによる独裁打倒が可能であるとは考えていなかった。

58年に入りゲリラ活動が発展すると、国民の反バティスタ気運が高まった。これを背景にジャノ指導部はゼネスト実施へ動き出した。決行の日は4月9日と定められた。カストロは基本的にはゼネスト路線には疑問を抱いていたが、ジャノからの情報を信頼し、ゼネスト声明を発表した。

しかし、準備や計画に不備が多く、ジャノ指導部自身も、決行当日まで、開始か延期かで揺れ動き、逡巡するうちに、開始指令が出された。指令は十分に行き届いていなかった。サンティアゴなど東部では散発的にストが始まったが、ハバナでは労働者はほとんど動かなかった。親米路線を取るムハール派に握られたキューバ労働者連合（ＣＴＣ）はストに参加した場合には除名するという通達を出していたのである。また、ジャノ指導部は交通・通信の労組を握る人民社会党に協力を求めなかった。反共主義が強かったためである。その結果、都市の情報・交通網がマヒすることなく、ストや蜂起は弾圧にさらされた。

５月５日、シエラ・マエストラのモンピエにおいて全国指導部会議が開かれた。統一指令部をシエラ・マエストラに置くこと、フィデル・カストロの反乱軍総司令官、７月26日運動の書記長、人民民兵長官就任が決まった。７月26日運動内部におけるシエラ・マエストラのゲリラのヘゲモニーが名実ともに確立したのである。

一方、政府軍はゼネスト失敗を反乱軍掃討の好機と捉え、シエラ・マエストラへの進撃を開始した。これはＦＦ計画と名付けられた。ゲリラに対する最終攻勢であるとともに、「カストロの最後」でもある、というのである。５月半ばには政府軍は14大隊を動員し、四方からシエラ・マエストラに登ってきた。一時はラ・プラタの反乱軍総司令部まであと2時間で到達するという地点にまで迫った。

最終攻勢はおよそ75日間続いた。激しい戦闘であった。反乱軍は武器弾薬が完全に不足していた。戦闘員も足りなかった。有利だったのはシエラ・マエストラという地形を熟知していたことである。他方、政府軍には最後まで闘い抜く意志を持たない兵士も少なくなかった。政府軍の捕虜に対しても貴重な薬を使い、治療して解放するという反乱軍の行動も影響を与えた。８月、政府軍はついに敗退した。

これを機に国民のなかに反乱軍によるバティスタ政権打倒への期待が高まり、それまでカストロを除外したバティスタ打倒を画策していた既成の政党や政治家もシエラ・マエストラのゲリラを無視できなくなった。

政府軍の最終攻勢を打破したあと、10月半ば、チェ・ゲバラとカミロ・シエンフエゴスの二つの部隊がそれぞれ南と北のルートを通り、中部ラス・ビジャス州に向けて進軍した。二人の司令官にバティスタ政府の最後の拠点であるハバナの支配を委ねたのである。

東部の支配確保と制覇はフィデルとラウルが引き受けた。

チェとカミロの部隊は、途上で、中部のバティスタ軍の拠点を打破して増援部隊の派兵を阻止するとともに、エスカンブライ山中で活動するさまざまなゲリラ勢力と協力関係を築いた。ここではファウレ・チョモン指揮下のゲリラが活動を行っていた。官邸襲撃事件後、3月13日革命幹部会（DR3・13）と改称していた学生連合である。人民社会党も方針を転換して武装闘争の有効性を認め、56年夏ころからカルロス・ラファエル・ロドリゲスの指導のもとで武装闘争を行っていた。革命幹部会と人民社会党はチェの到着後、共同行動をとった。エロイ・グティエレス・メノヨは出身母体の革命幹部会との関係を断って独自の行動を展開しており、7月26日運動がその支配地域へ入ることを拒否した。

12月末、ゲバラ指揮下の反乱軍は、革命幹部会との協力のもとにサンタ・クララ戦を開始し、バティスタの増援部隊を乗せた列車を転覆させた。これにより革命の勝利は確実となった。

1月1日未明、バティスタは国外に逃亡した。カストロは全国にゼネストを指令した。軍のクーデターを阻止するためである。クーデターが起きればバティスタなきバティスタ体制の維持につながり、闘いは無に帰する。2日、チェとカミロの部隊はハバナに到着し、カミロはキューバ第一のコルンビア兵営を、ゲバラはラ・カバーニャ要塞を占拠した。サンティアゴ市を制覇したカストロは西部へ向けて進軍を開始し、1月8日、市民の熱狂的歓迎のなかハバナに入城した。

第2章◉革命勝利から社会主義宣言へ

1　「ブルジョアジーの臭いがする政府」

（1）ウルティア政権――無為のまま過ぎ去る日々

バティスタが逃亡した1959年1月1日、最高裁判事のウルティアが大統領就任を宣誓し、4日には臨時革命政府はハバナに移動した。翌5日にはすべての閣僚の任命が終了し、新政権が発足した。ウルティア大統領の指名を受け、首相に就任したのは全国弁護士会会長のミロ・カルドナであった。閣僚のほとんどは銀行家や会計士など、ウルティアの意向に沿って任命された者たちである。7月26日運動からはアルマンド・ハーツ（教育相）とファウスティーノ・ペレス（不正取得資産回復相）が入閣したにすぎない。カストロも「ブルジョアジーの臭いがする政府」と評していた。

しかし、ウルティアを臨時革命政権の大統領に任命したのはカストロである。「誠実な人間であるだけでは改革は実行できない」と考えていた本人が、なぜ、「ブルジョアジーの臭いがする政府」に新しいキューバを託したのであろう。「自分たちは軍人であり、政治に関わってはならない」というのが公式の理由であったが、本心はどこにあったのだろう。

フィデル・カストロがウルティアを首班とする臨時革命政府を任命したのは1958年8月であった。革命実現のためにはあらゆる勢力を統一する必要があったためである。当時、7月26日運動に対する国民の期待は高まっていたが、既成の政治家や勢力の力は依然として無視できなかった。

しかも、既成の政治勢力は米国の介入による政権交代を期待していた。これは「バティスタなきバティスタ体制」の維持につながる。1月1日にバティスタが逃亡し、革命の勝利が確実になったときにも、反バティスタ軍人によるクーデターの動きがあり、それを阻止するためにカストロは全国民にゼネストを呼びかけている。何よりも、米国の介入の可能性を阻止しなければならない。そのためには7月26日運動を含むすべての反バティスタ勢力による革命政権を樹立することが必要であった。そのもとで社会変革の実現へ向かうか否かは国民の意思にかかっている。

59年1月8日、カストロは部隊とともにハバナに到着した。ハバナ市民は熱狂的に迎えた。誰もが主役はフィデル・カストロであると考えていた。外国からの客人も官邸を素通りして、アバナ・リブレ・ホテル（旧ヒルトンホテル）に雑居するカストロに殺到した。二重権力状態である。

ウルティア大統領は法曹界一筋で歩んできた人物であり、政治にはずぶの素人であった。これに対し、ミロ・カルドナ首相は弁護士ではあったが、「政治的人間」であり、共和国友人協会にも属していた。最後までバティスタとの話し合いによる政権交代を目指し、米国と協調しながら、砂糖割当制度の枠内で最大限の利益を引き出すべきだと考えていた団体である。

ウルティア大統領は何ら政策を実行することなく、無為に日々が過ぎていった。ウルティアとミロの確執も高まっていった。そこに「ミロの辞任劇」が起きた。

(2) ミロ・カルドナ辞任劇——カストロの首相就任

1月16日、ミロが大統領に辞表を提出した。発端は大統領が閣僚会議の承認なしに政策を決定し、実施を求めたことにあった。辞表提出は閣僚会議の支持を背景とした「脅し」のつもりであったが、目論見ははずれた。ウルティアが辞表を受けとったのである。しかし、辞表は大統領秘書官のブフの手からミロに戻され、ミロがゴミ箱に捨てて辞任劇は収まった。だが、大統領と首相・閣僚会議の対立は収まるどころか、混迷を深めていった。

政治混乱が国民の失望を招き、反革命勢力の復活や米国の介入につながることを懸念した7月26日運動のなかに、フィデル・カストロの首相就任を求める声が高まった。フィデルは「首相は政府の全般的政策を代表する」という条件が認められれば、受け入れるとした。すなわち大統領権限の首相への移行である。そのためには革命政府が出した基本法の修正が必要であったが、ウルティアも、またミロも受け入れた。2月16日、閣議の全会一致により基本法が改正され、フィデルが首相に就任した(Buch,1999)。ミロが辞任を受け入れたのは、続投はもはや無理だと判断したためであるが、自分自身もウルティアに大統領権限の移譲を求めていたことから、次なる可能性に期待していたのである。

だが、ミロの思惑どおりにはいかなかった。カストロの指名でスペイン大使に就任したが、60年末にはマイアミへ亡命し、反革命グループの指導者となった。61年4月の傭兵軍侵攻前に、ケネディ大統領はミロをワシントンに呼び寄せ、カストロ体制崩壊後には政府首班に指名することを示唆している。

カストロの首相就任とともに公務員に対する空手当てや幽霊公団の廃止、米国人しか入れないバーや海岸の一般市民への開放、法外に高い電気料金や家賃の引き下げ、バティスタ派の資産接収、農民による占拠地の所有権承認など、矢継ぎ早に政策が実施されていった。「ごく当たり前の政策」であったが、革命前にも、また、ウルティア政権下でも、まったく実施されなかったものである。公約を履行する政府としてカストロに対する国民の支持はますます高まっていった。

(3) ウルティア大統領辞任──7月26日運動社会変革派による権力掌握

それとともにウルティア大統領とカストロら7月26日運動との対立が深まっていった。ウルティアは官邸費を私宅の購入に流用したり、その日によって方針や政策がくるくると変わるなど、政治家としての資質の問題もあったが、決裂を決定的にしたのは5月17日の農業改革法制定である。

農業改革法制定は革命の分水嶺であった。改革法の制定とともに7月26日運動内部の「バティスタなきバティスタ体制の維持」を目指す勢力が共産化を非難し始め、空軍総司令官のディアス・ランスがマイアミに亡命した。ウルティア大統領とカストロ首相との確執も顕になった。

ウルティアははじめ、カストロは共産主義者ではないとして、国民にカストロへの忠誠を求めた。その一方でチェ・ゲバラなどの共産主義者をカストロから引き離すべきだと主張し、7月26日運動メンバーの閣僚辞任を要求した。ウルティアは次第に官邸に引きこもるようになり、大統領と首相の接触もなくなって、政治は機能不全に陥った。閣議でも「ブルジョアジーの臭いがする」閣僚と社会改革派閣僚の対立が激しくなり、何も決められなくなった。大統領辞任の可能性が取りざたされ始めると、首相を辞任していたミロをはじめ、さまざまな人物が大統領の座を目指して蠢きだした。

事態を懸念したカストロはウルティアにテレビ会談を求めた。そのためには日時が必要であった。これに対し、ウルティアはテレビ放送用の機材を官邸に持ち込むよう求めた。そこで、カストロは7月16日、ＲＱＣテレビ局で国民に向け放送した。政府内部で何が起きているのか、どのような問題で大統領と対立しているのかを説明し、改革は断固として実行しなければならないが、大統領のモラルや革命的欠点のために政策が遂行できない、このような事態が続けば外国の介入につながる、と訴えた。

放送中にスタジオにはさまざまな政党や団体などから続々と大統領の辞任とカストロの続投を求める電話や電報が届いた。司会者は質問を中断して内容を紹介した。

その日の夜、ウルティアは近親者の説得を聞き入れ、閣僚会議に辞任の意向を伝えた。閣僚会議はこれを認め、全会一致でオスバルド・ドルティコス・トラドを新大統領に指名した。ドルティコスはゲリラ戦中に7月26日運動の協力者として活動し、57年のシエンフエゴス蜂起で逮捕されたが、釈放後、メキシコに亡命し、革命勝利とともに帰国していた。ウルティアの辞任後、「ブルジョアジーの臭いがする」閣僚が相次いで辞表を提出し、革命政府は7月26日運動の社会変革派の手に移った。

ゲリラ戦中にウルティアを「誠実な人物」として臨時革命政府首班に任命したのはカストロであったが、しかし、ウルティアが改革を実施しないことは明らかであった。遅かれ早かれ決断を迫られるときが来るだろう。そのときが来たならば、いかにして国民の支持を背景に政策を進めていくか。ウルティア政権は「ごく当たり前の政策」すら実行しようとしなかった。カストロが前面に出ることによって初めてそれは実現した。カストロに対する国民の支持はますます高まり、その支持を背景にカストロは農業改革法の制定に踏み切った。農業改革法は米国との全面対決をもたらすものであったが、国民は当然の政策として受け入れた。実際、農業改革法が制定されるや、直ちに米国の直接間接の干渉が始まり、61年4月には軍事侵攻も実行された。しかし、米国政府の予想に反して、国民は一丸となって侵攻軍を撃退した。

(4) 農業改革法

革命の分水嶺

農業改革の実施はモンカダ綱領に規定されていたものであり、革命政権発足直後の2月10日の閣僚会議で農業改革法作成のための委員会の設置が決定され、委員長にはウンベルト・ソリ・マリン農相が就任していた。だが、委員会は何もしないまま、時が過ぎていった。

そのため、フィデルは夜になるとチェ・ゲバラが病気のために療養していたハバナ市東部のラ・タララを訪れ、セグンド・セバジョス、オスカル・ピノス・サントス、アントニオ・ヌニェス・ヒメネス、ビルマ・エスピン、アルフレド・ゲバラらとともに改革法の検討を始めた。いずれも7月26日運動の「社会改革派」である。

セバジョスとピノス・サントスが作成した草案をもとに、ヒメネスとチェが統一案を作った。これを全員で検討し、4月14日に法案ができあがった。法案はフィデルの海外訪問中の4月28日に閣議に提出され、5月5日に承認された。このときにはソリ・マリン農相も、またウルティア大統領も賛成した。5月17日、革命戦争中に反乱軍の総司令部が置かれていたシエラ・マエストラのラ・プラタでフィデル・カストロが農業改革法に署名し、改革法は公布された。式典にはウルティア大統領も出席していた。だが、ウルティアもソリ・マリンもその直後に革命政権とたもとを分かち、亡命する。ソリ・マリンはのちに武器を持ってキューバに侵入し、逮捕され、処刑されている。

農業改革法が公布されるや、6月15日にはハバナ市内で革命後初めて爆弾がさく裂した。米国政府は革命成功直後の1月7日に革命政府を承認していたが、アイゼンハワー大統領は4月15日に米国を訪れたフィデル・カストロと面会することはなかった。米国政府は、はじめ、カストロ政権も歴代の政権と同様、口先だけで改革など実行しないのではないかとかすかな期待をかけていた。しかし、農業改革法が公布されると、もはやこれまでと判断した。6月末にはCIAは「カストロは共産主義者である」という発表を行い、侵攻の準備を開始する。

穏健だが、ラディカルな農業改革法

59年5月に制定された農業改革法は、その後、1963年に第2次農業改革法が制定されたため、第1次農業改革法と呼ばれている。

第1次農業改革法は当時のラテンアメリカで一般的だった農地改革概念に沿ったものであり、その意味では「穏健な改革法」であった。しかし、農業改革を実施しなければ自立的発展も国民生活の向上もないとして、政府が完全実施を目指したこと、また、改革を効果的なものにするための歯止めを設けたことによって、「ラディカルな改革法」となった。

キューバ革命以前にラテンアメリカで体系的な農地改革法が制定され、実施されたのはメキシコとボリビアの2か国であるが、いずれも不完全に終わり、一握りの大地主による土地独占は基本的に変わらなかった。国内の大地主など寡頭支配層の抵抗もさることながら、20世紀半ばには、米国にとって、いかに穏健的なものであろうと農地改革はタブーであり、直接間接の干渉が避けられなかったためである。

1954年には中米のグアテマラで米国のユナイテッド・フルーツ社の所有する遊休地を接収しようとしたアルベンス政権が米国の傭兵軍の侵攻により崩壊している。ちょうど、ゲバラがラテンアメリカの旅の途中で立ち寄っていたときのことであった。グアテマラは「バナナ共和国」と呼ばれたように、ユナイテッド・フルーツ社が経済を独占していた。米国の砂糖会社が砂糖生産を基礎に経済全体を支配していたキューバも同じであり、農業改革法の作成にあたって、カストロやゲバラの念頭には、メキシコやボリビアに加え、アルベンス政権の崩壊（グアテマラ反革命事件）の経験もあったろう。

土地なし農民にも土地を

メキシコやボリビアの農地改革法は、①問題は、土地独占そのものではなく、生産性の低い、旧態依然たる大地主（ラティフンディスタ）の手に土地が集中していることであるという考え方をとっていた。そのため生産性の高い近代的な大農場は改革の対象から除外されていた。また、②小作人への土地所有権付与、すなわち「耕す者へ土地を」が原則となっていた。その結果、一家の生活を維持するだけの土地を持たない零細農民や、農業労働者などの土地なし農民は土地分与を受けられず、農民の貧しさに変わりはなかった。

キューバの農業改革法も〝古い〟大地主制、すなわちラティフンディオの解体を目指した点では同じであった。

改革法では、土地の最高所有限度面積は30カバジェリーア（約403ヘクタール。1カバジェリーアはおよそ13・4ヘクタール）と定められ、それを超える土地は有償で接収された。これはサトウキビ農場であってもかなり広い面積である。しかも、生産性が高い場合は特例が設けられていた。

にもかかわらず、キューバの農業改革が「ラディカル」なものになったのは、一つには、受益者を小作人に限らなかったためである。

農地の最低限度面積は2カバジェリーア（約26・8ヘクタール）と定められ、これ以下の土地しか持たない零細農民、農業労働者、さらに農業を営む意志を持つ者は、2カバジェリーアまでは無償、それ以上5カバジェリーア（約67・0ヘクタール）までは有償で土地が与えられた。キューバでは米系プランテーションで働く農業労働者や貧農が大半を占めており、これらの農民を除外すれば農村の貧困問題は解決されない。

因みに、革命戦争のさなかの1958年10月10日にはシエラ・マエストラ法第3号、いわゆるソリ・マリン法が制定されているが、ここでも、2カバジェリーアまで無償で与えられことになっていた。ソリ・マリン法はシエラ・マエストラの解放区やオリエンテ州のラウル指揮下の第2戦線、カミロとチェが革命末期にハバナを目指して進軍したときにシエンフエゴスなどで実施されている。

外国人の土地所有禁止――「バティスタなきバティスタ派」の離反

第1次農業改革法が「バティスタなきバティスタ派」と決裂をもたらした最大の理由は外国人の土地所有が禁止されたことであった。

大地主制の廃止は1940年憲法にも規定され、モンカダ綱領も1940年憲法の復活と体系的農業改革法の制定を挙げていたが、大地主制度の廃止という場合には、キューバの場合、当然、外国人の所有地も含まれる。しかし、ソリ・マリン法では大土地所有制の廃止と外国人の土地所有禁止は言及されていなかった。抵抗を回避し、革命を成功させるためであった。

外国人による土地所有禁止はメキシコの農地改革法にも含まれ、憲法でも規定されている。ディアス独裁政権時代（1876～1911年）に米国企業による土地支配が進んでいたためである。しかし、キューバの場合には外国人の土地所有禁止はメキシコ以上に大きな意味を持っていた。

前にも述べたように、革命前には米系の砂糖会社は可耕地の70～75％、農地面積の3分の1を支配していた。米国の支配は、土地独占を軸に、サトウキビ栽培、製糖、港への鉄道輸送、船舶輸送、そして砂糖輸入割当制度という風に、経済全体に及んでおり、土地の独占支配が崩れればその支配が根底から崩壊する。したがって、農業改革を実施すれば米国との決定的な決裂、すなわち全面的な干渉は避けられない。独立後、初の革新政権と期待されたアウテンティコ政権も、1940年憲法にその規定を取り入れながら、実施しなかったのはそのためである。
しかし、米系砂糖会社の土地を接収しなければキューバの自立的発展も貧困問題の解決も実現できない。革命政権にとっては覚悟の決断であった。米国は予想通り、改革法公布とともにカストロ政権打倒に踏み出し、それとともにキューバ革命は急展開をとげていく。

「大きいことは良いことだ」——集団化の推進

第1次農業改革法で、分与地の転売、抵当権設定、借地への転換などが禁止されたのは、メキシコと同じであった。放置すれば改革は元の木阿弥になるからである。このほか、相続による土地分割も禁止されたが、これも同様である。

既存の小農も含め、土地の売却は禁止されていたが、しかし、国への売却だけは認められていた。そこには近代的な大規模農業経営こそ農業発展と農民の生活向上につながる、という考え方があった。機械や化学肥料を投入して農業の生産性を高めなければならない、農業を近代化して農民を過酷な農作業から解放しなければならない、というのである。そのため、革命後のキューバでは大規模な協同組合農場や国営農場の形成が推進されることになった。

一方、米系企業のプランテーションが中心を占め、農業労働者、特に収穫期の季節労働者が多かったキューバで、プランテーションを分割して農業経営の経験をもたない農民に土地を分割して分与すれば、生産は衰退し、輸出や食糧確保に悪影響をもたらす可能性がある。そのため、たばこやコーヒーなどもともと自営農民が多かった地域や、農民が希望する場合は別として、プランテーション経営が行われていたサトウキビ農場、米作農場、トマト栽培農場、ヘネケン農場などでは協同組合農場が、また、広大な土地に数人の牧童がいるような牧場では人民農場（Granja del Pueblo）と呼ばれる国営農場がつくられた。

こうした協同組合農場の形成も当時のメキシコなどの例に沿ったものであったが、しかし、キューバの場合は国家統制色が強かった。小農が国からの資金援助等を得るための緩い結びつきの協同組合も形成されたが、旧米系プランテーションの協同組合農場では、組合員が集団的に耕作し、毎月賃金を受け取り、年末に利益配分を受けるというもので、運営もＩＮＲＡ（全国農業改革局）から派遣される調整官のもとに置かれていた。

これは一つには、経済的に砂糖などの農産物輸出に依存していたために、農産物生産が減少するような事態を避けなければならなかったためである。一方、革命直後の特殊事情もあった。革命直後には知識人層の多くが亡命したために技術者が不足し、農場の管理も多くの場合、小学校を出ているか、出ていない人々の手に担われていた。数少ない一握りの知識人の手で経済を運営するには、他に選択肢がなかったのである。貧しい発展途上国としての制約である。

こうして「大きいことは良いことだ」とばかりに、大規模な国有農場や協同組合農場の形成が推進された。その欠点が明らかになり、小農の育成が進められるのは20世紀末、大規模農場の生産性の低さとは対照的に、農機具や農薬などが不足する小農民の方が高い生産性をあげていることが認識されるようになってからのことである。

農地の接収が始まるのは改革法の制定から半年以上を経た59年末である。米国の対応を見定めていためだが、対米決裂が不可避となった60年初めから本格的な実施が始まり、62年8月にほぼ終了した。この時点では私有地の割合は農地面積の59・8％、農牧生産額では63％。全体のほぼ6割である。

農民数では5カバジェリーア以下の小農が圧倒的多数（93・8％）を占めていたが、5カバジェリーアを超える農場、すなわち中農以上の土地面積は28・2％に達しており、まだ中農や富農の力は大きかったことになる（Valdés, 1997）。それは生産力の問題に限られなかった。先祖代々の「地主と小作人の関係」のために、改革で土地を得た小農にも地主の影響力は残り、米国との確執が高まると、中農や富農層とともに小農民も「反革命活動」に加わったりした。

2　社会主義宣言

(1) 米国の封じ込め政策開始——ソ連が乗り出す

農業改革法の制定後も、革命政府は対米関係の悪化を避けるべく、改革法の実施を先延ばしするなど慎重に配慮していた。しかし、アイゼンハワー政権の敵視政策が明白になると、6月にはチェ・ゲバラが日本をはじめ、エジプト、インド、スペインを歴訪し、砂糖の買い付けと援助を打診した。60年初頭にもラウル・ロア外相がヨーロッパとアフリカ諸国を訪問した。いずれも米国を除く西側諸国との関係を維持し、経済発展を図ろうとしていたのである。

60年初頭には米国の革命政府に対する姿勢は決定的なものになった。アイゼンハワー政権は、59年5月に農業改革法が公布されたときには、接収に対する保障条件が非常に悪いと批判してはいたが、「カストロは共産主義者ではない。共産主義者から引き離す必要がある」としていた。しかし、年が明けると、米国議会ではキューバ制裁を求める声が高まり、1月16日にはニクソン副大統領が砂糖の輸入割当てを削減する用意があることを表明し、同29日にはアイゼンハワー大統領が議会に対し、そのための権限を大統領に委譲するよう求めた。

そこへ、突然、ソ連のミコヤン副首相がハバナを訪れた。60年2月4日のことである。ワシントン訪問後、ソ連の科学技術文化博覧会の開会式に出席するという理由でハバナに立ち寄ったものだが、15日にはミコヤン副首相とカストロ首相との間で貿易協定が結ばれた。年間100万トンの砂糖その他の農産物の買い付けと、1億ドルの長期開発援助の供与などを規定したものであった。当時、ラテンアメリカでソ連と経済関係を結ぶ国はなく、ソ連にとっては初のラテンアメリカ進出であった。

米国は直ちに果実輸入の禁止を発表するとともに、モンロー・ドクトリンを引き合いに出して、砂糖割当てのカットと全面禁輸の実施の用意があることを明らかにした。

3月4日、ハバナ港に停泊していたフランスの貨物船クーブル号の爆破事件が起きた。船荷の下に仕掛けられた地雷が爆発したのである。二度の爆発で救援に駆けつけていた一般市民も含め、75人から100人が死亡したと推定されている。クーブル号は米国が輸出を拒否したためにベルギーから購入した武器を積んでいた。のちにCIAの「作戦40」によるものであることが明らかになった。

3月17日、アイゼンハワー大統領は「フィデル・カストロ政権に対する秘密行動計画」に署名した。その20日後、キューバはソ連と外交関係を結んだ。

このような米国の姿勢はキューバ国民の反米感情を逆なでした。米国政府の政策に対抗する形で、4月4日、農業改革法にもとづきユナイテッド・フルーツ社の農場が接収された。こうして米系企業の国有化が始まっていった。だが、その歩みはまだ、遅かった。しかし、6月に入り事態は急展開する。

（2）ソ連原油精製拒否事件——米系企業の本格的接収へ

米国から石油がまったく入らなくなっていた。ミコヤン副首相の訪問時に締結された貿易協定ではソ連は原油の年間消費量の3分の1を売却することを約束していた。キューバ政府の要請に対し、はじめ、テキサコ、ジャージー・スタンダード、シェルなどのメジャーはソ連原油の精製を受け入れる姿勢を示していた。原油は7月にハバナ港に到着する予定であった。ところが、6月末、突然、メジャー側が精製拒否を通達してきた。米国政府の意向を受けたものであった。

ソ連原油の到着は目前に迫っており、精製の確保のためにキューバ政府は石油会社の経営に介入した。これに対し、米国政府は7月5日、砂糖の輸入割当の停止を実施した。主産物である砂糖のほとんどを米国に輸出していたキューバにとっては死活問題である。その翌日、キューバはすべての米系資産の接収を発表した。こうして8月から10月末にかけて、砂糖プランテーション、電力会社、銀行、鉄道、繊維会社、食品会社、たばこ会社など、米系企業と国内の大企業が次々と国有化されていった。農業改革法も10月半ばから全面的な実施が始まり、1962年中には30カバジェリーア以上の農地の接収が終了する。

米系資産の接収は61年半ばまでにほぼ終了するが、このときキューバ側は30年以上の債権による支払いという条件を提示した。これにもとづき、イギリスなどの諸国とは数年以内に合意に至り、問題は決着したが、米国は1962年に海外援助法を制定した際に、有償かつ即時かつ現金での補償を求めた「ヒッケンルーパー修正条項」を盛り込んだ。そのため、米系企業への補償問題は50年以上にわたり未解決のままとどまることになった。

（3）プラヤ・ヒロン侵攻事件

社会主義宣言への最後の扉が開かれる

学生時代からマルクス主義の文献に接していたカストロにとって、遠い将来の課題であったとはいえ、社会主義社会への転換は念頭にあっただろう。

当時、ラテンアメリカの左翼勢力の間では「二段革命論」が一般的であった。ラテンアメリカはスペイン植民地時代の大土地所有制が残り、「半封建的段階」にある。当面の課題は古い体制を解体し、資本主義を全面的に開花させ、しかる後に社会主義へ移行すべきだというのである。キューバでも、1930年代の左派指導者ギテーラスも二段革命論に則り、第一段階として米国からの自立的発展を掲げていた。カストロら「マルティ生誕100周年世代」が高く評価する人物である。

一方、カストロはソ連のスターリニズムをはじめ、既成の社会主義体制には強い疑念を抱いていた。崇拝するホセ・マルティの思想は19世紀の西欧ヒューマニズム思想や自由民主主義思想を基礎としているからである。マルティの理想に相応しい社会とはいかなるものか。いつ、どのようにして、どのような社会主義体制へ転換すべきか——それが、カストロの課題であった。

これに対し、農業改革によって大土地所有制が解体され、「半封建的な社会経済体制」は解消された。また、米系資産が接収されたことによって国有部門が拡大し、計画経済が可能になった。しかも、ソ連などの社会主義諸国が積極的な支援に乗り出しており、経済発展のための資金は確保された。想定外の早い段階に、社会主義化の条件が整った。

残るは国民の意識である。米国の「事実上の植民地」であったキューバでは、1950年代にはマッカーシズムの影響のために、国民のなかでも反共主義意識が強かった。しかし、革命後、政府が実施する「当たり前の政策」に対して理不尽な攻撃をしかける米国政府への怒りが高まっていた。その圧力に屈することなく、身を賭して公約を実行しようとしているカストロら革命政府への信頼も強まっていた。

いつ、どのようにして社会主義革命への転換を宣言すべきか。その時は1961年の傭兵軍の侵攻とともにやってきた。

もしも、一人でも傭兵が生き残っていたならば……

61年1月3日、米国はキューバとの外交関係断絶を発表し、カストロ政権打倒に向けて本格的に動きだした。その3か月後の61年4月、米国政府が組織した反革命軍上陸事件が起きる。ケネディ政権下のことであった。これは、キューバでは傭兵軍の上陸地点の海岸名を取り「プラヤ・ヒロン侵攻事件」、英語では湾の名前を取り「ピッグズ湾侵攻事件」と呼ばれている。

侵攻の前々日の4月15日、米国のB‐29が飛来し、キューバ全土の空港や病院などの市民施設が空爆され、多くの死者が出た。キューバ機による反撃を封じるためであった。この空爆によって当時、

プラヤ・ヒロン傭兵軍上陸地

キューバが保有していた航空機のうち破壊を免れたのは飛行中の8機だけであった。船舶はすべて沈没ないしは逃亡を余儀なくされていた。上陸のための陽動作戦は各地で見られた。ラウルは東部へ、アルメイダは中部へ、ゲバラは西部の守備を固めるためピナル・デル・リオ州へと向かった。

16日、全国に厳戒態勢が敷かれる中、ハバナのコロン墓地で開かれた空爆の犠牲者の葬儀の席上、フィデル・カストロが「キューバ革命は社会主義革命である」と宣言した。反革命軍の侵攻開始直前のことである。

17日午前零時ころ、およそ1500人から成る反革命軍が米軍軍艦に守られながらキューバ中部マタンサス州の南部海岸、プラヤ・ヒロンから上陸した。グアテマラで訓練を受けた部隊であった。傭兵軍は二手に分かれ、一方は中央道から首都のハバナへ、もう一方は第二の都市サンティアゴ・デ・クーバに向かう計画であった。

プラヤ・ヒロンから上陸した侵攻軍と最初に闘ったのは猟銃などわずかな武器しかもたない現地の民兵、すなわち労働者や学生たちである。上陸の報を受けたフィデル・カストロがハバナから駆けつけ、最前線に立ち指揮した。なけなしの戦車もやってきた。しかし、

プラヤ・ヒロン侵攻博物館

使い方がわからなかったために、手探りで操縦した。

傭兵軍は3日目には殲滅された。薄氷の勝利であった。のちにフィデル・カストロは、「72時間以内に撃退できていなければ革命の存続は難しかったろう」と語っている。傭兵が一人でも生き残り、山のなかで「臨時政府樹立」を宣言すれば、「合法政府支援」の名のもとに米国が軍事介入してくる。

米国にとって敗北は大変なショックであった。国民は侵攻軍を歓迎するだろうと考えていたが、そうはならなかった。国防省とCIAは、敗北の原因は米軍を直接投入しなかったためだとして、すぐさま米軍による直接軍事侵攻の準備に入った。

社会主義宣言が行われると、既成政党や保守勢力は離反したが、国民の圧倒的多数は、ゲバラの妻アレイダが言うように、「フィデルが言うのだから、社会主義も悪くはないのでは……」（マルチ、2008）と、「自然の流れ」として受け入れた。カストロもフレイ・ベトとの対話のなかで、「1959年に95％の国民が革命を支持していたとすれば、社会主義宣言後も90％の国民はますます戦闘的な革命家となり、革命と一体化した」（カストロ、1996）と述べている。

社会主義宣言から半月後のメーデーでは「インターナショナル」の歌声が響きわたり、フィデルとともにフルシチョフの名が唱和された。だが、人民社会党（PSP）という叫び声はなかった。

「社会主義国」になったとはいえ、さまざまなイデオロギーをもつ政党や組織が共存し、革命政府の機関紙『レボルシオン』では多様な意見が開陳され、前衛芸術が花開いていた。これは「亜熱帯の陽気で明るい社会主義」と言われた。カストロをはじめとする革命指導者がどこにでも駆けつけ、農民や労働者の声を聴き政策に反映していくという「対話政治」も続いていた。

米国のCIAや国防省は敗北のその日から、傭兵軍ではなく、米軍を直接投入した侵攻へ向けて動きだしていた。経済封鎖は日に日に強化され、ラテンアメリカではメキシコを除くすべての諸国との国交が断たれた。米国は、ヨーロッパ諸国など世界各国に対してキューバとの経済関係や外交関係を断絶するよう圧力を強めていた。国際社会のキューバ人気には非常に高いものがあったが、国家関係では世界で孤立していた。

（4）共産党創立——米軍の直接侵攻に備えて

傭兵軍を撃退したあと、フィデル・カストロはただちに統一党の形成の必要性を明らかにした。革命を守るためにはすべての勢力を統一した党が必要だという理由からである。これはホセ・マルティに倣ったものであった。マルティは、第2次独立戦争を開始するにあたって、あらゆる勢力を結集したキューバ革命党を結成していた。独立実現のためには全勢力が団結しなければならないと考えていたからである。革命党の創立の日に、マルティは「独立実現への決定的なステップである」と深い喜びを示している。

革命の三大勢力といわれたのは、7月26日運動、ソ連派共産党の人民社会党、学生運動に起源をもつ革命幹部会である。まず、61年7月26日、すなわちモンカダ兵営襲撃記念日に、統一党の前段階の組織として「統一革命組織」（ORI）が結成された。これは63年5月に「キューバ社会主義革命統一党」（PURSC）となり、これをベースに65年10月1日に「キューバ共産党」が発足した。それとともに『レボルシオン』紙は廃刊となり、共産党機関紙として『グランマ』紙が創刊された。

共産党という名が冠されているが、党員には、宗教の信者は言うまでもなく、さまざまなイデオロギーを持つ人々がいた。中心となったのは7月26日運動であり、入党条件は「革命を支持する」という点にあったためである。

社会主義宣言が出され、ソ連との関係が緊密になるとともに、人民社会党が台頭し始め、統一革命組織（ORI）の結成に際しても、さまざまな摩擦が起きた。これは「ミクロ・ファクシオン」（ミクロ分派）問題と呼ばれた。人民社会党のアニバル・エスカランテは全国組織委員長として、ORIメンバーの資格として党歴や労組での活動歴を重視すべきだと主張した。革命を担ってきた7月26日運動のメンバーは未組織の貧しい労働者や農民が多かった。エスカランテの基準が適用されれば、7月26日運動メンバーは排除され、ORIは人民社会党員で固められる。人民社会党はモンカダ兵営襲撃時点から冒険主義的だとしてカストロの運動を批判していた。革命の最終段階になり、カルロス・ラファエル・ロドリゲス書記長などは協力関係を結ぶが、多くは革命が勝利してから革命政権に接近した人々であった。

各地で激しい紛争が繰り広げられた。最終的にフィデル・カストロが介入し、7月26日運動メンバーを中心とするORI指導部が形成され、エスカランテはソ連へ出国した。

1962年のミサイル危機を契機として対ソ関係が悪化したあと、1963年にフィデルがモスクワを訪問して関係が回復するが、その2年後の1965年にエスカランテは帰国し、「ソ連派」の組織化を始めた。平和共存路線への転換とソ連型の経済体制の導入を目指したものであった。

当時、キューバは第三世界主義をかかげ、「精神的刺激」を重視した経済体制を取り、ソ連批判も辞さなかった。これに対し、エスカランテはフィデル・カストロやゲバラに批判の矛先を向け、ラウル・カストロを排除しようとした。ラウルは若いころ、すなわち学生時代には人民社会党の下部組織である社会主義青年同盟に所属していたが、革命とともにカストロの片腕となっていた。

1968年には、1970年までに1000万トンの砂糖生産を実現するという目標(1000万トン計画)の実現のために「大攻勢」に入るが、その年の1月にラウル・カストロのミクロ・ファクシオンに関する報告が出され、エスカランテは裁判にかけられた。15年の刑を言い渡されたが、刑に服することなく、すぐさまソ連へ出国した。それからしばらくして、再度、キューバに戻るが、1970年に病気のために死亡している。

こうして人民社会党の台頭は阻まれ、独自の社会体制が追求された。しかし、それが限界を露呈し、1970年に入りソ連型の政治経済体制が導入されると、再び旧共産党系の人々が表舞台に登場するようになる。

3　マルティとカストロ

（1）「キューバ精神」――マルティの思想と生き様

キューバ革命はマルティ思想の実現を目指したものである。革命以来の半世紀の歴史は米国の制裁、途上国としての制約、ソ連の盛衰という20世紀の時代的条件のもとで、マルティ思想の実現のために七転八倒してきた歴史であった。

そこで、「キューバ革命とは何であったのか」という観点から、ホセ・マルティの思想について重要な点を取り上げてみたい。

マルティは1853年1月28日にハバナで生まれた。1868年には第1次独立戦争（～1878年）が勃発していることからもわかるように、少年時代にはキューバ島では独立の気運が高まっていた。

1869年10月、16歳のときに親友のフェルミン・バルデス・ドミンゲスの家がスペイン義勇兵に襲撃され、家宅捜査が行われた。このとき、スペイン将校となった友人を「裏切り者」と非難したマルティの手紙が発見され、マルティは逮捕された。軍事法廷で6年の刑を言い渡され、政治犯収容所で強制労働に従事させられた。

ホセ・マルティ

父親の努力が実り、70年12月末に釈放され、スペインに追放された。スペインではサラゴサ大学などで学んだあと、1874年末にフランスに脱出し、75年1月にニューヨークに渡った。その後、メキシコを経て、第1次独立戦争の休戦協定締結後のキューバに戻るが、再度追放される。しかし、すぐさま脱出し、メキシコなどを経て、1880年1月にニューヨークに到着した。以来、生活の糧を得るために小説家、詩人、教育者、文芸評論家、ジャーナリスト、外交官等々、さまざまな仕事をこなしながら、独立戦争開始に向けて準備を続けた。

1891年には独立戦争の準備に専念するためにすべての職を辞し、4年後の1895年1月、独立戦争開始に向けて、ニューヨークを出発した。4月11日にゴメス司令官らとともに寄港地のグラン・イグアナを出帆し、同月11日にキューバ東部のプラジータ海岸に上陸した。5月19日、「あなたは独立後に大事な人なのだから陣地にとどまるように」というゴメス総司令官の説得を、「それではキューバ人民が自分を信頼しない」として振り切り、病で衰えた体に鞭打ってパトロールに出たところ、敵の待ち伏せにあい死亡した。遺体はスペイン軍の野営地の近くの共同墓地に投げ入れられたが、その後、サンティアゴ・デ・クーバのサンタ・イフィヘニア墓地に移送された。マルティは今でもここに眠っている。

こうしたマルティの生きざまは、その思想とあわせて「キューバ精神」と呼ばれ、フィデル・カストロをはじめ、多くのキューバの人々に影響を与えている。

マルティは多岐の分野で活躍している。詩も文学も評論も、あるいはジャーナリストとしての活動も、すべてが独立に捧げられたものとされているが、マルティの独立に関する思想をまとめるのは大変難しい。しかし、基本的には、次のように言える。

マルティの思想の原点は啓蒙思想をはじめとする19世紀の自由・民主主義思想にある。しかし、これはあくまでも「基本的に」という意味である。スペイン亡命中はヨーロッパの思想を中心に学んだが、1880年には米国に脱出し、1895年に独立戦争に乗り出すまで、15年にわたりニューヨークに滞在した。「自由の国」とみなされていた米国の社会や経済や政治が変化し始めていたときであり、米国の内部でその実態を直接、目にした。また、キューバは白人と黒人、その混血を中心とした社会であるが、この間にグアテマラやメキシコなど「先住民のラテンアメリカ」にも接している。こうしたさまざまな思想に接することによって、マルティは独自の思想を発展させていったということが言える。

(2)「人間は自由な存在である」

マルティ思想の基礎にあるのは、自由に関する固有の考え方である。これはキューバ革命に決定的な影響を与えている。

マルティは「人間は自由な存在である」と考える。「自由がなければいかなる人間も生きていると言えない。自由は人間にとって空気のようになくてはならないものであり、本質的なものである」。だが、マルティは、自由は「そこにあるもの」ではなく、「実現すべきもの」であるとした。ここにマルティ思想の固有性があった。「自由は為すものであり、為されたものではない。過程であり、結果ではない」。したがって、自由の実現のために闘うことは人間にとって義務であり、また名誉である」("Fiestas de la Estatua de la Libertad")。義務だけではなく、「名誉」であるとしたところにマルティらしさがある。彼がなぜ、独立のために生涯を捧げたのかを解く鍵もここにある。

マルティは、さまざまな自由のなかでも最も重要なのは政治的自由であるとした。「政治的自由が十分かつ効率的に存在し、機能すれば、他の自由もそれに伴ってやってくる」。植民地は国の自由が剝奪された状態にある。したがって、何よりも独立が第一の大義となる。

一方、奴隷は人間が最も自由を奪われた状態であり、奴隷制廃止の必要性は言うまでもない。キューバではスペイン植民地時代の１８８０年に奴隷廃止法が本国の議会で承認されているが、その後も黒人は社会の最底辺層を形成し、人種差別も激しかった。マルティは「独立後には最も虐げられた人々の解放を最優先課題とすべきである」としていたが、念頭にあったのはまず、黒人の解放であった。１９５９年の革命成功後、フィデル・カストロも、底辺層の人々の生活向上や黒人や女性の平等に最初に取り組んでいる。

では、自由な人間同士の間の関係を律するものは何か。マルティはそれを「公正なコンセンサス」("Los clubs")、そして「愛と平和」("Carta de Nueva York")に求めていた。この上に立って初めて個人の自由な意思決定が可能になるというのである。これは個人と個人の間だけではなく、人種間、民族間、国家間の関係にもあてはまる。公正な社会の追求、無償の国際協力、助け合いの社会の建設など、革命後の政策はここに由来する。

（3）「知ることは自由になること」

革命後のキューバで教育が重視されたことはよく知られている。教育は（そして医療も）無償であり、どんなに山奥に住んでいても、どんなに貧しくても、望めば誰もが大学や、ときには大学院まで進むことができる。

これはマルティが「知」を重視したためであった。

マルティはこれを子どもたちにも求めていた。

膨大なマルティの著作のなかで最もよく知られているのは、子ども向けの雑誌『黄金時代』であろう。1889年に創刊され、出版元の意向のために4号で終わってしまったが、編集だけではなく、自ら執筆した。子ども向けの雑誌ではあったが、内容にはマルティらしさがにじみ出ていた。読者として想定していたのは「男の子」だけではなかった。「男の子も、女の子も、知ることが大切だ」からである。

雑誌の目的は「世界がどのようにして作られたか。人間が何をやったのかをすべて語る」こととされ（創刊の辞）、創刊号の紙面を飾ったのも、ボリバル、イダルゴ神父、サン・マルティンの「3人の英雄の物語」、すなわちラテンアメリカの独立運動指導者の物語であった。このほかに人間の生活の歴史、パリ万博などもテーマとして取り上げられた。

子どもの教育だけではない。マルティは独立戦争の実現のために底辺労働者の組織化を進めていた。米国には多くのキューバ人移民労働者が働いていたが、なかには文字を読めない人々も多かった。ニューヨーク滞在中にマルティは黒人亡命者のラファエル・セラとともにブルックリンで貧しい移民労働者の教育のための互助組織を創立している。これは同盟《リガ》と呼ばれ、独立の必要性や理念、人種の平等、キューバ人としての誇りを広めることを目的としたものであったが、それだけではなく、文字や数学なども教えていた。だが、それは「上から教える」のではなかった。リガでは「詩作することを覚えた労働者が詩を朗読し、人生について語り合いながら自由な夜が過ぎていった」("Los lunes de la Liga")というように、フレイレの教育学の「意識化」を彷彿とさせるものであった。

前に述べたように、マルティにとって自由は「そこにあるもの」ではなく、「実現すべきもの」であった。自由の実現には現実を変えること、言い換えれば社会変革が必要だということになるが、社会を変えるためには「知ること」が重要である。だが、人間の存在や意識は生まれた時から現実に規定されており、その本質を見極める、すなわち「表層を除去して真実を見極めなければならない」。これは人が自ら自由になるためだけのものではなかった。「他者の自由を拡大する」ためにも相手を「よく知ること」が必要だというのである。

革命後、キューバでは教育に大きな力が注がれたが、それは単にマルティが教育を重視していたためではなく、その自由論に沿ったもの、すなわち、「知」の社会の実現、言い換えれば、「知」の力を持った国民自身の手で社会を建設していくという理念によるものであった。しかし、文字すら読めない人々が圧倒的多数を占める社会から「知の社会」が実現するまでには、つまり革命成功時には幼児だった子どもたちが大学を卒業し、高学歴社会が形成されるまでには、20年近くの歳月が必要であった。

(4)「人種問題は存在しない」

マルティは1893年に「私の人種」("mi Raza")という論文を発表し、「人種問題は存在しない」としている。「白人が黒人を差別してはならないように、黒人が白人の上に立つことがあってはならない。白人が白人の優位を主張することが間違いであるのと同じように、黒人がみずからを特殊なものとして捉え、優位性を主張するのも間違いだ」。

ここにマルティの人間観の基礎がある。

この論文が書かれた直接の目的は、独立運動を進めるに際して人種差別意識を排除することにあった。一般市民だけではなく独立運動指導者のなかにも黒人への差別意識は強く、白人のなかには黒人の報復を恐れて独立戦争への協力に消極的姿勢を示す者もあった。実際、10年戦争の英雄の一人、アントニオ・マセオはきわめて勇敢で有能な司令官であったが、白人の独立運動指導者の強い差別意識のために戦闘で苦境に追い込まれたこともあった。10年戦争は停戦条約が結ばれ終焉したが、マセオは停戦を拒否して「小戦争」と呼ばれるゲリラ戦を続けた。マルティは、小戦争の失敗後にコスタリカに退き、農園を経営していたマセオのもとを訪れ、人種の平等を訴えて第2次独立戦争への協力を依頼している。

しかしながら、「人種問題は存在しない」ということの主張は、単なる独立派の統一のための政治的発言ではなかった。

マルティは、人間はすべて自由であり、平等であると考えていた。人種問題についても、「体の形や髪の色は違っても、普遍的アイデンティティを持つ」としていた（"Nuestra América"）。これは「白人＝文明、非白人＝野蛮」という西欧的パラダイムを転換したという点で当時としてはきわめて重要かつラディカルなものであった。しかし、同時に、白人も非白人も「人間である」という立場は、キューバの人類学者フェルナンド・オルティスが「市民の脱人種化、一つの平和の虹のなかにすべてを溶解する」と評しているように、黒人の固有性をいかに考えるか、という問題にもつながる。

革命成功後には人種差別が完全に撤廃され、また、１９６０年には革命後初の大衆団体としてキューバ女性連合が形成され、女性の社会的地位も大幅に上昇した。社会主義宣言のあとにはすべての人々に基本的生活を保障する平等主義体制が追求された。これもマルティの平等主義思想によるものである。

しかし、制度的に完全に平等になっても「人間の心のなかの差別」は残り、また、黒人のアイデンティティの問題、ジェンダー問題も問われるようになった。これが国家的課題として取り上げられ、解決に向けて動きだすのは革命から四半世紀を経た１９８０年代まで待たなければならない。

とはいえ、人間としての「普遍性」と、人間の多様性とをいかに捉えるべきかは、複雑な問題であり、簡単に答えは出ない。

（5）「われらのアメリカ」「母なるアメリカ」

1961年の社会主義革命宣言のあとには「反帝国主義者マルティ」が強調された。マルティは、米国滞在中からその拡張主義に警告を発し、キューバ島内で大きな潮流となっていた米国への併合論を批判し、米国との関係強化に動き始めたラテンアメリカ諸国に対しても対米自立の必要性を訴えていた。当時、ラテンアメリカ諸国の目には、スペインとは異なり、米国は「自由と民主主義の国」と映っていたのである。

マルティ自身も、米国に初めて到着したときには、亡命先のスペインは言うまでもなく、ヨーロッパ諸国とは異なる「個人の自由が尊重される米国」に驚きを表明している。しかし、15年間の滞在中に米国資本主義は急激に変化し、マルティは、人種差別、裕福な人々と貧しい人々との格差、労働者の過酷な労働条件や生活状態、反対派への無慈悲な弾圧、民主主義とは裏腹の無法な政治など、社会の矛盾を目の当たりにした。そのため、「私は怪物の体内にいたので、その内臓をよく知っている。米国に併合しても決してキューバは幸せにはならない」として独立の必要性を訴えた。1895年に独立戦争のためにキューバに上陸したときに、野営地で友人のマヌエル・メルカードに宛てた手紙に記された言葉である。

ラテンアメリカ諸国も、1883年には米・メキシコ通商条約が結ばれ、1889年には第1回パンアメリカン会議がワシントンで開かれるなど、こぞって対米関係の緊密化に向かっていた。これに対し、マルティは「過剰生産のはけ口としてラテンアメリカを確保する」ためのものだとして警鐘を鳴らしていた。

しかし、マルティは決して反米主義者であったのではない。米国には「良き面」と「悪しき面」が存在することを指摘し、それを踏まえたうえで、米国への併合や米国との関係強化に奔走する人々に警鐘をならしていたのである。

同様に、マルティがキューバやラテンアメリカ諸国の自立を訴えていたのは、アングロサクソンの「北のアメリカ」に対する、混血の「南のアメリカ」を高く評価していたためでもあった。1881年にベネズエラのカラカスのボリバル像の前で感涙を流したとも伝えられているように、マルティはシモン・ボリバル思想の継承者だったのである。

19世紀初頭のラテンアメリカ独立運動の指導者ボリバルは、1823年にモンロー宣言が出されたとき、「ラテンアメリカが米国の支配領域であることを宣言したもの」として強い嫌悪の情を表し、独立戦争のさなかにも、ラテンアメリカの独立の維持と自立的発展のために地域諸国の統一と協力を訴えていた。それは米国の拡張主義への恐れのためであったが、それだけではなく、アングロサクソンの「北のアメリカ」に対し、人種的にも文化的にも雑多な「南のアメリカ」が優れていると考えていたためである。

マルティが初めてラテンアメリカの固有性を目にしたのは、1875年1月にスペインを脱出し、米国経由でメキシコに到着してからのことである。そこにはスペインとも、またキューバとも異なる「先住民族のラテンアメリカ」があった。マルティが生まれたキューバはスペインの植民地支配のもとで先住民族が消滅し、白人と奴隷として連行されてきた黒人から成る社会であった。

1877年には、同じく先住民が多く住むグアテマラを訪れている。この経験を踏まえ、その翌年に『グアテマラ』を発表し、自然の恵みを生かした産業の発展、労働に裏づけられた社会、伝統と近代の自然な混在、先住民と白人の融合など、グアテマラの美しさを讃えた。しかし、そのために「近代化」を信条とする当時のグアテマラ大統領の逆鱗に触れ、グアテマラから追放されることになった。

その後、マルティは1891年に『われらのアメリカ』を著し、「われらのアメリカ」と「もう一つのアメリカ」の違いを踏まえて、ヨーロッパや米国の模倣ではない、固有の国造りを訴えた。

ボリバルはまた、独立を社会変革として捉えていた。マルティも単に多様な民族の共存や文化的融合を唱えていただけではなかった。1876年から1880年までメキシコに滞在しているが、ちょうどディアス独裁政権を経て1910年のメキシコ革命へとつながる時代であり、鉱山労働者や鉄道労働者、農民など、下層大衆の現実を目の当たりにした。これは「すべての人々のための独立、そして最も虐げられた人々の解放の最優先」という課題につながっていく。

この後、マルティは長い間、米国で暮らすことになるが、その間に「米国的自由」と「資本主義の限界」を認識させられ、「個人の自由と集団としての人間の自由」、「国のディグニティと民衆のディグニティ」という、二つの自由とディグニティの実現を目指して、独立運動を開始する。

しかし、そのためにはいかなる政治経済体制が相応しいかについては、独立戦争開始と同時に斃れたために、マルティによって明らかにされることはなかった。

（6）「マルクスは急ぎすぎた」

カール・マルクスとマルティはほぼ同時代に生きている。では、マルクスについてマルティはどのように評価していたのだろうか。

マルティがマルクスについて直接言及した著作は少ないが、1883年にマルクスの死に際して追悼演説を行っており（"Karl Marx ha muerto"）、「マルクスが弱者の味方であったこと」、「人間が人間の上に立つことを拒否していたこと」に深い共感を示している。

しかし、そのあとに、「彼は急ぎすぎた。しかも陰のなかを早く。自然で苦難に満ちた懐胎期を経ずに生まれた子どもたちは人民の中から生まれようと、家庭にある女性の子宮の中から生まれようと、歴史上、生命力を持つことはなかった」と記している。

具体的には語られていないが、プロレタリアートの社会を実現するためには、それ以前に生産力の発展、さらには人間の自由や人権の開花のための熟成期間が必要だということであろう。

それだけではなかった。マルティは、「われらのアメリカ」ではそれぞれの土地の固有性に即した社会の建設を訴えていた。「米国の光景」（"Escenas norteamericanas"）で無政府主義に言及した際にも、「それぞれの人民はその特性によって治療される。いろいろな必要を考え、薬をどのくらい使うかを決める。サン・シモンでも、カール・マルクスでも、バクーニンでもない、体に合った革命だ」と述べている。

では、ラテンアメリカの、あるいはキューバ固有の社会とはどのようなものか。この点についてもマルティは具体的に言及していない。むしろ、キューバ革命に影響を与えたのは、マルティが「すべての人々の幸せのための社会」の実現を掲げていたことである。

1891年11月にキューバ人移民労働者が多く住むタンパを訪れたとき、マルティは「すべての人々とともに、すべての人々のために」と題して演説を行っている。この言葉はキューバ革命のスローガンにもなっているが、この演説にはマルティ思想が凝縮されている。このとき、彼はまず、「苦しむキューバ人のために命を捧げる」と語り、次いで「すべてのキューバ人の幸福のために独立を目指す」と訴えた。

ここからもわかるように、マルティは「独立はすべての人々の幸せのため」であるとしながらも、「最も虐げられた人々の解放」を最優先課題に据えていたのである。

この思想に沿って、革命直後には黒人や女性、底辺層の国民の解放に直ちに取り組み、その後、社会主義に転換してからは、「すべての人々の平等な社会」の実現のために「理想主義体制」を目指した。しかし、社会主義体制のあり方はさまざまに変化し、21世紀に入ると、平等主義は実現不可能であるとして、人間の多様性に即した新しい体制を追求し始めた。それは「最も虐げられた人々の解放」を中心とした体制への回帰でもある。20世紀はマルティ思想をめぐる、キューバの思想的遍歴の過程でもあった。

3　ミサイル危機

(1) 映画『サーティーン・デイズ』を超えて

1962年10月22日夜7時にケネディ大統領がテレビを通じて、キューバにおける中距離ミサイル発射基地の建設を米国民に明らかにし、24日朝に海上封鎖を開始してから、10月28日朝に米ソ両国がミサイル撤去で合意するまで、世界はいつ核戦争が勃発するかと戦慄のなかで日々をすごした。「ミサイル危機」、「10月危機」、あるいは「キューバ危機」と呼ばれる事件である。

破局が避けられたのは米ソ両首脳の核戦争回避への意志であった。米国の軍部や国防省、CIAは最初から最後まで、米ソの合意が達成された時点においてすら、空爆を主張し、強硬な姿勢を崩さなかった。そのなかでケネディ大統領は必至に抜け道を探し求めていた。

緊張が最高潮に達した10月27日から28日にかけて、シベリア上空でU－2機が行方不明となり、米軍がソ連潜水艦へ機雷を発射し、ブラック・サタデー、すなわちキューバ上空で偵察飛行を行っていたU－2機が撃墜されるなど、偶発的な事件が続いた。事態は一触即発の状態にあった。核戦争が回避できたのは「奇跡」であった。

10月危機はもっぱら、「ミサイル基地を秘密裡に建設し、世界を核戦争の危機に追い込んだソ連とキューバ」に対し、「強硬派の攻勢をかわして、世界の破局を回避したケネディ大統領」という図式で語られている。これはミサイル危機がすでに歴史的事件となり、教科書や百科事典の短い記述をもとに理解され、また、キューバ危機といえば、まず映画『サーティーン・デイズ』が挙げられるように、主として米国政府の情報や対応から語られているためであろう。

これに対し、キューバの内部で何があったのか。なぜ、ミサイルの設置を受け入れたのか、などについてはほとんど知られていない。今日では、ミサイル危機の際にミサイル担当連隊の創設にあたったヒメネス・ゴメス中佐の『1962年10月危機』(*La Crisis de Octubre de 1962*)など、キューバ国内でもさまざまな資料が明らかになっており、そこからは別の実態が見えてくる。

(2) 動き出した米軍侵攻

キューバ危機について語るときに踏まえておかなければならないのは、何よりも、ミサイル危機はキューバ侵攻作戦が着々と進められているなかで起きていたことである。当時は、革命政権に対する米国の敵意には憎悪といえるほど激しいものがあった。

1961年4月の傭兵軍撃退はキューバにとって「奇跡的」勝利であった。もし一人でも傭兵が生き残り、山中に逃れることができたならば？　もし、ケネディ大統領がジェット機の投入を認めていたならば？　もし、傭兵ではなく米軍を投入していたならば？……

米国政府にとっても、またケネディ大統領にとっても、敗北は認めがたいもの、不本意なものであった。そのため侵攻失敗後ただちに、次なる作戦実行に向けて動き始めた。

ケネディ大統領の軍事問題顧問テイラーは大統領の依頼に応え、61年6月にマングース作戦を提案している。11月には大統領もこれを承認し、最高責任者はロバート・ケネディ司法長官、作戦の実施は国防省特別作戦補佐官のエドワード・ランズデイル将軍が担当することになった。その内容は、62年10月の侵攻実行を目標に、国防省、国務省、CIAの協力で推進する、侵攻は傭兵ではなく米軍自身が行う、というものであった。テイラーが統合参謀本部長として8月20日にケネディに伝えているように、「キューバ政府は米軍の直接介入なしには倒せない」と考えたためである。

マングース作戦が決定されると、キューバに対する工作も活発化し、キューバ国内の爆破事件、船舶の襲撃、暗殺計画など、テロ活動は翌62年12月までに数千回に上った。

62年4月からはキューバ島内に侵入した反革命武装勢力の統一や武器供与のための活動が強化された。ケネディ大統領も4月10日には在米反革命グループの指導者ミロ・カルドナ（革命政府の首相だった人物である）をワシントンに呼び寄せ、米国は武力により解決を図る用意があることを伝え、その直後の19日には陸軍による「クイック・キック」（Quick Kick）作戦を視察している。同じころには数万人が参加した「鞭打ち」（Whip Lash）作戦、「解体」（Demolex）作戦も実施され、「7月までに11グループがキューバ島内に侵入した」という報告が大統領に届いた。

（3）もしも公開して設置していたならば……

ソ連のフルシチョフ首相も、米国は必ず、再びキューバに侵攻すること、その際には米軍が直接、軍と大量の武器を投入すること、1か所から上陸したプラヤ・ヒロンの失敗を教訓に、数か所から侵攻することを確信していた。米軍の総力をあげた攻撃に対してキューバは太刀打ちできない。遠く離れたソ連から米国のすぐ足元にあるキューバを守ることは無理だ。通常兵器での防衛は不可能である。大陸間弾道弾が米国に到達するには20分はかかる。侵攻を思いとどまらせるためにはキューバに核ミサイルを設置する以外にない。その存在を知れば米国は侵攻を自制するだろう。米国はソ連国境地帯に許可なしに核ミサイルを設置し、NATOにも設置を進めている。キューバにおけるミサイル設置許可を米国に求める必要はない。フルシチョフはそう考えた。

このフルシチョフの構想に対し、ミコヤン副首相やキューバ通と言われたアレクセーエフ在キューバ大使は「危険である。フィデル・カストロは決して受け入れないだろう」と反対した。だが、フルシチョフは「アナジール作戦」を決定し、キューバ政府に提案を伝えるため高レベルの使節団（団長はシャラフ・ラシュドフ中央委員補佐・ウズベキスタン共産党第一書記）を派遣した。

5月29日、使節団はハバナに到着するや、すぐさまキューバ政府にフルシチョフの提案を伝えた。予想通りキューバ政府は疑義を呈した。「核の導入はモラルに反する。キューバのイメージを損なう。キューバ人が最後の一人になるまで断固として闘う」というのである。しかし、ソ連側は、米軍侵攻は目前に迫っており、他に方法はない、と繰り返し主張した。そのためフィデル・カストロは指導部会議で話し合うとして、一旦、引き揚げた。

翌30日、カストロは受け入れを伝えた。しかし、条件付きであった。第一に、ソ連側はミサイル設置を社会主義圏の強化のためとしているが、キューバに設置しても世界の軍事バランスは変わらない。したがって、目的にキューバの防衛を加えること。第二に、秘密裡の設置ではなく、公開したうえで設置すること。侵攻から自国を守るのは主権の問題であり、国際法に則ったものだ、というのである。しかし、ソ連側は公開での設置を受け入れなかった。

フィデル・カストロはのちに、「自分としては核の導入は好ましくないと思っていた。われわれは法のもとで、国際法に則り、行動している。嘘やごまかしをすれば、世論の前に力を失う。モラルの力も、政治的力も失う。しかし、ソ連が侵攻阻止のために支援してくれるというときに、核兵器の持ち込みに反対することはモラルに反する。政府や共産党指導部で話し合ったのはモラルの問題であり、それは義務であった」と語っている（Maria Shriver, 1993）。

侵攻阻止のためとはいえ、核の利用には懸念が大きかった。しかし、「最後の一人になっても闘い続ける」、すなわち、革命の消滅を覚悟してはいたものの、完全な国際的孤立のもとでソ連に依存して国土を守らなければならない以上、ミサイル基地設置を受け入れる以外にない。この矛盾を前に、キューバ政府としてはいかにすべきか。そこで決定されたのがミサイル基地の設置を公開したうえで実施することであった。そうすれば国際的問題となり、侵攻の切迫が世界に明らかになる。ミサイル導入ができなくても米国の侵攻を抑制する力になる。

しかし、フルシチョフは譲らず、設置終了後に公開するとした。ミサイル設置作戦は、キューバでの会合のあと、直ちに開始されるが、その後もカストロは7月3日から16日まで、ラウルをモスクワに派遣し、公開設置を要請している。資材や兵員が到着し、秘密裡の設置が事実上不可能であることが誰の目にも明らかになった8月末にも、防衛協定に公開設置を盛り込むべく、ゲバラに全権を与え、クレムリンに送った。

実際問題としても秘密裡の設置は無理であった。計画ではミサイル発射台は24基、R-12ミサイルは42機、核弾頭はおよそ45発、兵員は4万5000人。その他にミグ戦闘機等々、関連する軍事物資はおびただしい数に上る。これほどの大量の武器が日本のおよそ3分の1の国土に持ち込まれるのである。

9月9日、ミサイルの本体が到着した。20メートルもある物体を積んだトラックが何度も何度も音を立てて道路を通過するとあっては、一般市民に隠し通すことはできない。ジャングルのないキューバではヤシの木が茂るだけであり、発射基地も空から丸見えである。

では、なぜフルシチョフは秘密裏の設置にこだわったのであろうか。

ラウル・カストロが訪問中の7月7日、フルシチョフはアナジール作戦実施のための軍人グループと会見している。このとき彼は、核戦争を引き起こそうとするものではない、核兵器を使用しようというのでもない、という点を確認したうえで、米国が知らないうちに建設し、その存在を認めざるを得ない状況を作り出す。ソ連の軍事力が強化されれば、米国にキューバ侵攻を思いとどまらせることができる、と語っている。これに対し軍人たちは、海上輸送はともかく、キューバの地理的条件を考えれば、秘密裡に基地を建設することは不可能であると主張した。それでもフルシチョフは、目的は米国のキューバ侵攻を思いとどまらせるためのものである。秘密裡に設置し、そのあとで存在が明らかになれば、米国は基地の存在を認めざるを得ないだろう。核戦争を起こしてまでキューバを侵攻しないだろう、と答えた。

一方、設置による核戦争勃発の危険性についても、「核兵器は決して使わない。問題が起きたときにはソ連が決定する」と繰り返し強調した。当時、米国はソ連と国境を接するトルコに密かに核ミサイルを導入し、しかも、西ドイツを含めＮＡＴＯにも配備を計画していた。そのため、フルシチョフには、核ミサイル基地の設置という行為が核戦争の危機をもたらすとは考えられなかった。加えて、１９６０年代初頭には米ソの軍事バランスはソ連にとって圧倒的に不利であった。キューバにミサイルを設置できれば「社会主義体制の強化」となる。公開すれば米国が抵抗し、設置は不可能になる。

フルシチョフが理解できなかったのは米国のラテンアメリカに対する「裏庭意識」、なかでもキューバ・アレルギーの強さであった。数年前の１９５９年の革命成功までキューバは米国の事実上の植民地であった。対米自立を目指す政権の存在は言うまでもなく、ソ連が足場を築くなどということは絶対に認められない。

カストロが語っているように、ミサイル基地設置を公開していたならば、事態は異なる展開を示したであろう。ソ連は基地建設が終了した時点で公開する予定であったが、その前に米国の知るところとなり、「世界を核戦争の淵に追い込んだソ連とキューバ」と「世界の救世主米国」という対立の構図のもとで、「10月危機」は展開した。

(4) 発覚

11月初旬の準備完了を目指して、資材や武器や人員の輸送が始まったのは7月半ばである。9月にはミサイル本体が、さらに10月初旬には核弾頭も到着し始めた。これによってキューバの東部や中部ではミサイル発射の準備がほぼ整った。そこへクレムリンからミサイル発射禁止を伝える指令が届いた。

それに先立つ8月8日、米国ではマングース作戦拡大特別委員会（プラヤ・ヒロン侵攻失敗後、米軍の直接侵攻の検討のために「反乱抑止特別委員会」のもとに設置された）が「作戦が効果を上げていない」、「キューバ国内の政情不安を高める必要がある」として、外交政策や経済封鎖に加え、爆破テロ、贋金の流通、化学物資の利用による農作物の破壊など、あらゆる手段を尽くすという「計画拡大策」を決定した。

米国がミサイル基地建設を初めて察知したのはちょうどこのころであった。2日後の8月10日にはマッコーンCIA長官が大統領に対し、ソ連にはキューバにミサイル基地を建設していることを示す動きが見られると報告した。CIAの覚書によれば、その後、9月6日にはキューバで対空ミサイル基地8か所の建設が進んでいることが明白になり、10月に入ると、マッコーン長官が攻撃武器の設置がほぼ終了したように見える、と大統領に伝えている。

以後、米国ではマングース作戦による侵攻へ向けての動きと、ミサイル基地建設の確認のための偵察飛行が活発になる。

10月4日には米国議会はキューバ共同決議を採択し、キューバ革命政権打倒のために武力を含むあらゆる手段をとること、キューバの軍事能力形成を阻止することを決定した。「マングース作戦拡大特別グループ」（1961年11月に直接侵攻の実施のためケネディ大統領が設置）も同じ日に、カストロの暗殺、サボタージュの実施、U－2機を含む航空機による偵察の強化などを決めている。これを受けて、10月16日、ケネディ大統領は基地建設が確認された8月29日以来停止されていた、U－2機の査察再開を承認する。

U－2機によるキューバ領土内の撮影は日増しに回数を増していった。17日には6度にもおよび、キューバ側の目にも異様に映った。キューバ島周辺ではレジャー用ボートの襲撃やキューバ人の誘拐事件など不穏な動きが頻発した。いよいよ侵攻開始か、と警戒が高まった。

（5）高まるキューバ空爆論

ケネディ大統領がキューバにおける「攻撃用ミサイル基地」が設置されていることを国民に明らかにしたのは22日夜7時のテレビ放送であった。

その2日後の24日朝には海上封鎖が始まり、ここから核の時計が刻々と時を刻むことになる。26日には在モスクワ米国大使館から核戦争を避けなければならないというフルシチョフのメッセージが国務省に到着した。28日の午前9時08分（グリニッジ時間14時08分）、フルシチョフがモスクワ放送を通じて、「キューバ侵攻を行わないことが約束されれば、ミサイルを撤去する。代わりにトルコにある米国のミサイルの撤去を求める」と発表する。これを受けて同日昼にケネディが受け入れの書簡をしたためた。だが、世界は恐怖の淵に立たされていた。

基地建設が明らかになると、国防省や軍部を中心に空爆論が高まった。だが、マクナマラ国防長官はミサイル基地をピンポイントで空爆してもその効果は90％程度にすぎないとしていた。そのためケネディは核戦争回避へ向けての決意を固めることになる。ところが、21日、すなわちテレビでの公開の前日の国家安全保障会議では、軍トップは空爆を譲らず、23日に実行すると主張していた。ケネディは数日後にはその諾否を伝えると答えたうえでテレビでの公開に臨んだのである。だが、その後も、軍部は侵攻の準備を着々と進め、24日にはタラからの上陸を目指して艦船を発進させた。強硬派の攻勢は高まっており、ケネディ自身も25日にはキューバへの侵攻と市民政府樹立準備を指示しなければならなかった。

26日、ケネディはフルシチョフからメッセージを受け取った。しかし、未だにソ連への不信の声が強く、大統領は、一方ではフルシチョフに一縷の望みをかけながら、他方では基地の建設状況、核弾頭の配置、ソ連軍・キューバ軍の動員態勢の確認などのために偵察機を増便していた。

10月22日のケネディのテレビ演説のあと、フルシチョフは強硬な姿勢を示した。23日には全軍に戦闘態勢を取るよう指示し、航行中の船舶にも封鎖への不従属を指令し、封鎖は侵略とみなすこと、船は戻さないことを伝えた。同時にケネディにも書簡を送り、テレビ声明は平和や安全への脅威であり、内政干渉である、ミサイル設置はキューバ防衛のためであり、封鎖は侵略とみなす、と伝えた。

しかし、フルシチョフは実際には平和的解決の出口を求めていた。世界中がかたずを呑んで見守るなか、カリブ海の封鎖線に近づいたソ連の船舶が方向転換をしたのもその一つの表れであった。実は、危機が最高潮に達した10月27日にも、在キューバソ連軍にモスクワから核ミサイルの使用を禁止する指令が届いている。

（6）「ブラック・サタデー」にも侵攻の準備は続いた

23日のフルシチョフのケネディ宛メッセージを知ったキューバは、ソ連は米国の要求に譲歩しない立場を維持している、と解釈した。侵攻は24時間から72時間以内に実行されるだろうと予想し、ソ連部隊と協議して偵察機の撃墜を決定した。ミサイル部隊はレーダーの稼働を許可された。核弾頭も中部のミサイル基地に輸送された。ところが、いずれのミサイルも燃料が搭載されていなかった。

その夜、フィデル・カストロはソ連大使館を訪れてフルシチョフ宛のメッセージを託した。モラルある立場を強化する、戦争が勃発した場合には断固たる姿勢を堅持する、修復できない過ちやためらいを避けなければならない、と伝えていた。また、侵攻は24～72時間以内に実行される可能性が高い。最も予想されるのは空爆だが、直接侵攻の可能性も否定できない。第2次世界大戦の過ちを繰り返してはならない。いかなる意味でも急襲されるような事態があってはならない、と記されていた。

これを読んだフルシチョフは、侵攻が差し迫っていることを再認識し、米国から不侵攻の約束を取りつけることを最優先課題とした。しかし、後半部分については、カストロは核攻撃をも辞さない覚悟であると解釈した。実際には、カストロは、米国が核の先制攻撃を許すような事態に至らないよう対策を取るべきだと訴えていたのである。

10月26日、ハバナのカストロのもとにブラジル大使館を通じて、48時間以内に基地建設が中止されなければ空爆を開始する、という米国のメッセージが伝えられた。これを受けて、カストロは領空侵犯を続ける偵察機の撃墜を決意する。

27日夜明けにはソ連軍の対空高射砲は発射準備が整っていた。U－2機が頭上を何度も何度も飛来しては、砲撃をしり目に北の海へ飛び去っていた。高度が高く、弾丸が届かなかったのだ。偵察の目的は核弾頭がどこに隠されているのか把握するためであり、また空爆に備えて詳細な情報を収集するためであった。

午前10時17分、ルドルフ・アンダーソン少佐の操縦するU－2機にソ連軍の高射砲が火を噴き、撃墜された。北から飛来して東部海岸に侵入し、島を縦断したあと折り返し、バネス上空から北の海に出ようとしていたときであった。

ホワイトハウスではEXCOM（国家安全保障会議執行委員会）の会議が開かれ、フルシチョフから届いたメッセージへの対応が議論されていた。そこにU－2機撃墜の報が入った。報復を唱える声が圧倒的であった。だが、ケネディは報復すればすべての人間が死ぬとして、報復を先延ばしにし、フルシチョフに提案の受け入れを伝えることを決定した。トルコのミサイル撤去も約束したが、公開はされなかった。実行されるのは6か月後のことである。

この瞬間にもマクナマラはまだ、キューバ攻撃の準備を行っていた。B52機が実弾投下訓練のためジョンストン島へ向かった（ドミニク作戦）。核を含むソ連攻撃の準備も完了し、Fスーパーセイバーに熱核爆弾（水素爆弾）が装備されていた。

10月30日には海上封鎖は解除され、11月初旬には武器の搬出が確認された。11月22日にはミコヤン副首相がハバナを訪れ、ソ連軍は通常兵器をもってのみ駐留することを伝えた。

頭越しの米ソ合意を知ったカストロは激怒し、海上封鎖解除のほか、経済封鎖、転覆活動、テロ活動、領空領海侵犯の停止、グアンタナモ基地の返還の5項目を挙げ、これらの要求が認められればミサイル撤退を受け入れるとした。いずれも全く顧みられることはなかった。

ミサイル危機を機に、キューバとソ連の関係は冷却した。しかし、63年5月から6月にかけてカストロがモスクワを訪問し、フルシチョフと会見して、新しい経済協力が合意された。

一方、ケネディ政権は、危機のあと、キューバとの関係改善を模索し始めた。63年1月に国務省内にキューバ問題調整委員会を設け、反キューバ活動を大統領の管轄下において調整することを決定した。また、危機を機にキューバとソ連の関係が悪化したことから、密かにキューバ政府と関係改善の話し合いを始めた。ソ連との断交と、ラテンアメリカの反政府ゲリラを支援しないことが条件であった。ＣＩＡのマッコーンは侵攻継続を主張していたが、国防総省のランズデイルはカストロと共産主義の引き離しを提案していた。

ケネディとキューバとの接触は、実は、ミサイル危機の前から行われていた。62年8月末に弁護士のジェイムズ・ドノバンが特使としてハバナに赴き、プラヤ・ヒロン事件の捕虜の返還交渉にあたっていたのである。交渉はミサイル危機が勃発したため中断したが、63年に入り再開された。しかし、ケネディ大統領は暗殺され、闇のなかに消えた。

第3章◉キューバ風共産主義

1　理想主義社会を目指して

（1）それは物不足から始まった

1961年4月に「社会主義革命宣言」が行われたあとも、キューバは「亜熱帯の明るく陽気な社会主義」と言われ、さまざまなイデオロギーを持つ人々が「革命を支持する」という点を軸にして革命政権の周囲に結集し、革命政府の機関誌『レボルシオン』でも多様な意見が開陳され、宗教の信徒は自由に教会に集い、前衛芸術も花開いた。

その一方では、米系資産の接収により国有部門が圧倒的部分を占め、計画経済が可能となっていた。ソ連を中心とする社会主義諸国の経済支援体制も整っていた。キューバはいよいよ社会主義経済体制への転換に向けて動き出すことになった。

ところが、キューバはソ連や中国のような社会主義体制はとらず、「理想主義社会」という独自の体制を目指した。マルティの理念は共産主義社会で実現できると考えたのである。

これは平等主義体制とも呼ばれるが、閣僚もサトウキビ刈り取り労働者も賃金はあまり変わらず、配給制度や無償の社会サービスによって、「すべての人々」が平等に基本的生活を保障されるという体制である。

このような体制をとれば、経済運営体制も中央集権的なものとならざるを得ない。この体制は、その後、20世紀を通じて徐々に変化するが、しかし、配給制を通じたすべての人々への基本的生活の保障、小さな賃金格差、国有部門を中心とした中央集権的経済運営体制という点は基本的に変わらなかった。

社会主義社会の実現が現実の課題になったときに、理想主義体制をとったのは、いうまでもなく、「マルティの弟子」としての選択であったが、他方では、貧しい発展途上国としての制約、特に物資不足の問題があった。これはキューバの社会経済体制の変遷について考える際には見逃せない条件である。

物資の不足が目立ち始めたのは62年ころからである。米国の経済封鎖のためであるが、3月には「最善の供給のための法律」が制定され、豆類、砂糖、鶏肉、卵、米、油、パンなどが次々と配給制になった。翌年7月には基本的生活物資がすべて配給制に組み込まれ、キューバは平等主義体制へと本格的に舵を切ることになる。

物不足を前にして、発展途上国の為政者としてはいかにすべきか。「限られた物資を平等に分かち合うか」、あるいは「パイが大きくなるまで待つか」、すなわち経済が成長し、豊かな社会が実現するまで不平等も止むなしとするか。これに対し、キューバは「餓死する子どもを手をこまぬいて見ていることはできない」として前者の道を選んだ。市場の自由に任せれば、貧しい国では少数の金持ちだけが物を買うことができ、多数の人々は飢餓に苦しむ。キューバ革命の基本理念からしても、そのような道をとることはできない。

（2） 閣僚もサトウキビ刈り取り労働者もあまり変わらない賃金

中央集権的計画経済体制の条件も整っていた。

米国資産の接収によって国有部門が圧倒的シェアを占めていた。米系資産の接収が本格的に始まるのは1960年半ばころであるが、1965年には工業部門では生産額の95％が国家の傘下に置かれた。工場数では1000企業を超えていた。残り5％が小規模な民間企業である。それほど米系企業の経済支配は大きかった。1960年3月には中央計画委員会（JUCEPLAN）が設立され、1961年の暫定計画に続いて、翌年の62年には初の長期計画である第1次4か年計画（1962〜65年）が決定された。

一方、ソ連など社会主義圏から潤沢な援助が得られたとはいえ、米国の経済封鎖の影響はきわめて大きかった。封じ込め政策のために国際的にも孤立しており、経済発展のための資金は限られていた。少ない資金を合理的に利用するためにも中央集権的経済運営体制が必要であった。

この資金不足という問題は長い間キューバにつきまとうことになる。1980年代には中央集権的経済運営体制の限界が指摘され、市場原理の導入の必要性について指導部のなかでも合意が形成されるが、その後も資金の合理的利用と国民生活の保護という点から、市場経済化と中央集権的経済運営体制の間で揺れ動くことになる。

60年代にとられた経済運営体制は「予算融資制度」と呼ばれた。ゲバラの提案になるもので、彼が責任者を務めていた工業部門で1963年8月から始まっている（Ley 1172）。これは、政府から各企業に資金が配分され、企業は国の計画に従って生産活動を行い、収益はすべて国立銀行を通じて国庫に組み込まれるというものであった。なお、農業部門ではＩＮＲＡ（全国農業改革局）のもとで独立採算制度がとられていた。

賃金体系も政府が決定した。初の新賃金体系は63年に導入されているが、農業労働者、非農業労働者、技術者、管理職・官僚の4つのカテゴリーに分けられ、格差はきわめて小さかった。政府の高級官僚は月額200～250ペソであり、サトウキビ刈り取り労働者などの肉体労働者の最高賃金より低い。平均賃金は農業では月220ペソ、非農業部門では360ペソであった。しかし、これはあくまでも規定であり、たとえば、全産業の最高賃金は450ペソと定められていたが、実際には300ペソに抑えられていた。最低賃金は85ペソである。

実際、配給によって基本的生活物資が提供され、社会サービスも無料ないしは低料金であれば、賃金格差はあまり意味をもたない。

労働者にとって「刺激」となるのはノルマを超えた場合に受け取る報奨金だけである。しかし、これも「集団的刺激の重視」という方針により、個人ではなく、食堂の改善など職場環境の整備などに向けられることが多かった。

この賃金体系は1980年代に平等主義体制の転換が決まるまで続いた。といっても、なかには革命前からの賃金をそのまま受け取っていた人々もあった。「歴史的賃金」と呼ばれていたが、既得権を侵すことはできないという理由である。しかし、これも1980年代に対象者がほぼ退職して自然消滅した。

(3)大論争(1962~65年)――発展途上国で一足飛びの社会主義化は可能か

配給制度を基礎としたすべての人々への平等な基本的生活の保障と中央集権的経済運営体制――これは「キューバ風共産主義」、あるいは「社会主義と共産主義の同時実現」と呼ばれた。マルティ主義にもとづく理想主義社会と「社会主義から共産主義へ」というマルクス主義の理論を融合させたものである。個人の利益ではなく、社会の発展のために働く「新しい人間」の創造という試みとともに、ソ連などの既存の社会主義諸国のあり方に飽き足らなかった世界の人々をひきつけた。

ところが、ヨーロッパ諸国などから支援にやってきていたマルクス主義経済学者の目には、これは「暴挙」と映った。生産力の低い発展途上国が社会主義へ直接移行するだけでもとんでもないことであるのに、一足飛びに共産主義を目指すなどということは、経済の法則をまったく無視しているというのである。

そのため、1962年から65年にかけて、主としてキューバ政府の機関誌である「クーバ・ソシアリスタ」で、当時のゲバラ工業相と、シャルル・ベトレームら外国人顧問との間で「大論争」が繰り広げられた。これは「ゲバラ・ベトレーム論争」とも呼ばれ、「物質的刺激か、精神的刺激か」、「中央集権的経済運営体制か、独立採算制度か」、「社会主義経済のもとでは価値法則は存在するか」などをめぐって激しい議論がたたかわされた。

いうまでもなく、外国人顧問や人民社会党（ＰＳＰ）は、当時のラテンアメリカで一般的であった二段革命論にもとづき、まず資本主義を開花させ、その後に社会主義段階へ移行すべきであるとした。具体的な体制のあり方は各論者により異なり、国家資本主義的なものから、当時のソ連のリーベルマン改革の影響を受けたものまでさまざまであったが、キューバのような生産力や技術水準の低い発展途上国では、第一段階として、市場原理を取り入れる必要がある、という点では一致していた。

このうち、フランスの農業学者ルネ・デュモンは、経済の非効率や官僚主義の原因は中央集権的運営体制にある、過渡期の形態として旧ユーゴスラビアの自主管理体制を取り入れるべきであるとしていたが、主張はいれられなかった。そのためキューバを去り、１９７０年には『キューバは社会主義か』を著して、カストロ政権を独裁と決めつけるなど、キューバに対する強い失望を示した。

では、もう一方の主要な論者であったゲバラはどのように反論していたのであろうか。

ゲバラは、一国の経済制度が生産力に即応したものでなければならないことは認めていた。しかし、生産力と生産関係を機械的に連動させること、つまり、資本主義から社会主義への移行期を独立し分離したものとみなすことには反対していた。社会主義への移行期とは文字通り社会主義へ向かう途上の生産関係にあり、したがって社会主義的な要素は萌芽的ではあるにせよ存在している。これらの萌芽的要素を意識的に進めていかなければならない、というのである。

一方、キューバには中央集権的経済運営体制が可能である条件も存在していた。ゲバラによれば、経済規模が小さい（キューバの企業数はモスクワ市にある企業数にも達しない）、交通手段が相対的に発展している（米国の経済支配の結果である）というのである。

このように、大論争はマルクス主義の文献を引用したアカデミックな様相を呈しながら展開されたが、しかし、ゲバラの主張の根底にあったのはキューバ革命の基本理念と発展途上国としての制約であった。すなわち、「餓死する子どもを手をこまぬいて見ていることはできない」ということである。革命直後のキューバでは、圧倒的多数の国民が貧困に苦しんでおり、生活の向上は急務であった。そのため早急に経済を発展させなければならない。しかし、発展途上国としての制約に加えて、米国の経済封鎖のために資源や資金は不足している。市場原理に任せ、無駄を看過する余裕はない。

この論争から見えてくるのは、ゲバラがカストロの理念にそって、数少ない知識人として理論闘争に挑んでいたことである。

（4）「新しい人間」

大論争では「刺激論争」も大きな課題となった。いかにして労働意欲を刺激し、生産をあげるか、という問題である。

当然のことながら、ベトレームらは生産や生産効率の引き上げのためには経済的利益、すなわち「物資的刺激」を重視すべきだと主張した。これに対し、ゲバラも「物質的刺激」の必要性を認めていた。しかし、「物質的刺激」を優先すれば「新しい人間」の形成が疎外され、共産主義社会への移行に際して禍根を残すとしていた。すなわち、ゲバラは、「精神的刺激」至上主義者ではなく、「物質的刺激」と「精神的刺激」とをバランスをとりながら導入すべきであると考えていたのである。

では、「新しい人間」とは何か。

ゲバラが「新しい人間」についてどのように考えていたかは、1965年3月に執筆した『キューバにおける社会主義と人間』によくまとめられている。キューバが掲げる「革命的人間」は「国家に従属する人間ではないか」という批判に応えるために、アフリカ訪問中に記したものである。

この『キューバにおける社会主義と人間』では、冒頭で、大義への献身、自己犠牲、モラルの高さなど「新しい人間」を最も体現した人物としてフィデル・カストロを挙げている。それゆえにこそ、モンカダ兵営襲撃、革命の成功、社会主義への転換、10月危機などにおいて決定的な役割を果たし、また、大衆の信頼を生み、指導部と大衆の一体化というキューバ固有の社会を形成することができたのだという。

しかし、ゲバラは、「新しい人間」はそのような「革命的人間」に限られない、としていた。それは「生産手段としての人間」から解放された人間であり、労働時間に生産手段として働き、余暇の時間に「人間らしさを回復するために」芸術に没頭するような人間のあり方は「人間とは言えない」。自らと共同体のために働く、労働が喜びとなった人間であり、それは誰もが人間らしい生活を享受できる社会で実現する。

ただし、ゲバラは、こうした人間の解放には21世紀を射程に据えた、長い過程が必要であるとしていた。それは、物質的刺激を優先して資本主義的人間が形成されることがないよう、物質的刺激と精神的刺激のバランスをとりながら新しい人間を形成していくという難しく、長い道のりとなる。

このあとゲバラは1965年4月にラテンアメリカ革命を目指してキューバを出立する。そのため、大論争は決着がつかないまま終わったが、論争で沈黙を守っていたカストロは１９６８年、「精神的刺激重視」の政策をとることを明らかにする。しかし、その選択の背後には固有の事情もあった。

2　非常時態勢のもとで進んだ平等主義の制度化

（1）急進的工業化政策の失敗、砂糖重視政策への回帰

平等主義体制の制度化は1960年代後半に進むが、それはいわば「非常時態勢」のもとで行われた。「1000万トン計画」の実現のためである。

「1000万トン計画」とは、1970年までに砂糖生産を1000万トンにまで高めるという、砂糖の大増産計画である。

革命直後には砂糖モノカルチャー経済から脱却するために急進的な工業化政策がとられた。工業化こそ、自立的発展につながると考えたためである。実際、そのための条件は整っていた。ソ連の「寛大な援助」によって発展資金は確保され、農地改革も完全実施されて、工業発展のボトルネックとみなされてきた大土地所有制も消滅していた。こうして1962年には第1次4か年計画が作成された。4年後には農業国から重化学工業国に転換するという野心的なものであった。

しかし、計画は1年も経たないうちに壁に突き当たった。工業が未発展の砂糖モノカルチャー経済の国で一挙に工業開発を進めれば、いずれ矛盾を露呈する。実際、一つの工場を建設すれば、その工場に供給する原材料を供給するためにさらに新たな工場の建設が必要になるという風に、生産が上が

らないまま、投資が投資を呼んでいた。

農業でも同様であった。革命前にはトマトを輸出し、ケチャップを輸入するという風に、農業国でありながら食料は輸入に大きく依存していた。そのため、革命が成功すると、食料の自給化を目指して、サトウキビ畑が次々とつぶされ、米や野菜や果樹などが栽培された。しかし、土壌が合わなかったり、栽培経験がなかったり、農繁期が重なり合ったりするなど（サトウキビの収穫期は1月から4～5月、たばこは1月から2月、米は3月から8月、野菜やイモ類は3月植え付け、5月収穫である）、惨憺たる結果に終わった。

労働力の不足問題も起きた。サトウキビは刈り取ったらすぐさま製糖所へ運び、搾り取らなければならない。放置すれば発酵してしまう。出来上がった砂糖は鉄道やトラックで港へ運ばれ、船に積まれて輸出される。そのためサトウキビ収穫期（サフラ）にはサトウキビ農場や製糖所だけではなく、輸送や港湾に至るまで、一斉にフル稼働する。革命前にはこれらの労働力は街にあふれていた失業者によって賄われていたが、革命後は国防や建設業などに労働力が吸収され、失業者は姿を消していた。サトウキビ収獲の機械化のためにゲバラが刈取機の開発に力を注いだことは知られているが、実現するのはずっとあとのことである。

こうして革命直前に最高580万トンに達していた砂糖生産は62年度には480万トン、さらに63年度には380万トンにまで落ち込んだ。これによりソ連への砂糖輸出は滞り、債務が累積し始めた。63年5月、フィデル・カストロ首相がモスクワを訪問した。ミサイル危機によってぎくしゃくしていた両国関係の和解のためであった。このときソ連側は「1000万トン計画」を提案した。革命成功前の最高生産額のほぼ2倍にあたる。

ソ連は、砂糖モノカルチャー経済を敵視するのではなく、世界で最も生産性の高い砂糖を武器に経済建設を進めるべきだとして、必要な資金の供与と砂糖の長期引き受けを約束した。ソ連が提示した砂糖の買い上げ価格は1ポンド当たり6・11セント。国際市場価格は63年には8・4セントであったが、その後、急落し、67年には1・99セントにまで落ち込んだ。安定した価格での買い上げはキューバにとって好都合であった。

だが、これは砂糖モノカルチャー経済への逆戻りを意味する。それは貧困と従属の元凶であり、キューバにとっては受け入れ難いものであった。そこでキューバが選択したのが、砂糖の増産を機械化や近代化によって実現し、それを軸に工業化を進めるという政策であった。農業近代化に必要な化学肥料や農業機械の生産、電力開発などに加えて、国民の生活必需品である食料や住宅関連物資を重点的工業発展部門とするというものであり、全面的な工業発展を改め、工業化の的を絞った雁行的工業発展戦略への転換である。

「1000万トン計画」は63年から準備が始まり、65年から実施された。

(2) 1000万トン計画――中農と零細企業も国有化

「1000万トン計画」の実現のためにはサトウキビ生産を確保するための体制を整備しなければならない。

まず、1963年10月に第2次農業改革法が制定された。「最高所有面積を5カバジェリーアまでに引き下げる」という簡潔な内容のものであり、直ちに実施された。59年の第1次農業改革法によって大地主は消滅したが、まだ約16万人の私有農が存在していた（62年。農地面積では全体の65％）。このうち5カバジェリーア以上の富農は約9000人、土地面積では20％を占め、小農を巻き込んで生産サボタージュを行うなど反革命活動の温床となっていた。富農を解体し、小農への影響力を断ちきらなければならなかったのである。

第2次農業改革によって生産額のほぼ3分の1、農地面積では60％が国家の手に入り、国有農場と小農の二本立てとなった。小農の数は23万人、その多くはコーヒーやたばこ生産であった。

小農はANAP（全国小農協会）を通じて国家計画へ組み込まれた。ANAPは全国農業改革局（INRA）が決定した農業生産計画をその下部組織の農民協会を通じて個々の農民に振り分ける。農民には国の計画を履行する義務はないが、参加しなければ農産物の買い上げや農機具、肥料、資金等の配分に支障がでる。それでも農産物の自由市場が開かれていた間はいくらかの自立が保たれていたが、60年末に自由市場が閉鎖されると、ほぼ完全に国家に統合された。

1968年から「1000万トン計画」実現のための「大攻勢」が始まった。職場や学校でサトウキビ刈り取り隊が組織され、大挙して農村に向かった。工場などではサトウキビ刈り取り隊が出て行った後を残った労働者が残業をしてカバーした。キューバ労働者連合（CTC）は時間外手当を返上し、ノルマ超過分に対する報奨金もなくなった。68年には同一労働同一賃金を規定した新賃金体系も導入された。その結果、どんなに一生懸命働いても、あるいは働かなくとも、誰もが同じ賃金を手にすることになった。

同じく1968年には「全国民が一丸となって働いているときに楽をして儲けているのはよくない」、「歓楽街で肌を露出した女性たちと男たちが戯れているのは相応しくない」などの理由から、バーなど小規模な店が国有化された。これにより非農業部門ではタクシーなどごくわずかな業種を除き、ほぼ100％が国有部門となった。

3　革命の変質か

(1) パディージャ事件

フィデル・カストロは1968年、「キューバは精神的刺激を重視する」と宣言し、1000万トン計画のための「大攻勢」が始まった。それとともにキューバ社会の「多様性」が影を潜め始めた。まず、パディージャ事件である。

マイアミで英語教師やラジオのコメンテーターをしていたエベルト・パディージャは、革命成功とともに帰国し、プレンサ・ラティーナ通信やハバナ大学などで働いていたが、1968年に詩集『ゲームの外で』がUNEAC（キューバ作家芸術家全国協会）からフリアン・デ・カサル賞を与えられた。このときにはパディージャのほかに、アントン・アルファトの戯曲も受賞した。

『ゲームの外で』は、「革命」の基本理念は評価するものの、革命指導部が訴える「1000万トン計画」のための自発労働の呼びかけに熱狂的に応える一般大衆に加わることのできないインテリ（ここでは「詩人」、すなわちパディージャ自身）の心情を描いたものであった。そこにはキューバが向かう方向、すなわちソ連的な社会主義化への疑問も感じられた。

受賞作の審査にあたったのは、ホセ・レサマ・リマなどのキューバ人やセサル・カルボなどの外国人から成る審査委員会であったが、その多くはこの事件を機にキューバ批判に転じている。

二作品の受賞決定に対し、UNEAC指導部は受賞再検討委員会を設け、コメントと審査委員会の決定に対する反対意見を添えるならば、作品の出版を認める、という決定を下した。「表現の自由は重要だが、絶対的なものではない。キューバが置かれている状況を考えなければならない。米国の侵略の只中にあって革命の流れの外に身を置くことを詠い、革命に水を差すような言動はブルジョア的であり、トロイの馬になる。そのような姿勢はインテリであるからといって許されるものではない。したがって、この作品は評価できない」というのである。

その後もパディージャはハバナ大学教授としての職を続けていた。しかし、自説をまげることなく表現活動を行い、次第に反体制派のシンボルとなっていった。1971年3月、パディージャはUNEACで最新作『挑発』(“Provocaciones”)を朗読し、逮捕された。パディージャは1か月後に釈放されるが、その日の夜、自らUNEACで会見を開き、反革命的言動は許されてはならないものであった、と自己批判した。その後、80年に米国へ出国し、アルコール依存症に陥り、2000年に死亡する。

(2) 全国教育文化会議

1971年4月23日から30日まで、全国教育文化会議が行われた。

パディージャ事件をめぐり、「表現の自由」の問題が大きな論争となったため、いかなる教育・文化政策を取るべきかについてさまざまなレベルの住民組織などで会議が開かれ、その集大成として開かれたものであった。
教育文化会議では次のような決定が出された。

1．文化手段は、スノビズム、突飛さ、ホモセクシュアル、その他の社会的無分別の拡大を大衆とわれわれの革命精神から離反した革命的芸術表現にしようとする偽のインテリの増大のための枠組みであってはならない。
2．教育としての文化は、非政治的であったり、部分的であったりすることはできない……非政治性は文化の概念や表現においては恥ずべき、かつ反動的視点にほかならない。
3．芸術は革命の武器であり、わが国人民の戦闘的モラルの産物であり、敵の浸透に抗する手段である。

しかし、むしろ、国際的に波紋を呼んだのはフィデル・カストロの次のような閉会演説であった。

会議では激しい議論が繰り広げられ、実にさまざまな意見が出された。しかし、最終的に、教育は特権層のためのものではなく、社会のためであるという、「すべての子どものための教育」という方針が確認された。貧しい発展途上国であっても、また、発展途上国であるからこそ、すべての子どもたちのために教育を、しかもすぐれた教育を与えなければならない。キューバの試みを第三世界諸国が注目している。経済の現状はきわめて厳しい。キューバは90マイル先の帝国に日々、航空機や艦隊や数百万人の兵士、化学兵器や生物学兵器や通常兵器など、あらゆる武器にさらされながら、植民地主義や帝国主義支配の後遺症である低開発や不平等な交易条件や搾取のもとで、200万人以上の子どもたちに本や教材だけではなく、衣服や靴まで与えなければならない国である。「1に教科書と教材、2に教科書と教材、3にも教科書と教材」であって、耽美的なブルジョア的作品を印刷することはできない。ここは「表現の自由」を理由にキューバを批判するブルジョア自由主義者の住む欧米諸国ではない。

パディージャ事件と教育文化会議を機に、それまでキューバ革命を高く評価していたサルトル、ボーボワールなど海外の著名な文化人の多くがキューバ批判派に転じた。教育文化会議以後の5年間は文化的には「灰色の5年間」と名づけられた。革命後のイデオロギー的多様性は失われ、ソ連流の社会主義リアリズムが風靡した。

しかしながら、その一方では、この会議は発展途上国を中心に高く評価された。経済的に苦しく、貧しい国でありながら、子どもたちの教育を最優先課題とするキューバへの共感であった。

たしかに、1960年代後半には、革命直後から続いていた物資不足がさらに激しくなっていた。「1000万トン計画」が始まると砂糖生産が優先され、その他の産業は資金も人手も足りず、生産が落ち込んだ。実際、紙不足は激しく、「1に教科書と教材の確保、2にも教科書と教材の確保、3にも教科書と教材」という状況にあった。

革命直後から続く物資不足、資金不足を解消するには「1000万トン計画」の成功が不可欠であった。指導部も含め、多くの国民がサトウキビ刈りのために、熱狂的に農村に向かった。しかしながら、その一方では、必要性は理解しながらも、波に乗るのを躊躇する人々、パディージャのように拒絶する人々もいた。

他方、1962年のミサイル危機に際して米国はキューバ侵攻をしないことを約束してはいたが、カストロ政権の排除をあきらめたわけではなかった。その後も、経済封鎖は言うまでもなく、武装グループの浸透が続いた。中部エスカンブライ山中の「反革命グループ」が掃討されたのは1965年である。

この1960年代後半という時代について、また、教育文化会議におけるカストロ演説について、主として知識人のなかから、「詳細に検討し、評価する必要がある」(プリエト文化相)ことを指摘する声が上がり、再検討が始まるのは、1990年代から2000年代にかけてのことである。このなかで議論の俎上に上ったのは、社会主義リアリズム一辺倒の風潮、表現の自由の制限、「耽美的なブルジョア的作品」や「表現の自由を理由にキューバを批判するブルジョア自由主義者」批判の適否などであった。これは、平等主義体制、「1000万トン計画」の是非、そのための動員体制の是非にまでかかわる問題である。いずれにせよ、経済的にきわめて厳しい状況のもとで、貧しい発展途上国が「教科書の確保」と「耽美的文学作品の印刷」のいずれかを選ばなければならないとすれば、いかにすべきか。プリエト文化相も「詳細に検討し、評価する必要がある」と述べるにとどまっている。

（3）チェコ侵入事件――「ソ連化」か

1968年8月20日のソ連軍によるワルシャワ侵攻はキューバにとっても衝撃であった。米国の侵略が続くキューバにとって国家主権の尊重は基本原則である。ところが、政府はソ連軍の侵攻を容認した。チェコ侵攻事件のあと、1962年のミサイル危機以来悪化していた対ソ関係は改善に向かった。1972年6月にはCOMECON（経済相互援助会議）に加入し、ソ連の経済圏に組み込まれ、1975年の第1回共産党大会では当時のソ連の政治経済体制を模した体制が導入された。そのため、チェコ侵入容認はキューバの「ソ連化」へ向けての第一歩とみなされるようになった。

しかし、ワルシャワ侵攻3日後の8月23日にカストロがテレビ・ラジオを通じて行った演説からは、「ソ連化」とは別のキューバが見えてくる。キューバではカストロ演説のうち最も重要なものの一つと言われているが、海外ではほとんど知られていないものである。そこからはまた、「社会主義」に対するキューバの考え方も見えてくる。

このときカストロは「多くの国民は意外に思うかもしれないが」と前置きし、苦渋の選択について次のように理由を説明した。

「米国の相次ぐ侵略行為の停止を求めて続けてきたキューバにとって、チェコ侵攻の容認という共産党中央委員会の決定はジレンマである。法的な観点からは侵攻は全く認めることができない。しかし、チェコスロバキアは資本主義の復活、反革命へ向かい、帝国主義の軍門に下っている。政治的観点から認めることはできない」

このような東欧諸国の変動に対し、カストロは、「チェコ政変の原因は米国主導の西欧的自由主義・民主主義概念拡大のための戦略の結果であると同時に、政府の官僚主義、ドグマ主義、腐敗、経済的には製品の質や技術力の低さなどに見られる経済運営の悪さによるものである。しかし、東欧諸国（そしてソ連も含め）の問題は、西側の民主主義体制や市場経済化によって解決できるものではない。そのようなことをすれば社会主義の目指す公正な社会の建設と人間としての正義に反する結果となる」としていた。

カストロの批判の矛先はソ連にも向かった。ソ連の経済改革も東欧と同一であるというのである。そして、「ワルシャワ機構の団結」というソ連の言辞に対して、帝国主義の攻撃に日々さらされているベトナムやキューバに、ワルシャワ機構は統一軍を派遣してくれるのか、と問うのであった。

一方、1968年は「精神的刺激」を鼓舞した「1000万トン計画」実現のための「大攻勢」が始まった年であった。「チェコの春」を認められる状況ではまったくなかった。確かに、そのさなかから動員体制の経済的限界が露呈し、経済運営体制転換の必要性が指摘され始めていた。しかし、それは、あくまでも経済運営体制をいかなる形にするかという問題であり、ソ連や東欧諸国の社会主義イデオロギーや社会概念を評価するものではなかった。

キューバは経済的にはソ連に依存していたが、米国であれ、社会主義国であれ、貧しい途上国への支援は、「先進諸国としての義務である」という立場であった。社会主義国である前に「第三世界の一員」だというのである。

これに沿って、1966年にはアジア・アフリカ、ラテンアメリカ人民連帯機構（三大陸会議、OSPAAAL）第1回大会が開かれ、翌年の67年にはラテンアメリカ連帯機構（OLAS）が発足している。この創立大会では、武装闘争路線を主とすべきとするキューバ派解放運動組織と、選挙路線をとるソ連派共産党が激しく対立した。

しかし、「1000万トン計画」は1970年の砂糖生産が850万トンにとどまり、失敗に終わった。そのため、カストロは「理想主義の誤り」を認め、「先輩の社会主義国の経験の重要性」を指摘して、「自己批判」するが、固有の社会主義論が失敗であるということになれば、いわゆるソ連派が台頭するのは避けられない。それは1965年の共産党創立に際して、「セクト主義」と批判され、ソ連へ渡っていたエスカランテなどの旧人民社会党員だけではない。「正統派マルクス主義者」は、「大論争」においてヨーロッパのマルクス主義経済学者とともに論陣を張ったラファエル・ロドリゲスや政権の中枢でカストロ政権を支えてきたドルティコス大統領など、少なくない。

カストロの「自己批判」のあと、「ソ連型体制」の導入に向けて準備が始まり、1975年の第1回共産党大会で正式に決定された。こうして、「ソ連化」と言われる時代が始まった。だが、それは長くは続かなかった。早くも1970年代末には、カストロ自身が「ソ連型体制」のゆがみや「独り歩き」に懸念を抱き、国民のなかからも「社会のソ連化」に疑問が呈され、1980年代に入るや、キューバ社会は大きく変化し始める。

4　チェ・ゲバラ――なぜボリビアで死ななければならなかったのか

（1）「第二、第三の、そして多くのベトナムを！」

米国の事実上の植民地とみなされてきたキューバで革命が成功し、その直接間接の干渉にもかかわらず社会変革が実現されたことから、「社会変革は可能である」と考えられるようになり、１９６０年代のラテンアメリカは民族主義高揚の時代となった。

右に左にと揺れていた政権が改革に乗り出し、選挙で革新的政権が成立し、「キューバ革命の成功」の経験を踏まえた「農村や農民に基礎を置くゲリラ運動」が発展した。これはラテンアメリカ全域に及び、アルゼンチンやチリなど選挙を通じた政権転換の可能性が高かった国においてすらゲリラ運動が成立した。

キューバ革命後のラテンアメリカの民族主義運動の大きな特徴は、社会主義革命を掲げる運動が発展したことである。１９５０年代までは左翼勢力のなかでは「二段革命論」が支配的であったため、ほとんど見られなかったものである。これもまた、キューバ革命が社会主義に転換したためであった。

１９６０年に米州機構でキューバ非難決議が採択されると、ハバナでは１００万人集会が開かれ、「共通の歴史や共通の社会経済構造をもつラテンアメリカ諸国の革命は不可避である」ことを謳ったハバナ宣言が採択された。その後、１９６１年にキューバが米州機構から除名されると、再びハバナで１００万人集会が開かれ、「ラテンアメリカの革命は社会主義的性格を持つ」ことを宣言した第２次ハバナ宣言が読み上げられた（傍点は筆者）。

ラテンアメリカにおける革命気運の盛り上がりに対し、米国も手をこまぬいていたわけではない。「第二、第三のキューバ」を阻止するために全大陸的な反攻に乗り出していた。そのため、ゲバラは、革命を成功させるためには米国の力を分散させなければならないとして、「第二、第三の、そして多くのベトナムを」と唱え、ラテンアメリカ革命を目指してボリビアでゲリラ運動を開始した。しかし、ボリビア・ゲリラは小さな「核（フォコ）」の段階に止まったまま、１９６７年のゲバラの死とともに衰退した。以後、ラテンアメリカは「反革命の時代」を迎えることになる。

サンタ・クララ戦勝利のときのゲバラ（1958年）

なぜ、ゲバラはボリビアで死ななければならなかったのか。米国の反乱抑止政策がキューバ革命の経験から一段と強化され、精緻化されたことは決定的であった。しかし、その一方では、ゲバラがキューバ革命の経験から導き出したといわれる「ラテンアメリカ革命戦略」が果たして現実に即したものであったかどうか、という問題も検討しなければならない。

（2）ゲバラとキューバ革命

モーターサイクル・ダイアリーズ

アルゼンチン人のエルネスト・ゲバラ・デ・ラ・セルナが初めて「キューバ革命と接触した」のは第2回のラテンアメリカの旅の途中で立ち寄ったグアテマラである。

青年時代にゲバラは二度にわたり「ラテンアメリカの旅」を行っている。第1回目は51年12月末から、友人のグラナドスとともにオートバイに乗ってブエノスアイレスからチリ、ペルー、そしてアマゾン川をイカダで下り、コロンビア、ベネズエラを回った。白人が多く、経済的にも発展した、中南米の「ヨーロッパ」と言われていたアルゼンチンとは異なる「多様なラテンアメリカ」を知るための旅であった。

しかし、それは単に見知らぬ土地を見たいという「物見遊山」ではなかった。喘息のために外に出られないときには父親の所有する本を読み、すべて読破したというゲバラである。当時のアルゼンチンでは多くの心ある国民がペロン政権に期待を寄せていた。しかし、彼はペロン政権の限界を見通し、「真の革命」とは何か、いかにしたらそれは実現できるのかを考えていた。第1回の旅はそれを模索するための旅であった。この旅の記録である『モーターサイクル・ダイアリーズ』は日本でもよく読まれているが、その冒頭では、これは「目が見たものを切り取った写真であり、いかに解釈するかは読む人次第」と記されている。また、「旅のあとのゲバラはすでに旅の途中のゲバラではない」とも言っている。第1回の旅のときに青年ゲバラがどのような思想をもっていたのか、旅から何を学んだのかをこの日記の紙面から判断するのは難しい。

帰路なき第2回ラテンアメリカの旅——カストロとの出会い

第1回の旅に先立ち、ゲバラは1950年にアルゼンチンの地方を巡り歩いている。首都ブエノスアイレスとは異なる土地への旅であった。その後の51年末からの第1回ラテンアメリカの旅で接したのは、チリ、ペルー、コロンビア、ベネズエラという、人種構成も、労働運動や政治運動の発展も、さまざまに異なる国であった。チリでは鉱山労働者の貧困を、ペルーでは先住民問題を、コロンビアではボリバル主義を、そしてベネズエラでは黒人との混血社会の問題を目にした。

したがって、医師の資格を取得したにもかかわらず、母親の懇願を振り切り、二度目のラテンアメリカの旅に踏み出したのには、それなりの理由があった。目的地が当時、革命政権のもとに置かれていたボリビアであったこともそれを示している。ボリビアでは52年に鉱山労働者と農民を中心とする革命が起きたが、なし崩し的に崩壊の道を歩んでいた。

ブエノスアイレスを発ったのは1953年7月3日、キューバ革命の始まりといわれるモンカダ兵営襲撃の2週間ほど前のことである。まず、ボリビアへ、次いでペルー、エクアドル、パナマを経て、12月初めにコスタリカに入った。ここで亡命キューバ人からフィデル・カストロという人物の存在を知ることになる。

その後、ゲバラはグアテマラに入ったが、ここは、米国のユナイテッド・フルーツ社（UFCO）

の支配が続き、「バナナ共和国」と呼ばれていた国であった。１９４４年の革命で独裁政権が崩壊し、アルベンス政権（1951～54年）のもとで改革が始まり、遊休地の接収を規定した農地改革法も制定された。そのため、ラテンアメリカ各国から政治亡命者が集まっていた。のちに妻となる亡命中の「アメリカ革命人民同盟」（ＡＰＲＡ）党員のペルー女性、イルダ・ガデアと出会ったのもこのグアテマラである。イルダは各国からやってくる亡命者の支援活動を行っており、ゲバラはその関係でキューバ人のニコ・ロペスと知り合った。モンカダ兵営襲撃時にバヤモの要塞を攻撃したメンバーであり、彼を通じて兵営襲撃について、カストロという指導者について、革命の理想について、モンカディスタの大義への献身ぶりについて、耳にした。

しかし、１９５４年6月、米国の傭兵軍が侵攻し、アルベンス政権は崩壊した。ゲバラはアルゼンチン大使館を通じてメキシコに逃れたが、そこには多くのモンカディスタがバティスタの追及を逃れ、次なる革命を目指して集結していた。彼らの会合に顔を出すうちに、ゲバラはラウルと出会い、モンカダ兵営襲撃に興味を掻き立てられたゲバラは図書館で資料をあさった。7月8日、フィデルがついにハバナから到着した。二人は「7月半ばの寒い夜」、10時間にわたり話し合い、意気投合し、ゲバラはキューバ革命への参加を決意する。

第2回ラテンアメリカの旅の途中で、ゲバラはボリビアでは52年革命のなし崩し的後退を、グアテマラでは反革命傭兵隊による革命政権の崩壊を目にしている。社会を変えるためには何が必要か。軍事侵攻を含む米国の干渉をいかにして阻止するか。革命指導者に最後まで改革を実行する覚悟はあるのか。ゲバラは真の革命をフィデル・カストロに懸けたのである。

ゲリラ戦の訓練、投獄などを経験したのちに、1956年11月25日、ゲバラはグランマ号に「医者として」乗り組んだ。外国人の参加に対する反発を考慮したフィデルの措置であった。

キューバ革命との一体化

1956年12月2日にグランマ号でキューバの東部海岸に到着してから、59年1月2日深夜にハバナに到着するまで、およそ2年にわたるゲリラ戦時代のゲバラの活躍については多くの著作が出され、各国語に翻訳されている。ゲリラ戦士としての高い能力、死を恐れることなく前線に飛び出して闘う勇気、バティスタ軍の中部の拠点であるフォメントをはじめとする要塞を平定し、鉄道線路を破壊してハバナからの増援部隊を壊滅させたサンタ・クララ戦等々、その活躍ぶりはよく知られており、フィデル・カストロも高く評価し、讃えている。

革命勝利後の国家建設においても、INRA（全国農業改革局）長官、中央銀行総裁、工業相等々、中枢の役割を担い、キューバ精神と一体化し、かつ、旺盛な知識欲と行動力をもって次々と難題をこなしていった。革命とともに多くの知識人が亡命し、残された貧しい農民や労働者の手で社会建設を進めていかなければならなかったキューバにとって、ゲバラの存在は筆舌に尽くしがたいほど貴重であった。

大義への献身、ストイックなまでの自己犠牲、指導者でありながら一切の特権を拒否する平等意識など――これらは「ゲバラ精神」と呼ばれている。しかし、それは「ゲバラのもの」ではなく、「キューバのもの」、すなわち、ホセ・マルティをはじめとする独立運動指導者に由来するものであり、当時はフィデル・カストロら革命指導者に体現されたものであった。

前にも述べたように、ラテンアメリカの旅に出立する直前にあらわした『キューバにおける社会主義と人間』のなかで、ゲバラは「新しい人間」について語っている。それは革命指導者、特にフィデル・カストロに体現されていたものをゲバラがそのように名づけ、理論化したものであった。ゲバラも、もともとそのような性格や価値観をもっていたが、キューバ革命やその後の社会建設のなかで研ぎ澄まされていった。

「大論争」もフィデル・カストロの理念をゲバラが理論家として展開したものであった。しかし、1965年4月にゲバラはカストロに「別れの手紙」をしたため、コンゴの解放運動を支援するためにハバナを発ったため、結論がだされないまま「大論争」は終焉している。

では、なぜ、ゲバラは未だ建設途上にあったキューバも、愛しい妻子もあとに残して、ラテンアメリカ革命の旅に出たのであろうか。

1960年2月に工業省が設立されたとき、ゲバラは秘書のマンレーサに対し、「ここで5年間やって、キューバを出る。フィデルも約束している」と語っている（タイボII、2001）。革命直後の混乱期を乗り越え、制度化が端緒につき始めたときであった。ラテンアメリカ革命の旅への出立はグランマ号へ乗り組んだときからの予定の行動であり、確かに工業省成立から5年を経ていた。

妻のアレイダによれば、革命後、ゲバラ家には世界各地から解放運動の指導者が訪れ、支援を要請していった（マルチ、2008）。ときにはさまざまな理由から断らなければならないこともあったという。最後に支援の地として選んだのはコンゴであった。ゲバラは64年12月から3か月という長期にわたりアフリカ訪問を行っている。その間に誰とどのような話がなされたのであろう。

しかし、ゲバラが最終的に目指していたのは、ラテンアメリカ革命、すなわち、「第二、第三の、そして多くのベトナムを」つくりだすために、まずボリビアに「ゲリラの核」をつくることであった。

（３）ボリビア・ゲリラ――「予告された死」

“革命が反革命を革命する”

コンゴのゲリラ運動は失敗し、タンザニアとプラハに隠れ住んだが、カストロの懇願に応えて密かにキューバに戻り、ピネル・デル・リオでゲリラ戦の準備を整え、１９６６年11月、ゲバラはボリビアへ向かった。だが、１年後の１９６７年10月８日、政府軍に捕えられ、銃殺された。

世界の多くの人々も、妻のアレイダも、また「ゲバラであればこそ」と彼について行った戦士たちも、たとえわずかであれ、生きて帰れる可能性を信じていた。しかし、今から振り返ればそれは「予告された死」であった。ゲバラ自身もほぼ１００％の死を覚悟してキューバを出立していた。

ボリビア・ゲリラ部隊はゲバラのほか40人から成っていた。キューバ人16人、ペルー人３人、ドイツ系アルゼンチン人のタマーラ・ブンケ、そのほかにソ連派のボリビア共産党と袂を分かつたインティ・ペレド、日系のフレディ・マイムラなどボリビア人が20人。ゲバラはラテンアメリカ革命の第一弾としてボリビアでゲリラ戦を展開しようとしていたのである。

ボリビアは南米大陸の中心にあり、貧しい農民の国である。この地でゲリラ闘争を発展させ、その他の諸国で運動が起きれば、「第二、第三の、そして多くのベトナム」という状況が生まれる。このように考えたが、農民の支援を得られないまま、ゲバラのゲリラ部隊は「核」（フォコ）の段階で消滅した。

なぜ、ボリビア・ゲリラは失敗したのであろうか。

何よりも、キューバ革命後、米国の反乱抑止能力は大幅に向上していた。「第二、第三のキューバ」を阻止するため、米軍の装備や情報収集能力は格段に強化されていた。ラテンアメリカ諸国の軍部も近代化され、米国で教育を受けた将軍が軍のトップを握っていた。各国の軍部は米軍と連携し合いながら、また地域のネットワークを形成し、反政府ゲリラや反体制派の一掃に乗り出していた。ゲバラの小さなゲリラ部隊は米軍とラテンアメリカ軍部の巨大な力の前には無力であった。

戦術的問題もあった。ゲバラが入ったサンタ・クルスのニャンカウアスーはほとんど人の住まない地域であり、1952年のボリビア革命の主要な担い手である鉱山労働者の住む地域とも、また人口が集中する首都ラパスのある高地地帯とも、あまりにも遠く離れていた。他方、ソ連派のボリビア共産党は選挙路線を譲らず、最後まで支援を渋った。キューバ政府の説得も無駄であった。農民もまた、貧しいまま放置されていたにもかかわらず、政府系の農民組織に統合され、その影響下にあった。

ゲリラの「核」は外部の支援を得られないまま孤立し、政府軍の包囲が狭まってからは連絡手段も失われ、米国の支援を受けたボリビア軍の前に敗北した。

独り歩きするフォコ理論

ゲバラのゲリラ戦略論はキューバ革命の経験をもとに打ち出されたものとされている。しかし、果たしてそうであったのだろうか。ボリビア・ゲリラの失敗の原因について考える場合には、この問題を避けて通れない。

キューバ革命後にはラテンアメリカのほぼ全域でゲリラ運動が発展し、さながらゲリラの時代となった。そのバイブルとなったのが、ゲバラが１９６０年に著した『ゲリラ戦争』である。キューバ革命の経験を理論化したと言われるものであった。

その冒頭でゲバラは、キューバ革命の教訓として3点を挙げている。すなわち、

①人民軍は正規軍との闘いに勝つことができる。
②必ずしも革命のすべての条件が整うまで待つことはない。反乱の核（フォコ）がその条件を作り出す。
③アメリカ大陸の低開発地域では、武装闘争の場は基本的に農村に置かれなければならない。

ここから農村を基本的な闘争の場とするゲリラ戦略論が導きだされるのだが、ところが、この3点について、『ゲリラ戦争』ではキューバ革命の経験によるものとされているだけで、具体的に分析されていない。ページはほとんどゲリラ戦術に割かれている。

しかし、ゲバラが反乱の核（フォコ）の形成のためにボリビアに入り、また、ゲバラに同行したフ

ランスのレジス・ドブレが1967年に『革命のなかの革命』を発表して、過去におけるさまざまな革命戦略の失敗例を示してキューバ型ゲリラ戦略がいかに有効であるかを説いたことから、ゲバラのゲリラ戦略論は「フォコ理論」となり、多くの人々が共鳴し、各地でゲリラ闘争を開始した。だが、「フォコ理論」という名前からも明らかなように、それはゲリラの萌芽段階、すなわち反乱の「核」の形成段階の理論であった。

ゲバラの『ゲリラ戦争』に対しては、発表直後からさまざまな批判があった。そのため、ゲバラは1963年にクーバ・ソシアリスタ誌に『ゲリラ戦争　一つの手段』を発表している。それはドブレのフォコ理論とは趣を異にしていた。

まず、「なぜ、ゲリラ戦略が有効か」という点については、ここでも『ゲリラ戦争』と同じように、キューバ革命の三つの教訓が挙げられていた。ところが、「ゲリラ戦が展開されようとしているラテンアメリカ諸国であれば、どこでも適用できるもの」とされていた。つまり、「ゲリラ戦略の条件が整っている国では」という限定がつけられていたのである。

それればかりか、ゲバラは、ゲリラ戦略一辺倒ではなく、「その他の闘争と両輪のごとく結合すべきもの」としていた。

反乱の「核」についても、ゲリラ戦争には段階があり、フォコの形成はその第一段階であることを指摘したうえで、ゲリラ戦の発展のためには、「客観的な条件と闘争の強固な意志」の結合が不可欠であるとしていた。すなわち、「客観的な条件」が存在することが前提であり、それは人間の「強固な意志」があって初めて有効になる、というのである。

ゲバラの想定していたゲリラ戦争戦略とドブレの『革命のなかの革命』との差はどのようにして生じたのか、検討が必要である。

キューバ革命はゲリラ戦略によって成功したと言われている。基本的にはそうである。しかし、この規定が独り歩きしたことによって、実態との「ずれ」が生じている。

シエラ・マエストロのゲリラ活動はジャノ（平地部）の支援がなければ発展できなかったし、ジャノとの密接な連携のもとで展開されていた。これは前述した通りである。

それだけではなく、ジャノでも、また山中でも、カストロらの7月26日運動のほかに、さまざまな勢力がそれぞれの思惑に従い、活動を行っていた。カストロはそのような状況を踏まえ、第1章で見たように、革命後に社会変革を実行するための担保を確保しつつ、その一方で「すべての勢力の結集」による革命の実現を最後まで基本方針とした。実際、既成の政治勢力をはじめとする多様な勢力がヘゲモニー争いを繰り広げるなかで、カストロらの7月26日運動が、また7月26日運動内部でシエラ・マエストラのゲリラ部隊が、「革命の前衛」として認められるようになるのは、革命勝利直前の1958年半ば、すなわち、カストロの指導するゲリラがシエラ・マエストラに対する政府軍の大攻勢を阻止してからのことである。

他方、キューバ政府は1960年代においても、必ずしもゲリラ戦略をラテンアメリカの唯一の革命戦略と考えていたわけではなかった。

1967年の第1回ラテンアメリカ人民連帯機構大会は、選挙路線を取るラテンアメリカのソ連派共産党がボイコットするなどしたため、世界のメディアでは「さながらゲリラの大会であった」と報じられた。しかし、この大会でキューバが目指していたのは、キューバ革命直後に各国で成立したゲリラ活動が衰退し始めていたために、その建て直しをはかることであり、そのために、いわゆるキューバ派ゲリラ勢力とソ連派共産党との協力関係を構築することであった。

この大会はまた、一般に言われているような武装闘争路線一辺倒ではなかった。大会の最後に出された宣言でも、「大多数の諸国では武装闘争の開始が緊急に必要とされている」、「ラテンアメリカ革命の基本的な戦略は武装闘争である」とされていたのである（傍点著者）。しかも、大会中に出されたキューバの報告では「武装闘争の条件が熟していないところでは平和的手段が有効である」とされていた。各国の多様性が認められていたのである。

「僕は理想主義者などではない」

ゲバラは閣僚としての地位も、愛する妻や子どもたちもあとに残して、ラテンアメリカ革命を目指してボリビアで闘い、銃弾に斃れた。しかも、閣僚であるからといって特権を享受することを拒否し、一般国民と同じように配給だけで暮らし、キューバを後にするときにも家族には財産らしいものは何も残さなかった。みずから唱道していた「新しい人間」を体現した人物であった。そのため、ボリビアでの死から半世紀を過ぎても、キューバ革命を知らない世代の心を捉え、最期の地、ボリビアのバジェ・グランデを訪れる人々は絶えない。そればかりか、世界にはコルダが撮影したあの肖像が印刷されたTシャツやコーヒーカップなど「ゲバラ・グッズ」が溢れている。「理想主義者」ゲバラはイデオロギーを超えて世界の人々の心を捉えている。

しかし、ゲバラは「自分は理想主義者などではない」と言う。
1962年10月に青年組織の指導者たちの前で、ゲバラは次のように語っていた。キューバがソ連や中国とも異なる「平等主義社会」の建設を目指したときに、「理想主義だ」という国際社会からの批判に応えたものである。インターネットにはこの演説を引用して「理想主義者」ゲバラを讃える言葉が駆け巡っているが、誤訳が世界を席巻してしまったのであろう。実際には、ゲバラはこのとき、キューバの若者たちを前に、次のように語り、ラテンアメリカをはじめ世界の抑圧された人々の解放のために闘うよう訴えていたのである。一見、理想にすぎないとみなされていることであっても、実現のための客観的条件は存在する。人々が力を合わせて一歩一歩努力を重ねていけば、その条件は熟していく、というのである。

「われわれに対し、どうしようもない理想主義者であるとか、できもしないことを考えているという人々があるかもしれない。……これに対し、われわれは何度でも答えなければならない。いや、それはできることなのだ。本当にできるのだ、と。革命の4年間のキューバがそうであったように、人民が一丸となれば、前進し続け、人間のちっぽけさを解消していくことができる」

ゲバラがゲバラであるために

これまで述べてきたように、ゲバラもラテンアメリカ革命のためには多様な戦略が可能であることは認識していた。しかし、ほとんどの諸国ではゲリラ戦略の条件は整っているとして、ラテンアメリカ革命を目指して出立した。

ボリビア行きについて、カストロは「少し待つように」と説得していた。これはタイボII著の『エルネスト・チェ・ゲバラ伝』でも明らかにされていることだが、ゲリラ路線に反対するボリビア共産党の支持を取りつけるには時間が必要だったのである。ボリビア共産党が最終的に拒否した場合には、少なくとも他の左翼勢力の支援を得る必要があった。ゲリラは人民の支援なくして闘えない。ゲバラのボリビア・ゲリラには、キューバ人やペルー人などのほか、ボリビア共産党の方針に反対するボリビア人が加わっていたが、ゲリラの発展のためには、その他の左翼勢力や地域農民の支援が不可欠であった。

では、なぜ、ゲバラは制止を振り切りボリビアに向かったのであろうか。コンゴでのゲリラ戦の失敗のあとに、カストロは何度も帰国を促したが、ゲバラは頑なに拒んでいた。退路を断ってハバナを後にしたゲバラにとってキューバへ戻ることはできなかったのである。最終的には、ボリビア・ゲリラの訓練のために一時的にでも帰国した方がよいのではないかというカストロの提案を受け入れ、キューバに戻ったが、そこには「ゲバラであればこそ」とつき従う覚悟を固めた多くのキューバ人が待っていた。「ゲバラがゲバラである」ためにはボリビアに赴く以外に選択肢はなかった。

キューバ革命はキューバ固有のものである。ラテンアメリカ諸国は共通の歴史や社会経済構造を持つとはいえ、それぞれの地域や国の違いは大きい。特にキューバは砂糖プランテーションを基盤にした米国の政治的経済的支配が確立していた国である。これに対しボリビアは鉱業が経済の中心を占め、農村では先住民共同体が根強く残っている。特に、1952年には革命が起き、不完全なものであり、不十分な結果に終わったとはいえ、土地改革によって多くの農民が土地を手に入れ、革命政権がなし崩し的に右傾化したあとも政府系の農民組織に統合されていた。農民とともに革命の主要な勢力であった錫鉱山労働者は、依然として戦闘性を維持してはいたものの、鉱山地帯に集住していた。このようなボリビアで農村に基盤を置くゲリラ戦略は有効であったのかどうか。

1956年にグランマ号でキューバ東部海岸に上陸したあと、カストロらがシエラ・マエストラ山頂にたどり着くことができたのは農民の支援網によるところが大きかった。農民の組織化はセリア・サンチェスの努力のたまものであったとはいえ、キューバ東部は独立運動揺籃の地であり、革命意識は強かった。カストロらの救出に力を尽くしたペレス一族はオルトドクソ党の支持者であったが、その無力ぶりに不満を募らせていた。

これに対し、当時のボリビアは軍人のバリエントス政権下（1964～69年）にあった。右傾化を進めていた革命政権のパス・エステンソロ政権を1964年にクーデターで倒して「革命の垣根」を取り払い、鉱山などに米国資本を積極的に導入し、米軍と協力して反乱抑止政策を強化した政権である。錫鉱山の労働者管理制度を解体し、1967年にはこれに抵抗するカタビ・シグロ・ベインテ鉱山労働者に対する虐殺事件を起こしている。しかし、その一方では、ケチュア語を話す大統領として、農村をこまめに回り農民の支持を集めていた。農民組織は政府と協定を結び、軍部傘下の組織として農民の民兵隊を形成していた。

ゲバラはこのような状況のもとでニャンカウアスーに入り込んだことになる。土地改革によってわずかな土地を与えられただけで、政府の支援もなく放置され、農民は依然として貧しいままであったが、ゲバラが『ボリビア日記』に1967年4月30日に記しているように、「農民の基盤は発展していない。計画的に脅し、中立化するのがせいぜいのところであり、支持はそのあとのことだ」。

21世紀に入り、ボリビアでは史上初めて先住民大統領が誕生し、そのもとで先住民共同体を評価し、混血（メスティソ）すら一つの民族とみなした、民族共同体を基礎とする、多民族国家が形成された。ゲバラはラテンアメリカの旅でペルー、ボリビア、グアテマラにおいて先住民社会に接している。青年時代にペルーを訪問したときにも、先住民共同体を基礎に独自の社会主義理論を発展させたマリアテギの理論を知る機会もあったはずだ。しかし、20世紀半ばには、ゲバラだけではなく、世界の多くの人々にとっても、21世紀のボリビアのような「新しい社会主義概念」は想定しがたいものであった。

ゲバラのボリビア・ゲリラの足跡

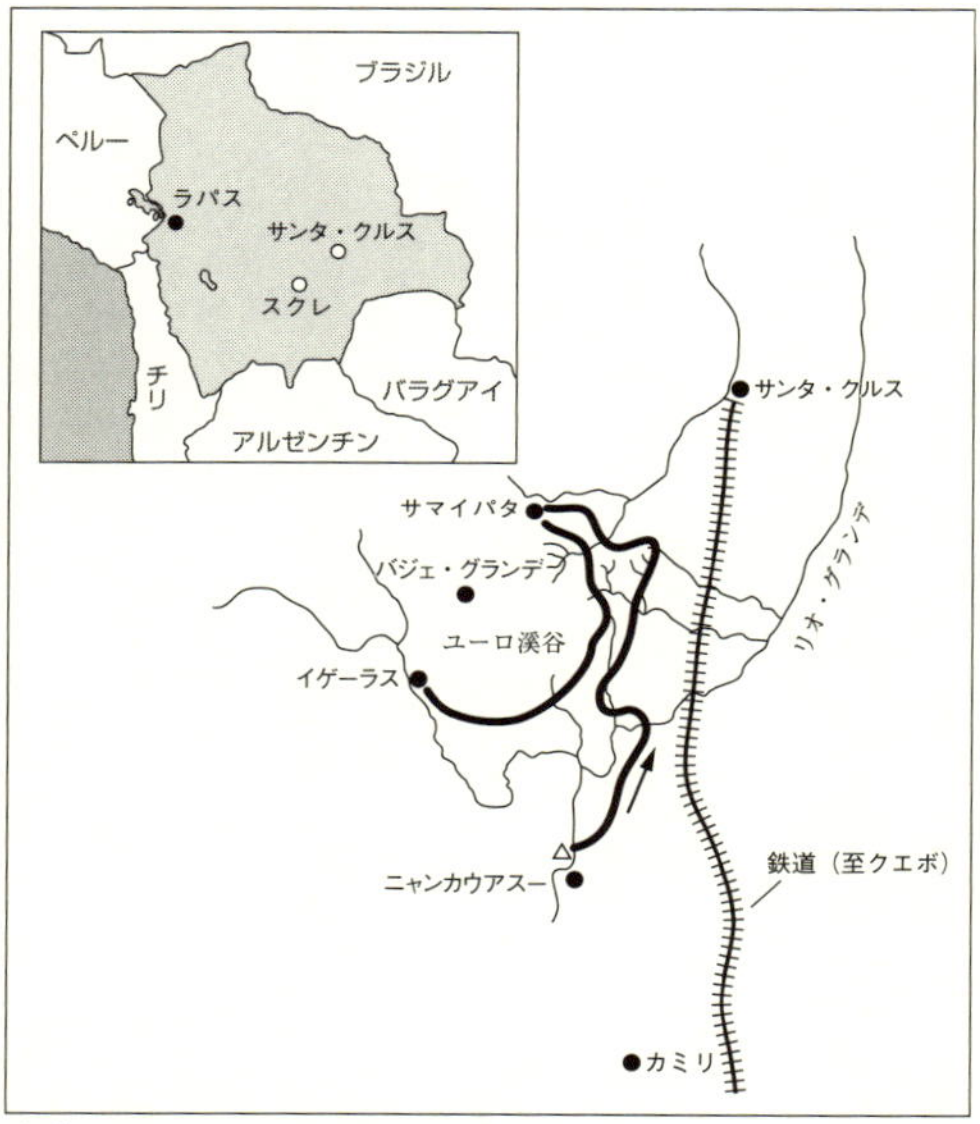

出典：Guevara, 1988 より作成。

第4章◉「ソ連化の時代」

1　理想主義体制の失敗

（1）混迷を極める経済運営

1970年代は「ソ連化の時代」といわれている。「1000万トン計画」が失敗に終わり、理想主義体制が非現実的であることが明らかになったため、「先輩の社会主義諸国の経験が重要である」として、当時のソ連型の経済体制が取り入れられた。

しかし、「ソ連化の時代」は長くは続かなかった。「ソ連型政治経済制度」の導入が正式決定されたのは1975年の第1回共産党大会であるが、1980年代に入るやすぐさま、キューバ革命の固有性という観点から見直しが始まっている。それだけではない。1970年代にはソ連との政治的経済的関係が強まったが、固有性を維持しようという意思は残り、「ソ連型政治経済体制」も「キューバ風のもの」となっていた。

「1000万トン体制」の不備と転換の必要性は、1000万トン計画のための「大攻勢」のさなかから指摘されていた。経済運営が混乱していただけではなく、「経済運営」の体をなしていなかったためである。

「大攻勢」が始まる前年の1967年から国全体の経済計画も作成されず、企業別の計画もなかった。それどころか簿記も行われず、依頼があれば工場を動かし、出荷するという有り様であった。また、セメント工場にはたくさんのセメントが積まれているのに建設現場ではセメントがないために工事が進められない。トラックが来ないため刈り取ったサトウキビが何日も放置され、動員された人々が所在なげに遊んでいる。サトウキビは苗が植えられてから4年間収穫できるため、新しい芽が出るように刈り取らなければならないのに、知識のない動員隊員によって根こそぎ切り取られてしまう……。

たしかに、多くの人々が政府の呼びかけに応えて職場や学校や地域から大挙して農村へ向かった。職場に残った人々は、残業は言うまでもなく、日曜日も返上して刈り取り隊の出たあとを穴埋めした。ところが、動員に背を向け、終業時間が来るとさっさと帰宅してしまう人々、時間前に帰ってしまう人々も少なくなかった。労働組合が時間外手当を返上したために働いても働かなくても賃金は変わらず、その一方で自由市場もなく、全面的な配給制度のもとで基本的な生活物資がすべての人々に平等に分配されているのであれば、働いても意味がない。頼るべきは「革命意識」だけであった。

（2）労働意欲の喪失

1970年度の砂糖生産は850万トンにとどまり、計画は失敗に終わった。「あれほど精魂こめて取り組んだのに」と人々は落胆した。

計画が成功すれば生活は良くなると期待していたが、そうはならなかった。砂糖最優先のもとで生活物資の生産は後回しにされ、物不足はさらに深刻化していた。米やパンなどの基本的食料は何とか確保されていたが、衣服などの工業製品はなかなか配給が来ない。やっと入手できた靴も5日か10日で破れ、底が抜けた。

労働意欲が失われるのも当然であった。70年の砂糖収穫期が終わると、平均労働時間は5～6時間。無断欠勤がはびこり、その割合は10人に2人から3人に及んだ。

1970年7月26日のモンカダ兵営襲撃記念日の演説でフィデル・カストロは「1000万トン計画」が失敗に終わっただけではなく、経済運営や経済活動の混乱をはじめさまざまな問題が起きた、いかなる体制を取るべきか、議論し検討してほしい、と国民に訴えた。

革命の基本理念を維持するためにも生産の活性化が不可欠であった。だが、「革命精神」を鼓舞しても国民は働かなくなっていた。そうであるとすれば物質的刺激、すなわち部分的に市場原理を取り入れた、当時のソ連の経済運営体制を導入するほかにない。

2　第1回共産党大会——ソ連型政治経済体制の導入

(1) カストロの自己批判——「ソ連化」のもとでいかにして固有性を守るか

この演説のあと制度転換の準備が徐々に進められ、1975年12月には第1回共産党大会が開かれ、当時のソ連の政治経済体制の導入が決定された。

カストロは第1回党大会の基調報告で、「革命家は理想主義者でなければならないが、現実も見なければならない」、「先輩の社会主義国の豊かな経験を過小評価していた」、「予算融資制度は十分な議論が行われないまま実行された」と「自己批判」した。有名な「自己批判演説」である。

ところが、実はこのとき、カストロは「キューバは発展途上国であり、したがって固有の対応が必要である。ソ連の制度をコピーするのではなく、正しく利用していかなければならない」としていた。動員体制の限界が明らかになった以上、市場原理を部分的に取り入れたソ連型の経済体制の導入は不可欠であるが、そのもとでいかにしてキューバ革命の固有性を維持すべきか考えてほしいというのである。

この点について、カストロが党大会の閉会演説で挙げていたのは参加制度の推進である。経済運営を「上から」支配する体制をやめ、国家と党を分離し、国民の政治決定への参加を進めること、であった。なかでもカストロが最も重視していたのは大衆団体の活性化である。

キューバの大衆団体といえば、労働組合、女性団体、学生団体、革命防衛委員会（CDR＝革命直後には反革命活動の防止が目的であったが、その後、地域のインフラ整備や福祉活動などさまざまな課題に取り組む団体となった）、全国小農連合を指すが、それぞれの持ち場から政治を監視し、発案し、政策を実行してほしいというのである。

実は第1回党大会の開催を前にして、フィデル・カストロはラウル・カストロに対し、党と国家の分離、大衆組織の政治決定への参加、分権化について指針の作成を指示し、73年5月には「国家と党の機能と役割の補完性と相違」と題するコミュニケに署名していた。しかし、党大会の準備作業では顧みられることがなかった（Pérez González, 2015）。

翌年に制定された新憲法にも、「ソ連化」がそこここに見られた。共産党は「労働者階級のマルクス・レーニン主義のもとに組織された前衛であり、社会と国の指導勢力である」と規定され（第5条）、国家評議会議長は国会で選出されるとはいえ、共産党第一書記が兼任する。また、国の方針や政策は共産党大会の決定に沿って国会で決定される。このような体制のなかで、いかにして国民の政治参加を実現するか。

（2）独り歩きする「ソ連化」

独自の社会主義が失敗したという重みは大きく、1970年代には「ソ連化」への動きは強まった。

それと並行してキューバは社会主義圏の一員としての立場を強めていく。

「理想主義体制」の限界が指摘され始めると、ソ連との往来が活発化し、70年代初頭には多くのソ連の政治指導者がハバナを訪れ、モスクワに滞在していた旧人民社会党（旧共産党）員も帰国した。ソ連との交流が最高潮に達したのは、74年2月にブレジネフ書記長が訪問し、カストロ首相と会談したときである。

1972年には社会主義諸国の経済協力機構（COMECON＝経済相互援助会議）に加盟した。これによって政治、外交、経済、文化等々、あらゆる部門で社会主義諸国との関係が緊密化し、キューバは社会主義圏に統合された。

しかし、これはのちにキューバに悲劇をもたらすことになる。米国の経済封鎖のために国際的に孤立し、他に選択肢がなかったとはいえ、キューバは社会主義圏の国際分業体制に組み込まれ、砂糖などの亜熱帯農産物の生産輸出国に位置づけられた。そのために砂糖モノカルチャー経済体制が強化され、食糧も工業製品も社会主義圏からの輸入に依存することになり、工業化社会への夢はますます遠ざかった。こうして1990年代にはソ連圏の解体とともに貿易も援助も激減し、未曽有の経済危機に見舞われることになる。

（3）新憲法――マルクス・レーニン主義が前面に

第1回党大会の決定を受けて、1976年には革命後初の憲法が制定され、議会制度も発足した。

「ソ連化」が進行するなかでの新憲法の制定であり、ここでもソ連色が強くなった。国の基本理念であるマルティ主義は依然として掲げられていたが、全体としては「マルティ主義」と「マルクス・レーニン主義」とが同等のものとして並列され、条項によっては「マルクス・レーニン主義」が前面に出たものとなった。

まず、前文である。

冒頭では、第一にマルティ主義が掲げられ、「ホセ・マルティをはじめとする先人の創造的努力と、戦闘性、革新、勇気、犠牲の伝統の継承者であること」、「本憲法はマルティの願望を体現するものである」と謳われていたが、しかし、その一方では、「キューバ人民はマルティの理想とマルクス・エンゲルス・レーニンの政治・社会思想を導きとする」となっていた。

本文ではさらにこの傾向が強まっていた。

キューバ国家の規定は、「キューバは労働者の社会主義国家」であり（第1条）、共産党は「マルティ主義とマルクス・レーニン主義を基盤とする」（第5条）となっており、文化についても、「教育・文化の基礎は科学技術の発展、マルクス・マルティ主義の理想、キューバと世界の進歩的な教育の伝統にある」（第39条）とされていた。

確かに、革命後も前衛芸術などが花開くなど、文化的にも他の社会主義国とは一線を画していたキューバであり、「表現の自由は尊重される」とされていたが、しかし、「革命に反しない限りにおいて」という限定が付されていた。こうして１９７０年代には芸術分野では社会主義リアリズムが第１とされるようになる。

他方、宗教の自由の尊重と保障も明記され（第8条）、宗教活動が禁止されたり、教会が閉鎖されることはなかったが、宗教活動は屋内に限られるなど、「無神論」が幅を利かすようになった。

理想主義が失敗であったということになれば、既成の社会主義勢力、すなわち旧人民社会党（PSP）にイデオロギー的に近い人々の発言力が強まるのは避けられない。1960年代には経済的に依存しながら第三世界主義の立場からときにはソ連を批判することもあったが、70年代に入ると、ソ連批判は影をひそめ、マルティ主義に代わりソ連流のイデオロギーが優位を占めるようになっていった。

（4）議会制度の発足

新憲法は1976年2月に公布されるが、10月には地区選挙が行われ、11月には国会と州議会も発足した。

議会は人民権力と名付けられ、人民権力地区会議（地区議会）、人民権力州会議（州議会）、人民権力全国会議（国会）の3段階から成っていた。国会議員と州議会議員の任期は5年、地区議会は2年半である。

国権の最高機関は国会とされ、国家評議会のメンバー、議長、副議長と閣僚会議メンバーは国会議員のなかから選出された。第1回国会で閣僚評議会議長と、首相に選出されたのは言うまでもなくフィデル・カストロである。

しかし、国会、州議会、地区議会のうち、直接選挙制度がとられたのは地区議会だけであり、州議会議員と国会議員は地区議会が中心になって選出した。地区の候補者委員会が議員定数の25％超のプレ候補者を選び、州議会と国会の候補者委員会が独自の候補者を加味した候補者リストを作成し、地区議会がそれぞれ被選挙権を満たしているかを審査したうえで決定するというものである。プレ候補者リストには地区議員を半数まで含めることができるため、州議会議員も、国会議員も、地区議会議員の兼任者が多い。

このように議会制度の基礎になるのは地区議会であり、そのため、地区議員に対しては民意が反映されるよう、さまざまな工夫がこらされている。議員には選挙区で有権者への活動報告を義務づけたり、候補者委員会には共産党を含めず、キューバ労働者連合、キューバ女性連合、大学生連合、中高生連合、全国小農協会、革命防衛委員会から構成するなどである。これは、革命直後にカストロら指導者が全国各地にでかけ、農民や労働者と直接話し合い、政策を決定するという草の根民主主義思想によるものであった。しかし、他方では国政に対する国民の直接参加が妨げられることも否定できず、そのため、１９９２年に新憲法が制定された際には国会も州議会も直接選挙制度に移行することになる。

（5）おずおずとした経済改革

動員体制が限界を露呈した以上、ソ連型の経済運営体制の導入は不可避である。このときに取り入れられたのは、当時のソ連が取っていた経済計算制度を模したもので、国営企業は政府から資金を借り受け、自由に生産活動を行い、政府に借り入れた資金の元本や利子を支払うというものであった。これは経済運営計画システム（SDPE＝Sistema de Dirección y Planificación de la Economía）と呼ばれた。

ところが、それも「キューバ風」のものになった。強い国家規制が残されていたのである。資金や資源が依然として不足していたためであり、また、「市場化」の矛盾から国民を守らなければならないという革命の基本理念のためであった。

たとえば、「利潤原則」が取り入れられたとはいいながら、生産物は国の買い上げ機関に引き渡さなければならず、また、各企業の平均的な労働者数、賃金、賃金と生産性の関係、高い業績を出した労働者の報奨金の与え方などについて細かな指標が出されていた。

制度の導入も「矛盾が出ないように」漸進的に行うものとされ、本格的に導入されるのは第1回党大会から2年後の77年であるが、1980年代半ばになっても導入企業の割合は全体の34％にすぎなかった。

賃金体系は依然として国が決めていただけではなく、賃金格差もきわめて小さかった。80年3月には「社会主義的賃金」の原則に従い、新しい賃金体系が導入された。「労働の質と量」に応じた賃金、すなわち、働けば働くほど、技術や熟練度を高めれば高めるほど賃金が高くなるというものである。そのため賃金体系も細分化され、特に熟練者や技術者は優遇された。しかし、賃金格差は小さく、最上位と最下位の賃金格差は1対3程度、技術や熟練度をあげてもあまりメリットはなかった。しかも1980年には第1ランク（月収128ペソ）から9ランク（同231ペソ）までに97％の労働者が属していた。いわゆる経済自由化が進展した1995年にも80％であったから、平等主義

等級別賃金取得者の割合（%）

等級	賃金（月収　単位ペソ）	1980年	1981年	1984年	1988年	1995年（推定）
I～IV	128以下	60	56	46	44	
V～IX	148 a～231	37	39	48	49	80.6
X以上	250 a～450	3	5	6	7	19.4

出　典：Ernesto Hernández García, Boris Nerey Obregón, *La Revista Cubana de Ciencias Sociales* num. 32, 2001.

的な賃金体系は長い間、続いていたことになる。

配給制も維持されていた。すべての人々に等しく基本的な生活を保障するという政策は変わらなかったのである。物資の不足は続いており、国民生活を守る必要があったのだ。

しかし、配給は量も種類も限られ、たとえば一般家庭より米をたくさん食べる家庭は自由市場で価格の高い米を買わなければならない。洗濯機やテレビなどの耐久消費財も、職場を通じて必要性の程度や、労働英雄など勤務成績の良い労働者から優先的に振り分けられたため、誰もが自由に買えるわけではなかった。

経済が活性化し、豊かな物資が出回れば、規制緩和も進んだであろうが、米国の制裁、第1次、第2次オイル・ショックなどの国際経済情勢の悪化など、キューバを取り巻く国際情勢は厳しかった。しかも、80年代に入るとソ連でも政治変動が始まり、援助は次第に減少し、貿易も「経済原則」にもとづくものになっていった。資金の制約、物資の不足などのために生産は上がらず、そのために「物質的刺激政策」も功を奏さず、経済低迷の悪循環が続いた。

第5章◉「社会主義」を見直す

1　1980年代――「キューバ社会主義」の転換期

(1)「人間の多様性」の発見

「ソ連化」の時代は長くは続かず、1980年代に入るやその転換が提案された。しかも、その見直しはすでに70年代末に始まっていた。第1回共産党大会のあとも「ソ連型体制」への疑問の声が消えたわけではなく、カストロ自身も革命の基本理念とは異なる方向に独り歩きする「ソ連化」に懸念を抱いていた。

ところが、1980年代の「転換」は「ソ連型体制」の否定だけにはとどまらなかった。既成の社会主義体制や社会主義思想の限界が指摘され、「社会主義とは何か」が問われ、新しい社会主義概念が追求されたのである。1980年代は社会主義国キューバにとってきわめて重要な転換期であったといえる。

ソ連や東欧諸国の変動に見られるように、1980年代は世界的にも新自由主義時代へと向かった時代である。キューバもその影響から自由だったわけではない。ところが、ソ連や東欧諸国と同じ道を歩むことはなかった。ここにキューバ社会主義、言い換えればキューバ革命の固有性がある。

革命後20年を経て、キューバ社会は大きく変化していた。特に重要なのは厚い知識人層が形成されていたことである。いうまでもなく、革命後の教育の発展の成果であり、もはや、革命成功直後のような、非識字者が圧倒的多数を占める社会ではなくなっていた。知識人が社会のあり方について問題を提起し、これに指導部が応え、両者が一体となって社会変革に動きだしたのである。「知の社会」を目指すカストロの思想が結実し始めたといえる。

社会主義の見直しが俎上に上ったのは、何よりも「人間の多様性」、つまり「人間はさまざまである」ことが認識されたためである。

フィデル・カストロが、というよりも革命の思想的原点であるホセ・マルティが目指していたのは、「すべての人間の解放」であった。その根底には、「肌の色など違いはあっても、白人も黒人も本質は人間である」という思想があった。そのため、革命後には「人間の自由と平等」という観点から、人種差別や性差別の撤廃に力が注がれ、「すべての人々が完全に平等な制度」が確立された。

ところが1980年代に入ると、配給制度によって基本的な生活が保障され、だれもが教育や医療やスポーツや文化や芸術を享受できるようになったが、しかし、依然として物質的に豊かな社会が実現できていない。それはなぜか、という疑問が発せられるようになった。

また、確かに制度的には人種差別や性差別はなくなった。しかし、黒人に対する「心の内なる差別」が依然として解消されていない。黒人のアイデンティティの問題やジェンダー問題がわきに追いやられている……等々、「革命の成果」の見直しも始まった。

経済体制のあり方についても疑問が出された。それまで、経済の低迷は米国の経済封鎖のためとされてきた。確かにその影響は決定的であった。しかし、経済が発展しないのは平等主義体制にも問題があるのではないか、ということになった。「平等主義体制」や中央集権的な経済運営体制が経済発展という点で限界があることが指摘されたのである。それぱかりか、平等主義を基礎とする経済体制は人間の多様性という点でも問題がある。

(2) なぜ、生活が向上しないのか

1970年代前半には砂糖の国際価格の上昇に支えられて経済はやや持ち直したが、その後、1973年の第1次オイル・ショックに続き、79年は第2次オイル・ショックが起き、砂糖の国際価格は暴落した。それぱかりか、干ばつやハリケーンや病害などが多発し、砂糖生産は大きく下落した。そのため国際収支は悪化し、対外債務も累積した。革命から20年を経て、生活向上への期待が高まっていたときでもあり、国民の「やるせなさ」は強まっていた。

そこに起きたのがいわゆる「マリエル港大量亡命事件」である。これはキューバ社会転換の触媒となった。

80年4月1日、ハバナのペルー大使館のゲートに数人のキューバ人が乗った車が体当たりし、館内に突っ込んだ。このとき大使館の警備にあたっていた警察官が死亡した。キューバ政府は犯人の引き渡しを求めたが、大使館側が拒否したため警備を引き上げた。すると、チャンスとばかりに1万人に上る市民がペルー大使館に押し寄せ、大使館の庭は立錐の余地もなくなった。そこでキューバ政府は、犯人を除いて出国を許可するので、いったん帰宅し、所持品などの準備を整えて出直すようにと声明

を出した。これによって事件は決着するかに見えた。

ところがこのとき、カーター米大統領が「わが国は自由を求めるキューバ人をもろ手を挙げて歓迎する」と語ったため、ハバナ郊外のマリエル漁港から漁船などに乗って亡命する人間が続出した。キューバ政府が「去る者は去れ」と見て見ぬふりをしたために、4か月後に米国との間で難民協定が結ばれるまでに出国者数は10万人にも達した。

政府ははじめ、出国者を「蛆虫」と呼んでいた。革命直後にはバティスタ派や富裕層が、社会主義宣言のあとには上流階級や中間層が亡命していたためである。当時はほとんどが白人であり、黒人やムラート（白人と黒人の混血）はほとんどいなかった（3％程度）。ところが「マリエリートス」と呼ばれたこれらの難民は、黒人とムラートの割合が14～15％にも達していた。しかも平均年齢は30歳代、「普通の」労働者も多かった（García, 1996）。難民たちはフロリダに到着すると次々と政治的不満を口にしたが、実際には経済難民だったのである。これを調査研究したのはハバナにあるキューバ心理学社会学研究センターであった。

ここからキューバ国内では社会や経済の実態に目を向け、見直す動きが広がっていった。批判の眼は「革命の成果」にも向けられ始めた。

キューバの社会指標は先進国並みに高い。国連人間開発指数は2013年を例にとると、0・815と高く、世界187か国中44位、最上位グループに入る。この人間開発指数には所得水準、平均寿命、成人識字率、さらには国会議員や企業の管理職の女性数などジェンダー・エンパワメントなどが含まれるが、ラテンアメリカではチリ（0・822、41位）に次いで2位、ラテンアメリカの「ヨーロッパ」と言われてきたアルゼンチン（0・808、49位）や「南米のスイス」ウルグアイ（0・790、50位）をも上回っている。因みに日本は0・890、第17位である。

このほか、乳児死亡率（2014年1000人中4・2人）、平均寿命（2013年79・3歳）、識字率（同99・9％。これは世界1位である）、大学進学率（同47・77％）などもキューバが誇る革命の成果である。

ところが、これに対し、たしかに最低限の生活は保障され、だれもが芸術やスポーツを楽しめるなど文化的生活も享受でき、失業の恐れもないが、革命から20年も過ぎたのに、なぜ物資的に豊かな社会が実現していないのか。映画などから垣間見られる米国のスーパーマーケットにはまばゆいばかりに物があふれている。消費が美徳とは言わないけれども、あまりにも落差は大きい。政府も決して貧しい生活を是とはしていないはずだ……。

ここから議論が巻き起こり、経済低迷は米国の経済封鎖のためだけではないのではないか。平等主義体制や中央集権的な経済運営体制にも原因があるのではないか、ということになった。

（3）人種差別や性差別は本当になくなったのか

問題はそこに止まらなかった。

革命後、黒人も女性も制度的に完全に平等となり、社会的地位は大幅に向上した。ところが、テレビ・ドラマには黒人がほとんど出てこない。ホームドラマでは、夕食の準備をする母親と居間で新聞を読む父親というシーンが当たり前のように出てくる。黒人が主役のドラマがないのはなぜか……。

このような疑問から、人間の意識、すなわち制度的平等の陰に隠れた差別、黒人のアイデンティティの問題、ジェンダー問題などが革命後、初めて議論の俎上に上った。

ラテンアメリカはカトリック大陸といわれているように、キューバでも宗教の信者のなかで最も多いのはカトリック教徒であり、革命直前の1957年に行われたハバナ大学カトリック学生協会のアンケートでは41%が無宗教、52%がカトリック教徒と答えていた。しかし、その数年前の54年のある調査では、カトリック家庭のうち85%が日曜日のミサに行っていなかった（Dominguez, 2006）。革命後の1980年代にはカトリックの信徒はおよそ7万5000人であったが、依然として習慣的にミサに行かない「無関心派」が多かった。因みに同じころには、革命前に国民の5%を占めるといわれていたプロテスタントの信徒はおよそ5万人であった。

他のラテンアメリカ諸国と同様、キューバでもカトリックはさまざまな宗教と混交している。カトリックの守護神はビルヘン・デ・ラ・カリダ・デル・コブレ（銅の聖母）と呼ばれる、褐色の肌をした聖母である。キューバ東部のインディオが銅鉱山で出逢った、

銅の聖母ビルヘン・デ・ラ・カリダ・デル・コブレ（サンティアゴ・デ・クーバのエル・コブレ教会）

あるいは、海を漂流しているときに漁師が助けられた、という逸話が残っている。この聖母が祀られた教会は今でもサンティアゴ・デ・クーバの郊外に立っており、多くの信徒が訪れている。１９７０年代後半にエチオピアやアンゴラに派兵したときには志願者が殺到したが、たくさんの若者がこの教会にお参りをしてから出征した。

これに対し、黒人を中心に国民のなかに浸透しているのはサンテリーアなどアフリカに起源をもつ宗教である。カトリックなどさまざまな宗教と融合し、白人のなかにも信徒がいる。

キューバは黒人と混血がほぼ40％を占め、「混血国家」といわれてきた。しかし、革命後、人種差別の撤廃に大きな力が注がれたにもかかわらず、サンテリーアなどアフリカ系宗教に特徴的な占いや呪術などは「遅れたもの」、「野蛮なもの」とみなされてきた。70年代にソ連との関係が強まり「宗教はアヘンである」という考え方が広がり、また西欧の文化や芸術がもてはやされると、黒人文化は社会の片隅に追いやられた。こうして１９８０年代には文化も含めた人種差別問題が議論されるようになった。

同じような問題は女性の解放についても指摘された。革命後に最初にできた大衆団体がキューバ女性連合（ＦＭＣ）であったように、「女性解放論者フィデル」の力もあり、女性の解放は大きく進んだ。革命前には働く女性といえばメイドや売春婦が多く、革命直後には職業訓練や識字教育が重要な課題となり、母性保護や社会進出のための基盤整備も進んだ。だが、ジェンダー問題への取り組みは遅れた。人種問題と同じく、制度的に完全な平等が達成されれば女性解放も実現するとみなされてきたのである。

大量亡命事件がそうであったように、こうした問題についても、まず研究機関でさまざまな研究が発表され、次第に雑誌などのメディアや大衆団体や労働組合にも議論が広がっていった。

（4）「フィデル・カストロと宗教」――宗教の「革命性」評価

カトリック、プロテスタント、あるいはアフリカ系宗教の信者であると否とを問わず、一般信徒は革命を支持した。敬虔な宗教信者が多い農民は、ゲリラ時代からカストロの反乱軍の最大の支持基盤の一つであり、社会主義体制への転換後も、農地改革などの革命の政策の最大の受益者として熱い支持は変わらなかった。これに対し、プロテスタント教会は一貫して革命政府に好意的であったが、カトリック教会は革命直後には「反革命の拠点」となった。スペインのフランコ派の司教や神父が多かったためである。

革命運動にも、また7月26日運動にも、多くの宗教信者が加わっており、1965年の共産党創立後もそれは変わらず、党執行部のなかにもずっと宗教信者が存在していた。しかし、1970年代の「ソ連化」の時代になると、1976年憲法でも「宗教的信仰告白の権利」が保障され、教会が閉鎖されたりすることもなかったが、「宗教はアヘンである」という考え方が広がり、信徒の党員も「小さくなってすごす」ようになった。

このような事態は1980年代に入り変化する。

宗教問題についてフィデル・カストロが最初に口火を切ったのは1980年7月、モンカダ兵営襲撃記念日の演説であった。キューバだけではなく、1979年のニカラグア革命をはじめ、世界各国でキリスト教徒が革命闘争で重要な役割を果たしているとして、「マルクス・レーニン主義者とキリスト教徒の同盟」に言及したのである。

その後、1985年にはブラジルの解放の神学派の神父フレイ・ベトとの対話集『フィデル・カストロと宗教』が出版された。幼年時代や学生時代の思い出、モンカダ兵営襲撃などの革命闘争についてベトの質問に答えたものだが、革命闘争における宗教信者の関わり、宗教に対する自らの思いや政府の立場を明らかにしている。この対話が行われたのは85年5月、本が発行されたのは11月。発行と同時にキューバ国内で大フィーバーを起こし、世界各国でも翻訳出版された。

このなかでカストロは、革命闘争においては宗教を信じるか否かではなく、革命に賛成するか否かが判断の基準であり、革命後も多くの信徒が社会主義への転換を熱狂的に支持したこと、政府が教会を閉鎖したり、カトリック神父を国外追放したりしたことはなかったこと、社会主義体制になってからも革命指導部のなかにも信徒が存在していたことなどを明らかにしている。

ラテンアメリカでは1960年代末から「キリスト教は貧者の解放のための宗教である」という解放の神学思想が発展し、70年代から80年代にかけて、カトリック信徒たちが反独裁闘争や反軍政闘争、反新自由主義闘争に大きな役割を果たした。これに対し、カストロは、宗教信者の社会変革における役割に強い印象を受けたのは1971年のアジェンデ政権下のチリ訪問だったという。

アジェンデ政権の成立（1970年）にはカトリック教徒やキリスト教民主党の「左傾化」が決定的役割を果たしており、3年半に及ぶアジェンデ政権中にもチリのカトリック教会や大司教は保守派の政治家や軍人の攻撃に対して、アジェンデ政権を選挙で選出された合法政権として擁護し続けた。アジェンデ政権は73年にピノチェト将軍のクーデターで倒されるが、軍政下においてもカトリック教会は唯一可能な反軍政活動のスペースとなり、人権擁護や貧困層の救済のために奔走し、反軍政運動の突破口を切り開いた。また、キリスト教基礎共同体に属するスラム街の女性たちは、生き残りのための自主的運営組織「共同ナベ」運動（地域住民が調理や食材の調達など、それぞれができる形で協力し、食事を提供した）を発展させ、その活動を通じて「意識化」された住民たちが反軍政運動の主役となった。

その後、1979年にはニカラグアで反ソモサ独裁革命が成功した。革命の重要な基盤の一つとなったのは、チリと同様にキリスト教基礎共同体の貧しい農民たちであった。そのため、革命後には信教の自由を規定した憲法が作られ、経済的にも国有部門と民間部門の協調による経済発展を目指す「混合経済体制」が取られた。これは「新しい社会主義」として世界の注目を浴びた。フィデル・カストロがベト神父と初めて出会ったのは1980年のニカラグアであり、それが「対話」の実現につながった。

『フィデル・カストロと宗教』が刊行されたあと、政府は「革命闘争におけるマルクス・レーニン主義者と宗教信者の同盟」を打ち出し、カトリック教会の側も1985年には「キューバ・ナショナル・エンカウンター」を開いたり、「キューバ社会はキリスト教の価値を支援するものである」ことを確認するなど（Alonso, 2001）、政権への姿勢は変化した。こうして4年後の1989年にはヨハネ・パウロ2世の訪問も決定され、翌年6月に実現する。

チリやニカラグアの経験の影響は宗教信者の再評価だけにとどまらなかった。それは既成の社会主義概念の見直しにも向かった。

チリのアジェンデ政権も、また、ニカラグアのサンディニスタ政権も、目指していたのは「新しい社会主義」であった。

アジェンデ大統領は、「貧しい人々や虐げられた人々など底辺層の幸せのための社会」の建設を掲げていた。それは当時、ラテンアメリカの左翼勢力の間で主張されていた「プロレタリアートと農民の同盟」とは異なるものであり、「すべての人々のための幸せ、しかし、最も虐げられた人々の解放優先」というマルティの理念にも通じるものであった。

一方、ニカラグアのサンディニスタ政権も、貧しい農業国では、まず何よりも圧倒的多数を占める底辺層の人々の生活向上と経済発展を最優先課題としなければならないという立場から、「プロレタリアートの社会」や国有企業中心の経済体制をとらず、混合経済体制を目指した。この点はアジェンデ政権も同様である。

1971年にチリを訪問したとき、カストロはアジェンデ政権の将来に不安を感じた。それは、しばしば一般に指摘されているように「選挙路線による社会変革の道」に対するものではなく、「古い」軍部がそのまま残っていることへの懸念であった。実際、アジェンデ政権は1973年にピノチェト陸軍総司令官のクーデターにより崩壊し、以後、16年にわたり血なまぐさい弾圧が続くことになる。

（5）映画『苺とチョコレート』——性的少数者の復権

1980年代にはホモセクシュアル問題も議論の俎上に上った。同性愛者は1960年代から70年代にかけて、一般市民の嫌悪感とも相まって差別の対象となり、資本主義の産物であるとして刑法の「公的破廉恥行為」が適用され、矯正センターに送られ「再教育」されたり、亡命を余儀なくされたりすることも少なくなかった。

これに対し、1981年には文化省が人間の性の多様性という観点からホモセクシュアルの排斥を非とする声明を出し、キューバ女性連合のなかでもこの問題が議論され始め、89年にはキューバ女性連合の全国性教育活動グループ（1972年成立）が全国性教育センター（CENESEX）となって、セクシュアリティ研究の拠点になった。所長はマリエラ・カストロ・エスピン、すなわち、ラウル・カストロ議長と、キューバ女性連合会長を長い間、務めたビルマ・エスピンの娘である。これによってラテンアメリカ諸国をはじめとする世界各国の機関との交流が始まり、91年にはCENESEXが中心となり、第1回キューバ性教育会議も開かれた。

映画『苺とチョコレート』のDVD

ホモ・セクシュアル問題を扱った『苺とチョコレート』という映画は日本でも上映され、キューバ映画と言えばまずこの名前が挙げられるが、その原作『オオカミ、森、新しい人間』（セネル・パス著）が発表されたのは1990年である。その4年後の1994年にはトマス・アレア監督の手になる映画（1993年製作）がハバナで公開され、キューバ国内で大きな反響を呼び、映画館の前には長い列ができた。

フィデル・カストロも、1993年に発行されたニカラグアのトマス・ボルヘとの対話集『一粒のトウモロコシ』（対話は92年に行われた）のなかで、ホモセクシュアルは人間の自然な傾向であると述べている。ホモセクシュアルが兵役にもつくことができるようになったのもこの年からである。

2　第3回共産党大会――社会の総点検へ

（1）「経済自由化」を悪用した不正の蔓延――まずは「ソ連型体制」の見直しから

1980年代には東欧諸国の変動に加えて、ソ連でもペレストロイカが始まった。その影響はキューバにも及び、ソ連との経済関係は商業ベースとなり、従来のような手厚い援助は期待できなくなっていた。

それだけではなく、「ソ連型体制」も矛盾を露呈していた。いかに対処すべきか。対応策を決定するため、1986年、第3回共産党大会が開かれた。

実はこの大会は2月に開始されたが、一旦、中断され、12月に第2セッションが行われている。2月の第1セッションでは党綱領に関する決議案や経済決議案などが提出された。しかし、最も基本的な党綱領案については、党組織だけではなく、議会（国会、州議会、地区議会）、職場、地域組織などで「国民的討議」を行う必要があるということになり、決定は第2セッションに持ち越された。

ところが、その2か月後の4月19日、プラヤ・ヒロン侵攻事件記念日の演説で、フィデル・カストロが「経済自由化を利用した不正が全国に蔓延している」ことを指摘し、「75年体制の行き過ぎと誤りの修正」を提案した。これを機に事態は大きく変化することになった。

カストロによれば、不正は企業や農場の管理者から一般労働者に至るまで、あらゆる職種、あらゆる階層に及んでいた。

ある企業の倉庫係長は国有財産であるところのセメントや材木などの建設資材を持ち出し、マイホームを建てた。週末には日本製のブルドーザーやクレーンまで使って屋根をふいていた。職場に3日間も大型建設機械がないことに気づかないのはおかしいではないか、とカストロは言う。友人や企業の管理者が協力していたのである。

こんなこともあった。ある病院が床の修理を国有企業に依頼したところ、たった2日間で2人の労働者に5000ペソの作業代が支払われた。最初に1万ペソ請求されたが、半分にまけてもらい、この額になったのだという。

(2)「革命の成果」も議論の俎上に

この演説のあと全国で総点検が行われることになった。すると、出るわ出るわ、次々と不正の実態が明らかになった。企業から物品を持ち出して家で使ったり、闇で売ったり……。物資の横流しの激しさは仲買人が出没し、街角に公然と闇市場が開かれるほどであった。工場ぐるみでノルマを低く定めて報奨金を手に入れたり、ノルマを終えたと言ってはさっさと帰宅したり、アルバイトに励んだり……。国営農場や協同組合農場は政府に売り渡すべき作物を自由市場で売りさばいたり、本業はそっちのけで工芸品の製作に取り組んだり、レストランを経営して高額な収入を得たりした。

国有企業だけではなかった。私有農民も自由市場での儲けで車を買い、リゾート地に向かう市民を乗せるなど「白タク」をして稼いでいた。官僚は賄賂をとり、教師はできの悪い生徒の家庭教師のアルバイトをしたり、賄賂をもらって進級させたりしていた。

明らかになったのは不正や腐敗だけではなかった。住宅や交通などの社会インフラの遅れ、工業の未発展などの経済構造の歪み、生産性の低さ、労働意欲の後退、過度な平等主義への疑問、対ソ依存の危険性、歴史の見方等々、問題は広範囲に及んでいた。

国際的にも高く評価されてきた教育や医療の発展など「革命の成果」も綻びを見せていた。立派な制度が整い、国民の誰もが無償で教育や医療をうけることができるとはいうものの、医療現場では薬や医療器具の不足などのために治療も十分に行われていなかった。教員や医師の質の低下もささやかれていた。

ここから「修正過程」は社会主義体制そのものの見直しへと進んでいく。

（3）新しい体制の模索

12月になり、第2セッションが始まった。「75年体制の誤りと行き過ぎの修正」が正式決定され、実態を見極めたうえで、次の党大会で「新しい社会主義体制」を決定することになった。

この「75年体制の修正」について、カストロはキューバの固有の体制、すなわち「精神的刺激」を重視した体制を復活させようとした、と見る向きがある。しかし、この時点では、すでに平等主義体制、言い換えれば中央集権的経済運営体制に限界があることは、カストロを含め政府内部でも合意に達していた。党大会の2か月あとの87年2月にも、カストロは基礎産業省の会合で、「修正過程とは経済運営計画システム（ＳＤＰＥ）の１８０度の転換ではなく、指導の変革である。……ソ連のモデルのコピーであってはならない。かといって、理想主義の誤りにも陥ってはならない」と述べている。実際、第３回党大会では「ＳＤＰＥの完成化」が決定されていた。ＳＤＰＥ体制はソ連の経済体制を模したものであったが、発展資金不足や国民生活保護のためにさまざまな規制が課されていた。そのために経済は低迷し、不正の横行を招いている。したがってＳＤＰＥ体制を完全なものにしなければならないというのである。

新しい制度のあり方は次期党大会の決定に持ち越されたが、すでに80年代末からそのための「実験」が軍傘下の企業で始まっていた。銀行融資を基礎とする運営、企業間の契約による生産、利益率と報奨金の結合などから成るもので、87年には10企業で実施され（Massip y otros, 2001）、90年代には全企業に拡大することになっていた。

問題は国営企業に市場原理を導入した場合に、その社会的役割、すなわちその公共性をいかにして確保するか、言い換えれば、市場経済のもとで自立的経済発展と国民生活の保護という革命の基本理念をどのような制度のもとで維持していくかにあった。

この点について、フィデル・カストロは第３回党大会の閉会演説で次のように指摘していた。

「ＳＤＰＥ体制のもとで不正が横行したのは、企業管理者や一般労働者が〝えせ資本家〟になったためである。資本家というものは生産効率や製品の質を考慮しなければ破綻する。ところが、〝えせ資本家〟たちはＳＤＰＥ体制を利用して個人の利益の追求に走った。社会主義体制のもとでも経済効率の追求は欠かせないが、教育や医療・保健などに資本主義の効率至上主義や商業主義を持ち込むことはできない。問題は、経済効率と社会の利益、制度と人間の意識をいかに組み合わせるかにある」

答えを出すのは容易ではない。しかし、党大会後にはさまざまな工夫がこらされた政策が実施された。

まず、官僚主義との闘いと労働組合や大衆団体の決定への参加の推進が訴えられた。国民の参加や意識によって公共性を確保し、市場原理の独り歩きをセーブしようというものである。これは１９６０年代以来の政策であった。

「精神的刺激」と「物質的刺激」を組み合わせた制度も採り入れられた。

まず、「ミクロ・ブリガーダ」である。職場や地域から建設隊を出し、不足する住宅や保育所、診療所などを建設するという制度で、75年に導入されたが、動員に応じる人々が減少し、80年に中止されていた。そのため、完成した住宅の一部を建設隊を出した職場の労働者に割り当てたり、家庭の主婦が出た場合には賃金が支払われるなど、物質的な刺激を加味したものとなった。これは他方では、職場の過剰労働力問題の解決にもなった。

「ブラス・ロカ建設隊」も始まった。多くのホテルや道路など公共事業が建設中のまま放置されていたために導入されたもので、各建設隊の自由裁量で建設計画を実行し、時間外労働に対してはプラスアルファの食糧と休暇、そして「名誉」が与えられるというものであった。サンミゲル・デル・パトロン・コンビナートの建設で大きな成果を上げた。

ところが、流れに逆行するかのように、党大会のあと、80年4月に再開されていた農産物の自由市場（農民市場）が閉鎖された。これは「余りにも不正が横行している」という理由によるものであり、模索の日々が続いていたことになる。

第6章◉ソ連解体の衝撃——「革命」の生き残りをかけて

1　第4回共産党大会

（1）ラウル・カストロの「呼びかけ」

共産党大会は5年ごとに開かれることになっており、次期の第4回大会は1991年中に開催される予定であった。しかし、89年11月には「ベルリンの壁」が崩壊し、ソ連の動きも懸念された。ハバナ湾からは外国の貨物船が姿を消し始め、陸揚げされる物資も急減した。

不安がひろがるなか、1990年3月、ラウル・カストロ第二書記長（当時）が第4回党大会の開催に向けて、国民的討議を呼びかけた。中央集権体制でも、完全な分権体制でもない社会主義とはいかなる体制か。ドグマや他国の経験の機械的導入ではなく、「キューバらしさ」（Cubanía）と「世界の良きものを取り入れた」新しい社会主義体制とは何かを検討してほしい、とラウルは訴えた。

「キューバらしさ」とは「すべての人々の幸せ、しかし、最も虐げられた人々の解放優先」、「助け合いの社会」など、マルティの社会理念を指している。これに対し、「世界の良きものを取り入れた新しい社会主義」とは、当時、急展開をとげていた東欧諸国の変動を念頭においたものであった。ポーランドにおける連帯運動の発展を皮切りに、1989年初頭からハンガリー、東ドイツ、チェコスロバキアなどで次々と社会主義体制が崩壊し、89年11月にはついに「ベルリンの壁」が崩壊した。

ソ連でもゴルバチョフ政権（1985〜91年）のもとでグラスノスチ、ペレストロイカ、新思考外交など社会主義体制の見直しが進んでいた。こうした動きを全面的に肯定するものではないが、既存の社会主義体制にも限界がある。キューバ固有の「新しい社会主義」を追求しよう、というのである。

だが、経済情勢がますます悪化することは誰の目にも明らかであった。1980年代末には社会主義諸国との貿易は全体のほぼ80％、ソ連は60％にも達していた。工業製品やエネルギー資源だけではなく、ミルクや小麦などの食料もほとんど輸入に頼っていた。石油だけは何とか確保したいと努力したが、次第に滞るようになり、トラックやバスも動かなくなった。部品や原料も入らなくなり、工場も動かせなくなった。

（2）第4回共産党大会開催――社会主義圏消滅の暗雲が広がるなかで

9月のクーデター未遂事件のあと、ソ連解体は必至と見られた。1991年初頭に予定されていた第4回共産党大会は何度か延期されたあと、ようやく10月10日、すなわち第1次独立戦争開始記念日に、独立戦争発祥の地サンティアゴ・デ・クーバで始まった。バスなどの交通手段の確保も難しく、開催できるかどうか危ぶまれたが、何とか実施にこぎつけた。

恒例の基調報告はフィデル・カストロ第一書記が日々、急変するソ連・東欧情勢を前に、メモを片手に即席で行った。

カストロはまず、社会主義圏の変動がキューバ経済にいかに大きな影響を与えているかを明らかにし、なぜ、そのような厳しい事態に至ったのか、ソ連をはじめとする社会主義諸国への経済的依存はどのような状態にあるのかを、歴史的経緯を含め詳細に説明していった。

経済的に最後の「正常な年」とされているのは1989年である。この年の11月に「ベルリンの壁」が崩壊し、翌年10月には両ドイツの統一が実現する。旧東ドイツはキューバとの政府間協定をすべて破棄し、続いて他の東欧諸国も対キューバ貿易をほぼ全面的に停止した。東ドイツ、ブルガリア、チェコスロバキア、ハンガリー、ポーランドなどの東欧諸国からは、乳製品をはじめとする食料、農業機械や機器や部品、肥料などを輸入していた。そのため食料が確保できなくなっただけではなく、国内で食料生産を行うことも難しくなった。このほか、東欧諸国はニッケル工場建設計画など広範な産業の投資計画を約束しており、経済関係停止の影響は大きかった。

最後の期待がかかっていたソ連との貿易も縮小し始めていた。1990年には91年度の貿易協定が結ばれていたが、砂糖の買い取り価格は大幅に引き下げられ（1トンが800ドルから300ドルへ）、量も3分の1にまで削減された。

1991年の前半には米や小麦など、石油を除くソ連からの輸入はゼロないしは協定額の10～20％にまで落ち込んだ。唯一順調と言われた石油輸入も、党大会直前の91年9月末現在で協定量1000万トンのうちの71％、90年の遅配分も含めると95％、950万トンにまで落ちた。当時の国内消費量は1300万トン（革命直後は400万トンだった）であったから、大幅な不足である。80年代にはソ連の石油を再輸出して外貨収入を得ていたが、それどころではなくなった。

1991年12月にソ連が解体すると事態はさらに悪化し、輸入は石油だけとなり、その代金の支払いのためにわずかに砂糖が、しかも国際価格で輸出されたにすぎなかった。

（3）「国民生活を犠牲にして経済危機を克服しない」――新自由主義を拒否

当時、世界では米国流の新自由主義経済体制と代表民主主義制度こそ「進歩」であり、社会主義は時代遅れと考えられていた。

米国の影響下に置かれていたラテンアメリカ諸国は１９８０年代以来、新自由主義一色となっていた。だが、経済成長第一主義、競争原理至上主義のもとで貧困は蔓延し、社会的経済的弱者は排除され、経済主権も失われていた。キューバにとって新自由主義体制は選択肢にはなり得なかった。

カストロは基調報告において、「これからはソ連が存在しないことを前提に経済危機を乗り切り、経済発展を実現していかなければならない。経済危機の克服のために国民生活を守るという革命の原則を譲ることはできない。社会主義を守る」と言明した。

「生き残り」のために新自由主義体制をとるならば、何のために多くの犠牲を賭して革命を行ったのかということであろう。しかし、社会主義圏という後ろ盾が失われ、世界は新自由主義一色の時代となっており、それは国際的孤立を意味する。

一方、経済再生のためには部分的市場原理の導入が不可欠であることは１９８０年代以来、合意事項となっていた。カストロも基調報告において、革命の基本理念を維持するためには経済の活性化と経済効率の向上がカギになるとしていた。

こうして、党大会では市場原理の部分的導入を基本方針とすることを謳った「経済決議」が採択された。国有企業における規制緩和、すなわち経済運営計画システム（ＳＤＰＥ）の完成化と、小規模な民間企業の拡大、外国資本の積極的導入などである。農業では国営農場を解体し、協同組合に転換する。

しかし、党大会直後にソ連が解体し、未曽有の経済危機に見舞われた。米国はこれをチャンスにカストロ政権を一挙に倒すべく経済封鎖を強化した。国際的孤立のもとで、国民生活を守りながら、経済危機を克服する――基本方針は決まったものの、その実現のためには経済情勢はあまりにも厳しかった。

（4）１９９２年憲法
――労働者の国家から「すべての人々とともに、すべての人々の幸せのための」の国家へ

第４回党大会における方針転換を受け、１９９２年には新憲法が制定された。「ソ連型」憲法といわれた１９７６年憲法を大幅に改定し、キューバの固有性を復活したものであった。これは第４回党大会後だけではなく、21世紀におけるキューバの社会づくりの規範となった。実際、第４回党大会から10年後の２０１１年には第６回党大会が開かれ、「さらなる抜本的社会主義体制の転換」が決定されているが、それは「１９９２年憲法に基づくもの」とされている。

１９９２年憲法は、冒頭に、「われわれの改革は、われわれの民主的社会主義革命への方向を確認

したものである」と記され、「すべての人々とともに、すべての人々の幸せのために」というマルティの有名な言葉（1891年11月26日タンパ演説）が掲げられている。これを受けて第1条では、「キューバは、すべての人々とともに、すべての人々の幸せのために、政治的自由、社会正義、個人的集団的福祉、及び人間の連帯のために、統一した民主的な共和国として組織された、独立し、主権ある、働く者の社会主義国家である」と規定されている。

76年憲法の「プロレタリアートと農民の国家」という概念が放棄され、「働く者の社会主義国家」を目指すということであるが、それは「すべての人々とともに、すべての人々の幸せのための」国家である。92年憲法はキューバ革命の思想的原点とされるマルティ主義への回帰を明白にしたものとなった。

それはまた、目指す社会のあり方にも表れている。すなわち、「政治的自由、社会正義、個人的集団的福祉、そして人間の連帯のために、統一した民主的な共和国」である。

これも同じく、マルティの思想を反映したものである。しかし、同時に、「新しい社会主義」への再出発を目指すにあたっての「特別な思い」も含まれている。

まず、最初の「政治的自由」について、これはマルティ思想が「人間の自由の実現」を基礎としていたことによるものであるが、1980年代に「人間の多様性」を再認識させられたことも関連している。人間がさまざまであるならば、政治的な自由も尊重しなければならない。そのためには国民の多様な意見をいかに政治に反映させるかが課題となる。

そのため、主権は人民にあることが強調され、具体的な方向として、国会と州議会の直接選挙制度への移行や、人民評議会の制度化など住民の政治参加の強化が謳われた。すなわち、代表民主主義制度と国民の政治参加制度の融合である。

しかし、「自由な人間」から構成される社会であるとはいえ、目指すべき社会は「社会正義にもとづく社会」、言い換えれば公正な社会である。それだけではなく、ここにキューバの固有性があると言えるが、それは「個人的集団的福祉」と「人間の連帯」のための社会、すなわち、「助け合いの社会」である。これもまた、マルティが「自由な人間を律するものは愛と平和」であり、また「自由とは他者の自由の拡大である」としていたことによる。

「統一した民主的な共和国」にも特別な思いが込められている。前文には、一党制のもとで民主主義を実現することが謳われているが、革命成功以来、米国は「民主勢力」を支援することによって国民を分断し、革命政権を崩壊させようとしてきた。こうした干渉に抗して革命の基本理念を維持するためには国民の統一が不可欠であり、そのためには一党制のもとで団結していかなければならないというのである。

第4回党大会のあと、ソ連が解体して未曽有の経済危機に見舞われ、それを利用して一挙に革命政権を崩壊させるべく米国の政治的経済的封じ込め政策は強化された。フィデル・カストロ暗殺未遂事件も革命成功後から病気で引退するまで638回にものぼり、テロ活動その他の政府転覆政策は2015年の国交回復後も絶えていない。1996年に制定された米国のキューバ制裁法では、「民主化」のために国内の「民主勢力」の支援が重要な政策として挙げられ、米国が認める「民主政府」が成立するまで制裁を続けることが規定されている。制裁法が撤廃され、干渉がなくなるまで、一党制のもとで団結していかなければならないという立場である。

このほかにも、1992年憲法の基本理念の変化は各所に表れている。人種差別をはじめとするあらゆる差別の禁止、宗教の自由や宗教信者の平等、芸術表現の自由が規定されているのもその一つであり、経済制度についても、「国は経済を計画的に指導する」(傍点は筆者)となり、国有部門も「全人民の社会主義的所有部門」に変わり、国有企業は基礎的産業に限られ、外資企業、個人営業、小農が合法化されて、「改革国有部門」、協同組合部門、外資部門、民間部門の4部門から構成されることになった

90年代初頭には、ソ連解体のために国家の存亡にかかわるほどの経済危機に見舞われ、本来であれば制度転換の実施に向けて動きだす余裕はなかった。しかし、逆に経済危機の深刻化がその実施を促すことになった。

2　国民をいかに食べさせたか

（1）「乏しきを分かち合う」

1991年前半には「平時の特別期」が始まった。東欧諸国の変動と、まだ解体はしていなかったが、ソ連の政治情勢の混迷のために、輸入がほぼ途絶し、物資不足がきわめて激しくなったためである。

最初に政府がとったのは「乏しきを分かち合う」政策であった。「金のある者だけが食べられるのは良くない」という理由からである。革命直後の物資不足のときにそうであったように、キューバらしい対応であった。

自由販売されていた生活物資は次々と配給に組み込まれていった。東ドイツからの輸入に頼っていたミルクは7歳以下の乳幼児や妊婦、病人や高齢者に限られた。ミシンは新婚夫婦のみ、エアコンが扇風機にとって代わったのも致し方ないことであったろう。

だが、配給量は日に日に減少し、価格も引き上げられた。「ソ連解体前の最後の正常な年」といわれた89年には、国民は平均2845キロカロリー、タンパク質76・5グラムを摂取していた。これはFAO（国連食糧農業機関）が打ち出している必要量2310キロカロリー、35・5グラムを上回る。

しかし、物不足の深刻化とともに食料の確保は難しくなり、最も危機的な年といわれた93年5月には栄養不足のために視力が衰える病気が流行し、政府はビタミン剤を配布したりした。

石油などのエネルギー資源が不足したために工場も農業機械も動かすことができず、農場ではトラクターに代えて牛や馬が耕作に使われた。通勤バスも間引かれ、中国から自転車が緊急輸入された。その数は総計150万台に及んだ。徐々に国産化も進み（50万台）、中国の資金と技術援助によるものであったが、メイド・イン・キューバの方がデザインが良いと、人気は高かった。ハバナ市にはトレーラーを改造した連結バス「カメージョ」（フタコブラクダ）が姿を現した。しかし、たくさんの乗客を乗せられるが、車体が長すぎ、直線道路しか走ることができなかった。街には馬車が行き交い、自家用車や公共機関の車は「ヒッチハイク」の通勤客を乗せることが義務となった。

カメージョ

電力不足も深刻となった。停電は最も長いときには一日12時間にも及んだ。計画停電により、同じ市内に真っ黒な区画と明かりの漏れる家並みが続く区画とがモザイクのように広がっていた。

燃料も原料も部品もなければ工場も動かせない。しかし、工場閉鎖や操業短縮をすれば国民を路頭に迷わせることになる。そこで政府は91年10月、余剰労働力に関する政令を出し、リストラ労働者は転職させるか、職業訓練を施し、6か月間までは元の職場と同額の賃金を支払うことにした。ところが、企業が次々と操業停止に追い込まれているときに転職の可能性があるはずはなく、結局、雇用確保のために財政で企業の赤字を補填して維持する以外になかった。しかし、財政赤字は膨張し、経済はたちゆかなくなった。

それだけではない。生産活動も破壊されていた。出勤しても何もすることがなければ、なかなか来ないバスを待ち、何時間もかけて通勤する必要はない。それでも雇用は守られ、賃金を貰える。こうして人々は職場に顔を出さなくなっていった。一方、配給は量も種類も少なくなったとはいえ、すべての人々に平等に分配されていた。そのため、たばこや酒などを闇で売る人々が増えた。「正直者が馬鹿をみる」状況となった。

(2) 食料確保を最優先

深刻な経済危機を前に、政府が最優先課題としたのは食料の確保であった。そのためにあらゆる創意工夫が凝らされた。

まず、身近なところでは家庭菜園(Huertos populares)が奨励された。協同組合や地区や市や国、さらにはさまざまな団体が、有機肥料を使って野菜を栽培する集約菜園(Huertos intensivos)をつくった。職場などでは自給用の菜園(Huertos de autoconsumo)を設け、職員食堂のための食材に充てた。協同組合農場と契約して援農に出かける代わりに低価格で食材の供給を受けるところもあった。郊外の国有農場の一部や農民は輸出用作物に代えて食料を栽培した。

このなかから生まれたのがオルガノポニコ（Organopónico）と呼ばれる有機農法である。有機のオルガノ（órgano）と水耕栽培のイドロポニコ（hidropónico）を組み合わせた名前だが、食べるためには空き地という空地をすべて菜園に変えなければならないとして、工場やガレージの跡地などを発砲スチロールやコンクリートの破片で囲い、土を入れ、家庭のごみや枯葉やミミズなどを肥料として使い、廃品のホースに穴をあけて「灌漑」した。これは土のない場所だけではなく、やせた土地などにおける有機農法として広がっていった。

ハバナ市内のオルガノポニコ

集約菜園は農産物を菜園の門前や自由市場で安い価格で販売した。その恩恵を受けたのは全国で200万人から300万人に上り、一人当たり一日1000キロカロリーほどを得ていたという数字もある。

また、学校や職場の給食が確保されたことは大きく、経済危機が激しかった1990年半ばころにも、配給と給食で必要摂取カロリーの73％、必要栄養素の65％を取ることができた。配給量だけを計算してキューバ人がいかに飢餓に苦しんでいたかを示すのは現実にそぐわなかったことになる。

食料危機はまた、大規模農場において特化した作物を栽培するという、革命以来のキューバの農業形態を変えることになった。都市農業の発展である。有機栽培、資源の合理的利用、市民への直接販売を3原則とするもので、２０００年代半ばまでにハバナでは農産物生産の90％に達した。

（3）輸出できるものはすべて輸出する

１９７０年代にソ連の経済圏に組み込まれてから、キューバは亜熱帯の農産物輸出国と位置づけられ、砂糖モノカルチャー経済化が進んだ。大量の砂糖を引き受けてくれたソ連が消滅した以上、砂糖の新しい市場を開拓して外貨収入を確保しなければならないが、国際市場での取引はほとんどが二国間協定となっており、キューバが食い込むのは難しい。それどころか、援助を断たれ、工場や農場を動かす機械も部品も、またサトウキビ生産のための肥料もまったく不足しており、生産の維持すら難しかった。砂糖の収穫期は1月から5月くらいまで続くため、ソ連解体が91年末であったこともあって、92年度の生産高は何とか７００万トンを維持した。しかし、93年、94年、95年には４０２万トン、４００万トン、３３０万トンと急落していった。

砂糖輸出に期待がかけられないのであれば、とにかく「輸出できるものはすべて輸出する」以外にない。幸い、革命後に医療や医学が発展したおかげで、B型肝炎ワクチン、エイズワクチンなど世界に誇る医薬品があった。このほか、野球、ボクシング、バレーボール、フェンシングなどオリンピックで優勝カップを独占してきたスポーツも多く、スポーツ選手やコーチの派遣も重要な外貨収入源となった。その一方では、物資不足やコーチや選手の不足などのためにキューバのスポーツは低迷し、逆に派遣先のチームが国際大会で好成績をあげるという皮肉な結果も起きた。

外貨収入源として最も大きな期待がかけられたのは観光業である。「観光への依存は問題が多く、あまり好ましいものではないが、生き残りのためには背に腹は変えられない」（カストロの第4回共産党大会基調報告）として、観光業が振興された。

観光業への外資導入はすでに1982年から始まっており、ホテルの建設や運営にスペイン資本を中心とする外国資本が参入していたが、さらに拡大しようというのである。

どこまでも続く白砂のバラデロ海岸、透明な水色の海のなかを水平線に向けて道路が走るカヨ・ココ、植民地時代そのままの旧ハバナ市街など……。第4回党大会後、ホテル建設はラッシュを迎え、リゾート地には次々と四つ星、五つ星のホテルが建設され、外国人観光客が急増した。外貨収入に占める観光収入は1990年の4・1％から2000年には40％以上に達し、観光客数も34万人から177万人へと急増した。経済危機以後、観光収入は砂糖に代わる最大の外貨収入源となった。観光業への経済的依存は21世紀に入っても変わっていない。

3　制度改革の始まり

（1）まずドル所有の自由化から

観光業で働く労働者は増えていった。それとともに所得格差が拡大した。たとえばホテルのポーターが観光客の荷物を運んで1回に1ドルのチップを受け取るとすれば、一日だけで国有企業の従業員の収入を超えてしまう。経済危機が深刻だった93年には公定レートは1ドル＝1ペソと固定されていたが、闇市場では170ペソにも達しており、大学教授や技術者など多くの高学歴者が「背に腹は代えられない」と、続々と観光業に転職した。

他方、経済危機が深刻化するとともに、ハバナのメインストリートであるマレコン通りに面した海岸や近郊の港、米海軍基地がある東部のグアンタナモ州などから、小舟や手作りの筏に乗って「夢の国」米国へ脱出する難民が出始めた。イカダ（バルサ＝Balsa）に乗っていったことからバルセーロ（Balsero）と呼ばれたが、その数は1993年中には4000人近くに上った。タイヤをつなげただけの即席のイカダや小さな舟で140キロ余り先のフロリダ半島に到着するのは至難の業であるが、夜明け前に海岸を出発すれば、昼ごろには領海線に達し、マイアミから迎えに来ている船に乗り組むことができる。朝もまだ明けやらぬころ、親類や知人に見送られ、バルセーロたちは海に乗り出していった。

そんななか、93年7月にはヘミングウェイの別荘があることで知られるハバナ郊外のコヒマル漁港で米国の高速艇とキューバの国境警備隊との間で銃撃戦が起きた。「難民」を迎えるため領海を越えて侵入してきた高速艇に対し、岸壁の突端にある警備隊本部が発砲したのである。このとき市民３人が死亡した。

その後も難民は急増し続け、経済がどん底状態に陥った１９９４年夏の８月半ばから９月半ばまでの一か月間に３万６０００人にも達した。前年の93年の10倍である。

米国への移住者は１９９０年代初頭にはおよそ１００万人に達していた。当時のキューバの人口は約１０００万人。移民のうち、送金をしてくる人々は50％とも80％とも言われており、単純計算すれば15人から20人に１人が海外の親類縁者から送金を受けていたことになる。

しかし、観光業従事者を除き、一般市民のドルの所有や使用は禁止されていた。外貨ショップにはあらゆる種類の外国製品があふれているにもかかわらず、入り口にはガードマンが立ちふさがり、キューバ人であるという理由だけで入ることはできない。そのため、「なぜ、外国人だけなのか」と、ハバナの旧市街で若者たちが商店に投石する事件も起きた。このときにはすぐさま、フィデル・カストロ議長が駆けつけ、なぜ観光開発をしなければならないのか、なぜ観光客を優遇しなければならないかを説明し、その場は収まった。しかし、国民のフラストレーションは高まっていた。緊急の対策が求められた。

こうして93年８月、一般市民の外貨所有が合法化された。以後、第４回共産党大会で決定されたいわゆる「自由化」政策が急ピッチで進んでいく。

(2) 国有農場の解体——食料供給の増加に向けて

配給や給食の確保や菜園の拡大によって何とかぎりぎりのところで凌ぐことはできたが、これだけで空腹が収まるべくもなかった。闇市場も横行していた。食糧供給を増やし、闇市場に歯止めをかけるためには農産物の自由市場を再開しなければならない。「再開」というのは、闇が横行している、価格が高くて国民が買えない、ほんの一握りの農民が大儲けをしているという理由で、1989年以来、閉鎖されていたためである。92年の国会でも自由市場再開をめぐり議論が行われたが、国民の再開への期待は高まっているという意見と、供給量が限られている以上、価格は高騰し続け、再開しても国民にとってメリットはないという意見が対立し、結果として閉鎖が続いていた。

自由市場再開のためには食料を増産し、供給量を増やさなければならない。そのためにとられたのが国有農場の協同組合農場への再編と小農の形成であった。

これは革命以来の方針転換であった。そこには大規模農業への反省があった。第1次農業改革が実施されて以来、キューバでは大規模な農場が形成されてきた。これは農業発展と、農民を苦しい農作業から解放するためには農業の近代化と機械化が不可欠であると考えたためである。しかし、国営農場の生産性はきわめて低かった。しかも大量の農薬の投与により土地が劣化していた。これに対し、国営農場優先政策のもとで農機具や肥料をほとんど手に入れられなかった小農民の方が高い生産をあ

形態別農場数・農地面積（2015年6月現在）

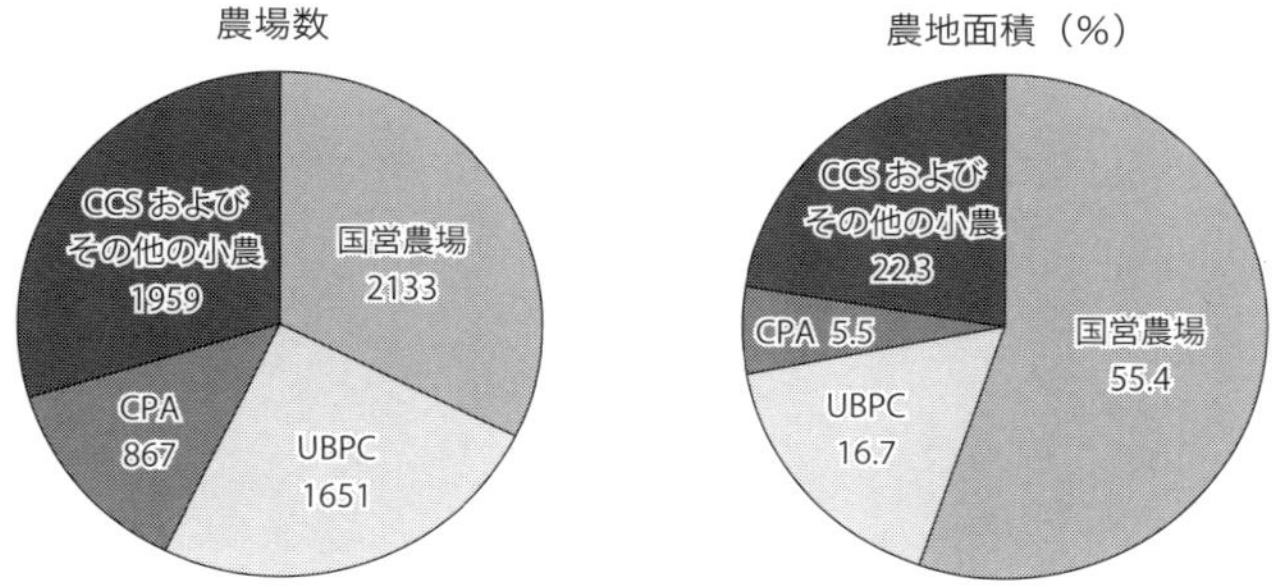

出典：Anuario Estadístico de Cuba, 2015より筆者作成。

げていた。

それだけではない。燃料不足のためにトラクターもコンバインも動かすことができず、農薬も肥料もない状態では、牛馬を使って耕し、堆肥を使うなど、有機農法に転じる以外にないが、大規模農場では難しい。

こうして93年9月、国営農場を解体して協同組合農場に転換すること、土地を分配して小農民を形成することが決定された。これまで、既存の小農の土地が接収されることはなかったが、個人へ農地が分与されるのは革命以来、初めてのことである。

国営農場を解体して形成されたのは協同生産基礎単位（UBPC）という新しい形態の協同組合農場である。「新しい」というのは、これまでも農民が土地や農機具を出し合い、共同で耕作する生産農業組合（CAP）という協同組合があったためである。UBPCは国営農場を分割し、そこで働いていた農業労働者グループに土地を無償で永代貸与し、自主的な経営を行うというものであった。この措置によって全体の90％を占めていた国営農場は減少し、地域の農業センターとしての役割に集約していった。代わって中心を占めたのは協同組合農場（UB

PC、CAP)、小農から成る信用サービス組合(CCS)、独立農民であった。

(3) 農産物自由市場(「農民市場」)の再開

国営農場のUBPCへの再編と小農の形成が決まり、自由市場への農産物の供給体制が整うと、94年10月には待ちに待った農産物の自由市場が再開された。これは「農民市場」と呼ばれ、小農や協同組合が出荷、販売する。価格は農民ないしは仲買人が需給状況を見て決定する。小農は一日中、自由市場に張り付いていることができないため、輸送や販売を仲買人に委託することが多かったのである。農民たちは出荷量に応じて市場の管理者、つまり国にコミッションを支払うが、これが事実上の税金となった。

しかし、供給体制が整ったとはいえ、すぐさま大幅な増産につながるわけではない。そのため自由市場の価格はきわめて高く、政府は公営の自由市場を設置したり、国営農場から買い上げた農産物を自由市場に放出したりした。その割合は1999年には自由市場の出荷量の56%に達したといわれる。このほか、首都ハバナ市などでは政府がジャガイモ、バナナ、サツマイモなどの「市《いち》」(Feria)を開いたり、ミニ市場(Placita Estatal)と呼ばれるごく小さな店や屋台を設けて、配給品に含まれる農産物を、配給よりは高いが、自由市場より安い価格で売ったりした。その数は2000年には2300か所に達した。

価格高騰はかなり長い間続き、一時は自由市場の門前にさらに高値で売る店(これは非合法である)

ができるほどであったが、生産が増えるとともに徐々に落ち着き、門前の店の方が安くなった。といっても配給品に比べれば自由市場の価格は10倍、20倍にも上り、配給が減っていたために自由市場で調達しなければならない食料は増え、国民にとって厳しい生活が続いた。

(4) 個人営業の規制緩和

政府は国民を路頭に迷わせないために赤字企業に対して財政補塡を続けていたが、財政赤字は膨大な額に上り、ついに企業の整理に踏み込まざるを得なくなった。しかし、そのためにはリストラ労働者の受け入れ先を作らなければならない。その受け皿となったのが観光業と個人営業(Cuenta Propia)であった。

こうして1993年9月、個人営業の規制が緩和された。

1968年に小規模・零細規模の企業や商店が国有化されたあと、非農業部門では輸送部門(国有化率98%)を除き、すべて国有企業となっていた。その後、1970年にソ連型経済体制が導入されると個人営業が復活し、そこで雇用される「民間労働者」も増加した。しかし、経済が低迷した80年代後半には、闇で仕入れた資材などを使って商売をする者が増えるなど腐敗が広がったために、規制が強化され、再び減少していた。

個人営業の拡大には雇用創出のほかに、もう一つ目的があった。冷蔵庫が壊れた、水道が漏れている、車がパンクしたという事態になっても、部品も修理道具もなく、「国営の修理企業」はなかなか来てくれない。ここから、「街の人々の創意工夫」によって解決してほしいということになった。

しかし、個人営業の規制緩和といっても、農業を除いては、国営企業と外資企業（および外資との合弁企業）を中心とするという方針は変わらず、個人営業は補完的な存在と位置づけられていた。業種は、床屋、靴の修理、パンクの修繕、土産物屋、タクシー運転手、さらには画家等々、多種多様である。街ではパラダールと呼ばれる食堂やファーストフードの店が目立つ。しかし、「個人営業」という名前が示すように、椅子の数は12脚まで、従業員も家族に限られていた。規制は強く、あくまでも家族経営ということであった。

個人営業は経済危機を乗り切るために、いわば「必要悪」として導入されたものであった。個人営業が「社会主義の重要な構成員」として認められるのは、18年後の２０１１年の第６回大会、すなわち、キューバの「社会主義概念」が大きく転換してからのことである。

（5）外資の積極的導入

ソ連圏が消滅し、援助が断たれた以上、外資を誘致しなければならない。１９９５年9月、新外国投資法（法律第77号）が制定された。

実は外資導入はこれが初めてではなかった。82年にも外資法が制定されているのだが、ホテルの共同経営など観光業に限られていた。これに対し１９９５年の新外資法では、教育・保健サービスおよび国防を除き、すべての部門が開放された。外資の参入が禁止された3部門も生徒や学生の教育や国民の医療に直接かかわる場合を除いて外資導入は可能となった。１００％の外資企業の設立も認可された。あらゆる部門で資金が不足していたうえに、ホテルの共同経営の経験から外国企業の効率の良さが認識されたためである。

１９９２年にはトリチェリ法（キューバ民主主義法）が制定されて米国の経済封鎖が強化されていた。そのため新外資法は、利潤の海外送金の自由が保証され、大幅な税制上の優遇措置が取られるなど、外資にきわめて有利な内容となっていた。

それでも大型プロジェクトなど重要案件については閣僚会議執行委員会の認可が必要とされていた。また、外資企業で働く労働者は国の雇用機関から派遣され、賃金も国により決められ、公共の利益に必要な場合は企業の接収も有り得るなど、一定の歯止めがかけられていた。

その後、１９９６年には米国はヘルムズ・バートン法（キューバの自由と民主主義連帯法）を制定する。トリチェリ法の効果が上がらなかったとして、一層、強化したものであり、世界一厳しい制裁法といわれている。キューバに進出すれば大変な制裁が科されるため、優遇措置がとられているからといって進出してくる外国企業は限られる。

何よりも厳しいのは、キューバと経済関係をもてば、米国の企業や市民だけではなく、第三国の企業、さらには政府にまで制裁が及ぶことである。

１９９８年には初の１００％外資企業が認可され、パナマの企業が青年の島の電力開発に乗り出し、翌99年にはフランス、カナダ、スペイン、メキシコなどの企業と農産物の加工業、通信業、製紙業で合弁企業を形成することが合意された。99年の統計では外資企業は３７４社、ヨーロッパ諸国、カナダ、ラテンアメリカ諸国など45か国、業種も32部門に及んだとされた。しかし、多くはホテル経営などの観光業が中心であり、大きな期待が寄せられていたフリーゾーンへの進出企業はほとんどが商社であった。

そればかりか、合意された契約もしばしば撤回された。外資法が制定された1995年から2002年までに403件の合弁事業が合意されているが、2010年まで有効だった協定は206件。そのため、外国投資が国内総生産に占める割合は、ソ連解体前の80年代には26%だったものが、経済危機の時代の1990年代には9・2%、2000年から2013年には10・6%と激減した。

キューバ政府が国連に提出した制裁法の影響に関する報告書によると、2000年から2006年の間に、米国政府が制裁法違反として提訴したのは1万1000件、そのほか第三国の企業に対し違反が指摘され、調査が行われたのは7000件に上った。そのなかで大豆加工、石油や電力の開発、ニッケル生産などに乗り出したカナダのシェリット社は例外であった。同社は、銀行口座の閉鎖、制裁法違反の提訴などさまざまな脅威にさらされながらも進出を続けた。

(6) 規制緩和と規制強化の狭間で

1990年代から全体としてはいわゆる「経済自由化」が進んでいる。しかし、それは、一方では規制を緩和しながらも、他方では歯止めを課すという風に、「おずおずとした」ものにとどまっていた。経済回復のためには市場原理の導入が不可避であることは合意が形成されていたが、常に乏しい

雇用形態別労働人口（単位 1000 人）

	2007 年		2011 年		2014 年	
	総計	女性	総計	女性	総計	女性
労働人口	4867.7	1851.7	5010.1	1876.3	4969.8	1848.8
内　協同組合	242.1	41.7	208.7	30.8	231.5	31.6
非農業部門協同組合	—	—	—	—	5.5	1.2
内　民間部門	589.5	83.2	928.5	176.3	1147	233.2
内　個人営業	138.4	32.6	391.5	61.9	483.4	142.5

出典：Oficina Nacional de Estadísticas, Anuario Estadístico de Cuba, 2011&2014

資金や資源の合理的利用という制約に阻まれ、また、経済低迷が続くなかで社会的経済的弱者に「経済自由化」のしわ寄せが集中しないよう配慮がなされたことによる。

農業生産拡大の鍵と期待されていたUBPCもその一つであった。たとえば、政府の農産物の買い上げ量は生産額に対する「割合」で決められていた。キューバ人はサトイモをよく食べる。政府への引き渡し額が6割とされた場合、100トンでは60トン、200トンでは120トンのサトイモを供出しなければならない。しかし、経済危機のもとで、農機具も肥料もなく、生産をあげること自体が難しい。利益がでなければ国営農場から引き継いだ農機具代金の返済もままならない。結果として赤字UBPC組合が増え、政府は財政補填によって維持することになった。組合側も政府への依存体質がぬけきらず、親方日の丸経営意識が残り、生産は低迷した。

一方、UBPCにはサトウキビ生産に従事する組合が多い。経済危機下のキューバにとって主要輸出農産物であるサトウキビの増産は至上命令であった。旧ソ連との負債を返済するためにも必要であった。しかし、砂糖の国際価格は低迷しており、そのために買い上げ価格は低く抑えられた。結果として、UBPCの意欲は失われ、生産低迷と赤字の悪循環が続いた。

個人営業への規制も強かった。規模はあくまでも「個人」営業にとどめられ、業種も細かく規定された。専用の卸売市場が開かれていないため、必要な器具や原材料は価格の高い自由市場で調達しなければならない。そのため、多くの個人営業者が闇市場に流れた。

個人営業者の数はピーク時には22万人にまで達したが、97年に所得税が課せられると17万人に減少した（経済活動人口は450万人）。国営企業労働者の賃金と比べ、ときには何十倍もの所得を得る個人営業者が、同じように教育や医療の無料制度などの社会福祉の恩恵を受けるのはおかしいという理由で税金が課されることになったのだが、革命以来税金など払ったことがなかったため、やめる者が出たのである。

4　平等主義社会の解体

（1）国民はどれだけおなかをすかせていたか――平均1780カロリー摂取の不思議

経済危機に見舞われたキューバには多くの外国人記者が押し寄せ、国民の飢餓ぶりを報道した。「ゴミ箱をあさっている」、「みな、痩せこけている」等々……。これに対し、キューバの人々は「私たちはきちんと衣服も着ているし、食べている」と怒りに震えていた。メタボの人は皆無であろうが、飢餓のためにやせ細っている人はいない。

では、国民はどのくらいおなかをすかせていたのであろうか。

経済危機が最も激しかったころには、成人への配給量は米が月6ポンド、パンは一日80グラム、コングリと呼ばれる主食の豆ごはんやスープに使うフリホルの赤豆は月1・6ポンド、黒豆は同じく1・6ポンド。豚肉はゼロだったが、蛋白源としては卵が週に5個、わずかながらも鶏肉と魚肉も配給されていた。このほかに、ジャガイモが月2ポンド、芋（ユカ）が月1ポンドというところであった。砂糖は1か月6ポンドである。こうした配給量はあくまでも規定量であり、急に減ったり、配給が中止になったりすることもあった。配給の量から計算すると、国民はおなかをすかせていたことになる。また、食料の確保が優先されたために、石鹸などの日用品はほとんど配給されなかった。厳しい生活であった。

ところが、経済が最悪の状態にあった1994年12月に米国のギャラップ社の協力で全国3000世帯を対象に行われた家計調査では、国民は一人当たり平均1780キロカロリーをとっていた。1年後の95年には2218キロカロリー、タンパク質は56グラムであった。99年には2400キロカロリーとなった。キューバ経済が最後の通常の年といわれる89年のレベルまで回復したとされるのは2000年である。

それでも1980年代に平均3000キロカロリーとっていたというキューバ人にとってはおなかのすく、苦しい日々であった。しかし、飢餓に苦しみ、ごみ箱をあさるような状況ではない。外国人ジャーナリストが撮った写真は「あれは犬の餌を探しているのよ」という女性の言葉が本当のところであろう。

実は配給量だけを計算して判断するのは間違っていた。

当時、自由市場はあまりにも価格が高く、一般市民にはなかなか手が届かなかったが、食料の入手ルートは他にもいくつかあった。前にも述べたように、最もカロリー供給源として大きかったのは学校や職場の給食である。経済状況の悪化とともに給食も無料から有料になったり、有料だったところは価格が引き上げられたりしたが、制度としては維持されていた。しかも、キューバでは朝食と夕食は簡単にすまし、昼食がメインの食事になる。

このほか、前にも述べたように、地区の市民菜園も重要な食糧供給源となっていた。全国で200万人から300万人がこの恩恵を受け、一人当たり一日約1000カロリーほどをそこから得ていた。

家庭収入についても同様である。94年の全国調査では、食費は一人当たりおよそ60ペソ。夫婦と子ども二人の核家族では240ペソであった。これに家賃や衣類などその他の経費を入れると1家庭の必要経費は平均500ペソ。平均賃金は200ペソであるから300ペソの不足であり、家計は火の車ということになる。

しかし、キューバでは共働きが一般的であり、ダブル・インカムである。住宅不足のために親子3代が同居しているという家庭も多い。革命後、結婚年齢が低下し、17歳から18歳くらいで結婚するケースが増えているため、祖父母、夫婦、子どもの3世代が働いているという例も少なくない。因みに1995年には1世帯あたりの家族数は1人から3人が54・7%、4人から5人が32・9%、6人から9人が11・1%であった。

このように考えると、最も生活が苦しいのは母子家庭や年金生活者ということになる。一般的にはその通りである。しかし、これらの人々がどのような暮らし方をしているのかはそれぞれの家庭によって異なる。家族が少ないケースも「同居人」、つまり、パートナーと暮らしていることもある。

(2) 経済自由化が生み出す「貧困・所得格差・不正の横行」

ソ連解体後の経済危機のもとで、貧困層が増え、1996年には「危機家庭」、すなわち、何らかの最低限の必要を満たせない貧困家庭がハバナ市では11・5%、全国の都市の平均では14・7%に上った。かなり高い貧困率である。

ただし、キューバではどんなに山奥に住んでいても、望めば大学まで無償で進学でき、交通の不便な地域に住んでいる子どもたちのためには寄宿舎も完備している。また、病気になれば無料で医者にかかれる。貧しい老人は地区のセンターで無償の給食を受けられる。他のラテンアメリカ諸国の貧困率とは単純に比較できない面もある。

「経済自由化」は所得格差を拡大させた。

キューバでは「大金もち」はいない。「小金もち」と言えば、まず外国からドル送金のある者や恒常的にドル収入を得られる観光業の従事者などであろう。公定レートは1ドル＝1ペソであるが、94年半ばには実勢レートは1ドル＝170ペソに達していた。ほぼ平均月収にあたる。その後、徐々に低下し、2000年代には1ドル＝24ペソにまで低下したが、それでもドルを持つ者の強みは変わらない。

このほかに、農産物の自由市場に出荷する小農民や協同組合農場メンバー、パラダールと呼ばれるレストランやタクシーの運転手や外国人への「民泊」などの個人営業者も小金もちである。

さらに、国営企業でも経営状態がよければ報奨金が与えられるため、黒字企業と赤字企業との格差がある。外国企業の従業員も賃金は政府の雇用機関からペソで支払われるが、ドルでボーナスが出れば生活は楽になる。

これに対し、政府は賃金を引き上げ続け、2000年代には平均400ペソにまで上がったが、それでも追いつかない。

「経済自由化」が進むとともに自由化を利用した不正も広がっている。

主要７か国貿易額（単位1000ペソ）

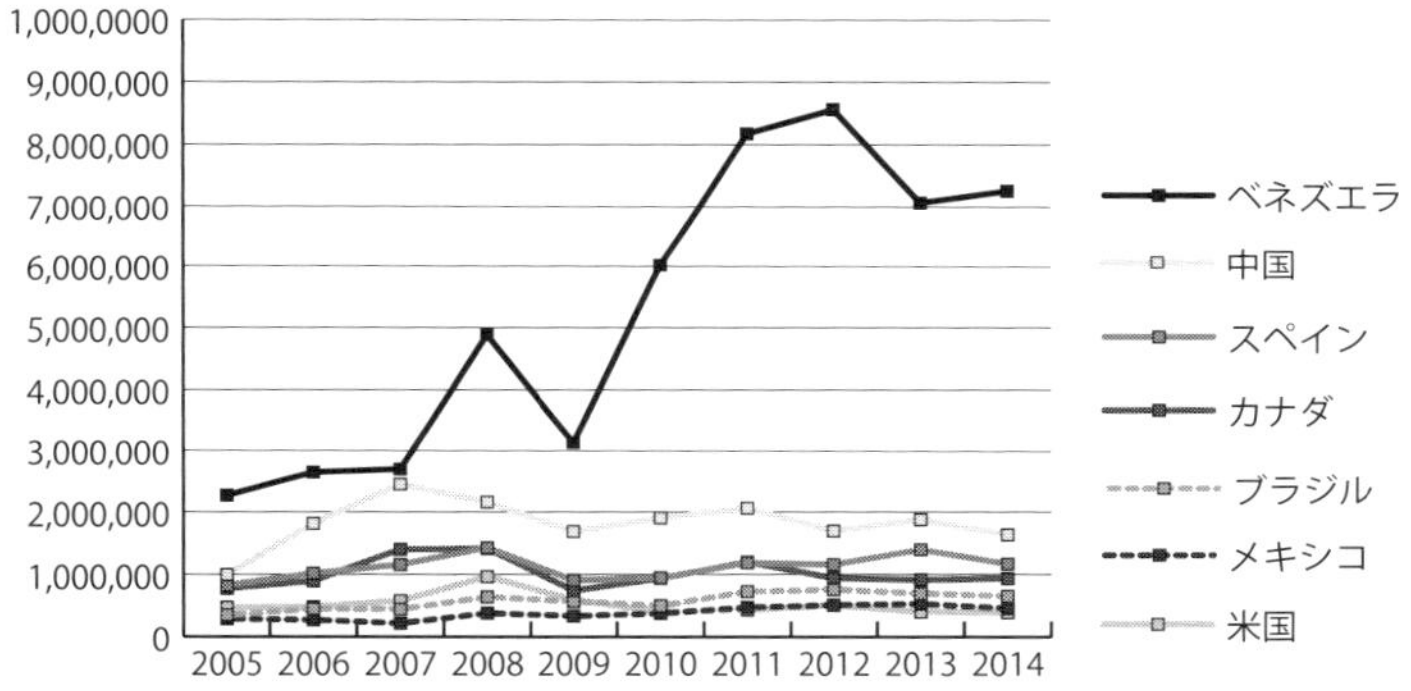

出典：Oficina Nacional de Estadística de Cuba より筆者作成。

卸売市場が自由化されていないため、個人営業者は食材その他の材料・資材を自由市場から調達しなければならない。しかし、価格は高く、入手できる量も限られるため、盗品と知りつつ闇で買ったり、賄賂を使って工場から密かに持ち出してもらったりする……。

かつてキューバでは泥棒はほとんど見られなかったが、徐々に増えている。

盗品や横流し物資を買うのは個人営業者だけではない。たばこや酒などは価格が引き上げられたものの、ごく最近まで平等に配給切符が配布されてきた。そのため、たばこを吸わない家庭や酒を飲まない家庭では、闇で販売し、収入を得る。また、盗品と知りつつ、背に腹は代えられないと食料や衣類などを購入する家庭も少なくない。

個人営業の業種は政府によって決められていたが、密かに外国人を泊めて下宿代を稼ぐ家庭、自宅でキャバレーを開いたり、ポルノ雑誌やビデオ、海賊版のＤＶＤを販売する者など、不正行為が広がった。数は少ないが、麻薬取引をする者も出た。外国人向けホテルのロビーではヒネテーラと呼ばれる女性が外国人旅行客と談笑する姿が目立つ。恋愛の名を借りた売春である。

「頭脳流出」も深刻になった。高収入の得られる観光業や個人営業に多くの技術者や専門職などが流出し始めた。観光ガイドには外国語の堪能な元教員、医師、大学教授、コンピューター技術者等々、高学歴者が多い。1993年には1万4000人の教員・大学教授が職場を去ったとされている（カストロ第一書記の第5回党大会基調報告）。望む職業ではないが、高収入の魅力には勝てない。農業も同じであり、小農民のなかには元大学教授もいる。

観光業主導の経済発展構造は21世紀に入っても変わらず、学歴と職業のミスマッチは相変わらず続いている。経済危機のために学歴に相応しい職業は限られ、良い職につける可能性がなければ勉強しても意味がない。こうして学習意欲の低下、大学進学率の減少、教員の不足や質の低下など、教育立国キューバの一角が綻び始めた。

腐敗や不正の横行や社会の衰退は、物資不足のもとで部分的な経済自由化が進められた結果であった。経済が活性化すればいずれ問題は解決すると見られたが、実際には生産も生産効率も上がらず、物資不足↓不正の横行↓経済情勢の一層の悪化という悪循環が続いた。

第7章◉「覚悟の決断」へ――〝経済発展なくして「革命」なし〟

1　世界一厳しい制裁法

（1）いつまでも続く経済低迷

1991年12月にソ連が解体し、キューバは、カストロが「革命以来最も深刻な危機」というほど厳しい経済危機に見舞われた。米国はチャンスとばかりに経済封鎖を強化した。だが、キューバは世界での孤立のなかで、餓死者を出すことなく、何とか国民を食べさせ、経済を回復軌道に乗せた。

しかし、必至の努力により経済が上向くと、米国は経済封鎖をさらに強化するという風に、イタチごっこの状態が続き、経済回復は遅れた。91年の第4回共産党大会では、いわゆる「自由化」政策が決定されたが、社会経済発展資金の不足と、底辺層の国民の生活保護という点から規制が残され、あるいは、改革を実行すると、その矛盾を是正するために規制を課すという風に、改革は一進一退を繰り返した。その結果、規制の緩和と強化がないまぜとなり、むしろ矛盾は深刻化し、「革命の成果」すら蝕まれるほどになった。

こうして2000年代に入り、キューバは「覚悟を決めて」、抜本的な体制転換に乗り出した。それは単に経済回復のための措置ではなかった。既成の社会主義思想から解放され、「革命の基本理念を実現するためにはどのような体制がふさわしいか」という観点から、社会や経済のあり方を追求したものである。

では、この間に何が起きていたのだろう。

ソ連解体後の国内総生産の動きを内外の動向との関係でまとめてみた（次頁の図参照）。ここからも、米国が制裁を強化するとキューバ経済は落ち込み、必死に努力して経済を回復軌道に乗せると、再び米国が経済制裁を強化し、キューバ経済は悪化するというサイクルが見えてくる。経済封鎖がどれほど大きな影響を与えていたかがわかる。

経済回復は主として観光業の発展によるものであった。そのため、同時多発テロのときがそうであったように、国際情勢が変動すると観光客が減少し、キューバ経済は悪化した。

低迷が続くキューバ経済にとって転機となったのは２００４年の胡錦濤主席の訪問である。それまで比較的疎遠だった中国との経済関係が緊密化したのである。このときにはフィデル・カストロ議長が「良き知らせ」といって大喜びで記者会見をしたほどであった。

同じころには、チャベス政権がクーデターを乗り切り、政治的基盤が安定したことによって、ベネズエラとの関係が強化された。

ベネズエラとキューバとの関係は、ベネズエラが安い石油をキューバに供給するといった一方的なものではない。

キューバはベネズエラの無医村やスラム街に医師や教員を派遣し、医療や識字教育を行うなど、ベネズエラの社会政策を支援している。また、ベネズエラの学生を招聘したり、逆に医学学校に教員を送るなどして、医学生の養成や医学の発展を援助している。

国内総生産成長率　1989～2014（%）

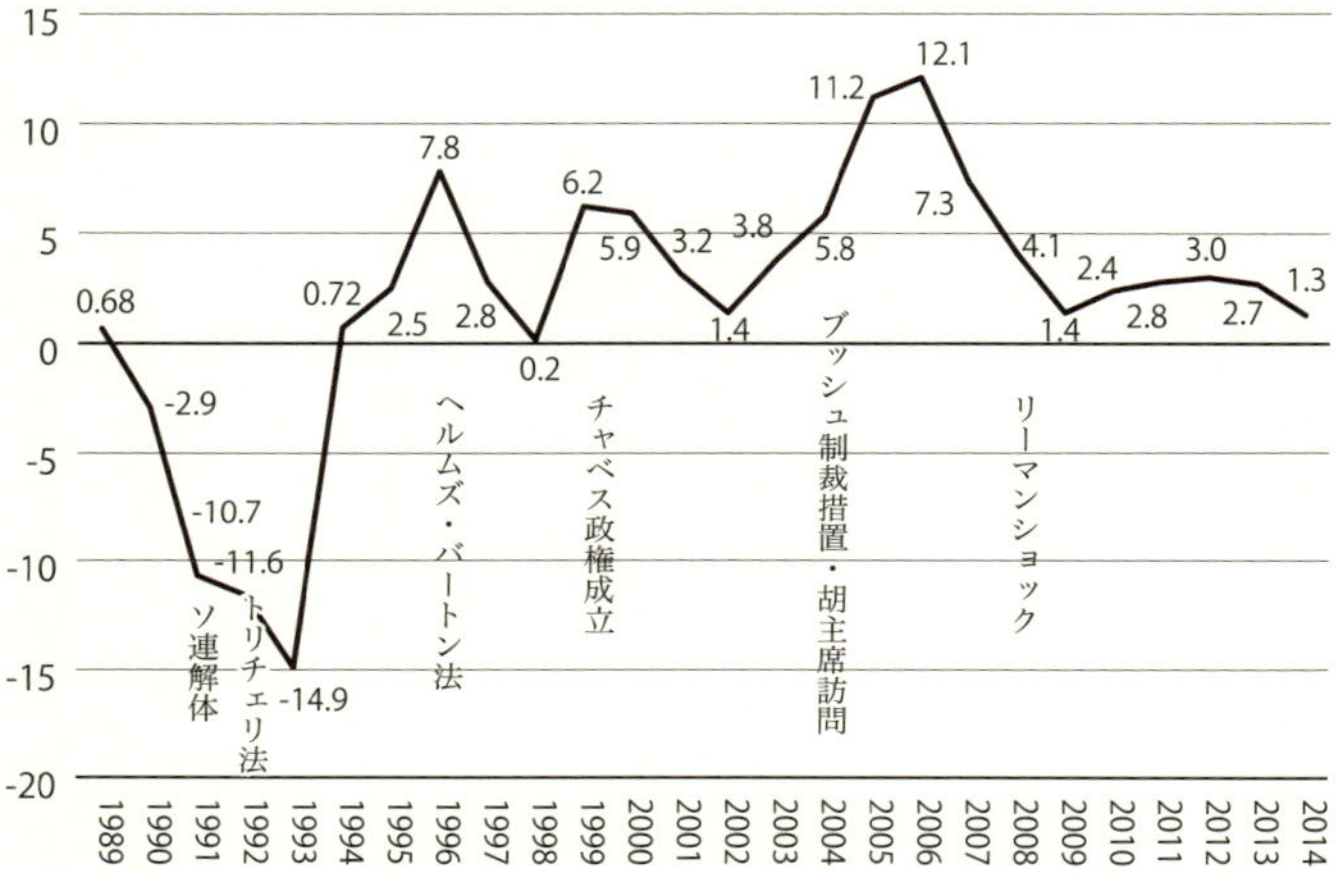

出典：GDP数値は1989～2003年はKushnir, Word macroeconomic research, 1970-2014、および2003～2014年はOficina Nacional de Estadísticas, Anuario Estadístico de Cuba 2005 & 2015.

このほか、両国はラテンアメリカでも従来、見られなかった新しい地域協力形態を導入している。２００４年にはチャベスとカストロのイニシアチブによりＡＬＢＡ（「われらのアメリカの人民のためのボリバル同盟」＝米州ボリバル同盟）を創立した。これは経済協力だけではなく貧困問題の解決など社会政策を重視したものであるが、お互いに得意分野で助け合い、地域の発展を実現しようというものである。その一つに貧しい諸国に対する無償の医療活動や教育活動があるが、これはキューバが革命後に独自に行ってきた無償の国際協力を生かしたものである。

このほか、カリブ海の石油相互協力ネットワーク「ペトロカリベ」(Petrocaribe) では、ベネズエラは低価格やクレジット払い、あるいはバーター取引で、石油を供給している。また、キューバにはベネズエラの支援でシエンフエゴスに製油所が建設されたが、これはキューバ国内向けだけではなく、地域の石油の供給基地でもある。このほか、石油や天然ガスはあるが、製油の技術や資金をもたない国に対してはベネズエラが協力する。

他方、1990年代には親米政権一色だったラテンアメリカも革新的な政権が圧倒的多数を占めるようになり、キューバはラテンアメリカ社会の一員として迎えられ、その一方ではラテンアメリカ諸国との経済関係も徐々に改善した。

だが、資源ブームもあって多くのラテンアメリカ諸国が高い経済成長率を記録したのに対し、キューバは経済低迷から抜け出すことができなかった。主要輸出品である砂糖やニッケルの国際価格が上昇したにもかかわらず、生産が伸びず、好機を利用することができなかったのである。

確かに、米国の経済封鎖の影響は大きく、半世紀に及ぶ制裁のために生産設備の劣化は激しかった。史上最大というハリケーンや干ばつがしばしば襲来し、農業にも大きな被害をもたらした。だが、国民の生活向上への期待はいや増しており、もはや制裁強化を理由に事態を放置しているわけにはいかなくなった。

(2) ヘルムズ・バートン法

一分の隙もない制裁法

米国の経済封鎖がキューバ経済に与える影響は甚大であり、経済低迷の最大かつ基本的原因であることは否定できない。

ところが、その存在についてはしばしば言及されながら、その内容について、また、それがキューバにとってどれほど大きな重みをもつかについては、あまり知られていない。そこで、まず、制裁法とはどのようなものか、見ておきたい。

米国のキューバ制裁法は世界一厳しいといわれる。しかも半世紀というきわめて長期に及んでいる。米国が対キューバ全面禁輸を宣言したのは1962年2月だが、実際には1959年の革命成功直後から物資の供給が滞り始め、59年5月の農業改革法公布を機に米国政府は本格的なキューバ封じ込め政策に乗り出した。以来、民主党、共和党を問わず、歴代の政権は制裁を維持し、強化してきた。

現在、適用されている制裁法は1996年に制定されたヘルムズ・バートン法（1996年キューバの自由と民主連帯法、Cuban Liberty and Democratic Solidarity Act of 1996）である。

これはブッシュ政権（父）が制定した1992年のトリチェリ法（キューバ民主主義法、Cuban Democracy Act）を強化したものである。トリチェリ法はソ連が解体してキューバが深刻な経済危機に陥ったのを利用して一挙にカストロ政権を倒そうとしたものであった。法案を提出したロバート・トリチェリ上院議員は、カストロ政権が倒れるのは数週間の問題だと語っていたが、政権は倒れるどころか、何とか経済危機を乗り切り、回復軌道に乗せた。そのため、さらに制裁を強化する必要があるとしてヘルムズ・バートン法を制定したものである。

ヘルムズ・バートン法には62年の全面禁輸発表以来とられてきたすべての措置が盛り込まれ、国際法はいうまでもなく、米国の国内法に抵触する条項もあったが、国内法を改定してまで取り入れられている。これだけでもいかに厳しいものであるかがわかるが、一分の隙もなく、緻密かつ完璧につくられており、制裁法がある限り、キューバは「何もできない」状態にある。

これに加え、2004年6月にはブッシュ（子）政権は、移民による送金が経済再建を助けているとして、在米キューバ人移民の送金を制限した。1回300ドル、年4回までという規定は維持したものの、送金相手を夫や妻、親や子ども、祖父母、孫の直系の2親等までに限り、兄弟姉妹やいとこ、叔父叔母などへの送金は禁止された。移民の里帰りも3年に一度、1回2週間まで、滞在費は一日50ドルまでとなった。これは里帰りの際に現金や物資を携行することが多いためである。

この制限は、2009年のオバマ政権成立とともに元に戻され（09年6月）、送金は1回500ドルまで、里帰りの際の携行額は3000ドルまでとなったが、オバマ政権のもとでも制裁法は厳しく適用されてきた。

地球規模の制裁

ヘルムズ・バートン法のもとでは、いうまでもなく、キューバと米国間の貿易は一切禁止される。人的交流も制限され、キューバを訪問した米国人は罰金から投獄まで、厳しい制裁が科される。制裁は、キューバ・米国間の経済関係だけではなく、キューバと関わるすべての国、企業、個人に及ぶ。「地球規模の制裁法」と呼ばれているゆえんである。

まず第一に、米国との貿易が断たれれば、キューバは他の諸国から物資を調達しなければならないが、事実上できない。目と鼻の先にある米国との貿易に比べて輸送コストが嵩むだけではなく、キューバに寄港した船舶は180日間、米国への入港が禁止されているためである。キューバ向けの輸出品だけを積んで大型船を運行させることは海運会社にとってコストの点からもできない。

第二に、第三国の対米輸出も制限される。キューバ産品がわずかでも含まれていれば、たとえば、ヨーロッパ諸国で作られたビスケットにキューバ糖がごく少量でも使われていれば、禁輸の対象となる。日本車はキューバのニッケルが使われているか否かについて米国財務省へ報告書を提出しなければならない。

それどころか、キューバを「通過した」物資、すなわち、原材料等をすべて外国から持ち込んでキューバで加工した製品はもちろん、「キューバに寄港した船の積み荷」も米国に持ち込むことができない。

第三に、トリチェリ法では米国企業（海外子会社を含む）のキューバ進出が禁止されていたが、ヘルムズ・バートン法ではこれが第三国の企業にまで拡大された。ヨーロッパやラテンアメリカ諸国の企業であってもキューバと貿易したり、投資したりすれば、高額の罰金を科される。決済のために銀行口座を開設すれば閉鎖を要求され、従わなければ米国との取引に支障が生じる。マネーロンダリングであるとして口座を凍結されるケースも少なくない。

第四に、制裁が科されるのは企業や個人だけではない。貿易や投資に限らず、「何らかの関係」を結べば、その国は米国の援助停止や債務返済交渉の停止などを覚悟しなければならない。発展途上国など「弱い立場」の国にとっては厳しい。

第五に、先進諸国の大企業であってもキューバ進出はリスクを伴う。1959年1月1日の革命成功以後に接収された資産に関係する投資を行った場合には、その企業の責任者だけではなく、妻子も、また共同出資者も、米国に入国できないからである。米国に滞在している場合は強制退去させられる。

進出企業が裁判にかけられる恐れもある。接収された資産の賠償が行われていないという理由で、旧所有者は資産返還を求めて提訴することができるからである。制裁法ではそのための訴訟を支援することが規定されている。

革命後、外国企業の接収が本格的に始まったのは1961年のソ連原油精製拒否事件のあとであった。このときソ連原油の精製を拒否した米系石油会社に経営介入が行われ、その後、砂糖輸出停止措置などに対抗する形で米国その他の外国企業が国有化された。イギリス、カナダ、スペインなどの企業は有償かつ年賦払いという条件を受け入れ、数年後に決着したが、米国は1962年に海外援助法を制定した際に、ヒッケンルーパー議員の提案にもとづき、「即時かつ有効かつ公平な補償」がなされない限り、すなわち、米国側の提案に基づく条件に従い現金による賠償がなされなければ、接収を認めないという修正条項を取り入れた。そのため賠償問題は未解決のまま半世紀が経過した。

制裁違反に対する罰則はきわめて重い。たとえばキューバ・タバコを運んだイベリア航空は高額な罰金の支払いを余儀なくされ、ジャマイカのカナダ系銀行はキューバ大使館の銀行口座を閉鎖させられた。キューバは2014年7月に国連に経済封鎖に関する報告を提出しているが、そこには制裁による損失、各国企業への処罰などが細かく記録されている。

キューバを訪れた米国人への制裁も厳しい。キューバ旅行中にキューバ・タバコを吸い、ラム酒を飲んだ市民が37週の刑を言い渡され、キューバで物資を調達しなくてもよいようにと、船にすべての荷物や食料を積み込んで行った市民が、キューバ人コックがやけどをしたためガーゼと包帯を与えたために、数万ドルの罰金を科された。

その他、制裁法の影響はきわめて広範囲に及ぶ。メキシコでは米国と提携するホテルがキューバ人の宿泊を拒否し、障碍者のための国際コンクールで優勝したキューバ人少年は、賞品のニコンのカメラに米国で作られた部品が入っているという理由で、与えられなかった等々……。

「民主政府成立」まで制裁を解除せず

ヘルムズ・バートン法の正式名が「キューバの自由と民主連帯法」であることからもわかるように、制裁の目的は「民主化」と「市場経済化」にある。

制裁の目的について同法では、「人権を侵害し、テロを輸出しているカストロ政権を倒し、民主政府を確立すること」(Section 2) と規定されており、そのためには、「ベルリンの壁」崩壊につながった「東欧の変動の際に実行した政策が有効であった」として、経済的締めつけにより国民の不満を高めること、国内の「民主勢力」を支援して民主政府を樹立すること、などが挙げられている。

「民主政府」の要件は、自由選挙の実施と市場経済化である (Section 205, 206)。といっても、自由選挙で「民主政府」が成立したからといって制裁が解除されるわけではない。「自由選挙」であったか否か、また、成立した「民主政府」が要件を満たしているか否かは、米国政府が判断するとされており、米国政府が「民主政府」と認める政権が誕生して初めて制裁は解除される。

いうまでもなく、自由選挙には「カストロ兄弟」は立候補できない。「民主政府」であるか否かを決めるのが米国政府であるとすれば、「民主政府」は「米国が支援する民主勢力」から成る政府ということになる。

国内の「民主勢力」支援のための予算も毎年組まれ、ハバナの米国利益代表部（現大使館）を通じて与えられる。ブッシュ（子）政権下の2007〜08年には「民主勢力」への資金援助は8000万ドル、このうち3800万ドルがキューバ国内の「民主勢力」向けであった（CFAC＝連邦巡回区控訴裁判所報告書）。オバマ政権下で関係改善交渉が始まった2015年初めにも「民主化支援予算」が連邦議会の承認を得ており、同年7月の国交回復後も支給は続いている。

国際機関に制裁への参加を働きかけることも重要な政策の一つである。制裁法が挙げる国際機関のなかには国際人権団体やNGOも含まれている。世界的に有名な人権団体や国連の人権委員会などが人権侵害に関する報告書を出せば、大きな重みをもつ。

とはいえ、米国のNGOはたとえ人道目的であってもキューバに対し支援活動を行うことはできない。米国の教会がキューバの子どもたちへ援助を送ろうとしたところ、制裁法違反であるとして許可が得られなかったこともある。これが解禁されたのはオバマ大統領による関係改善発表のあと、2015年1月に商務省と財務省の制裁緩和措置で人道目的のための交流が解禁されてからである。

米国が働きかけを行う国際機関には国際金融機関も含まれる。そのため、キューバは米国の影響力が強いIMFや中米開発銀行などから融資を受けることができない。経済発展資金は高利の短期資金を国際金融市場から調達する以外になく、コストは大変高くなる。

制裁の影響は思わぬところにも表れている。2014年にアフリカでエボラ出血熱が広がったとき、キューバはシエラ・レオネを中心におよそ３００人の医師を派遣したが、米国政府がＷＨＯに対し、キューバ・チーム向けの支出中止を要請したため、ホテルの宿泊代も出ず、支援チームが立ち往生するということもあった。

2　「革命自壊」の危機

（1）「フィデル・カストロの警告」

2005年11月17日、フィデル・カストロ議長は学生に招かれ、ちょうど60年前の1945年にハバナ大学に入学したのを記念して大講堂アウラ・マグナで講演を行った。病に陥り、2006年7月に国家評議会議長と共産党第一書記の職務をラウル・カストロ国防相に委譲する8か月前のことである。

フィデル・カストロ
［提供：Agencia de Información Nacional］

このときカストロは学生に対し、「革命は崩壊するか」と質問を投げかけた。「ノー！」という会場からの叫び声に対し、「革命は崩壊するかもしれない。破壊するのは彼らではない。われわれ自身だ」と答え、「もはや、これまでのような体制は維持できなくなった。21世紀に相応しい、まったく新しい社会主義とは何か、若い諸君は知力を尽くして考えてほしい」と訴えた。

この呼びかけは学生だけではなく、革命指導部や研究者、一般市民にもインパクトを与え、共産党だけではなく、大衆団体、市民組織などでも活発な議論が繰り広げられ、体制転換に向けて急発進した。

革命成功から半世紀を経ながら、未だに道半ばであるだけではなく、革命崩壊の危険すら出てきた。そのため、この講演はカストロの思いを吐露したものとなった。社会建設に対する基本的なスタンスや「社会主義」に関する反省なども示されており、その後の体制転換の基本理念となった。長い講演であるが、カストロの社会理念を窺い知ることのできるものでもあり、エッセンスとなる部分をかいつまんでまとめてみると、以下のようになる。

今日の世界は「人間への優しさ」に欠けた社会だ。餓死する子どもが見て見ぬふりをされる。ハリケーンによる水害で自助努力の名のもとに老人が取り残され、命を落とす。タリバーンとみなされた囚人への人権侵害行為が続いている。核戦争の危険が増幅している。競争原理至上主義を経済発展や民主主義とみなす思想が貧困層のなかにすら広がっている。世界に不条理がはびこっている。

人間は「よく見ること」、「知ること」が大事だ。諸君には90マイル先で何が起きているか、見えるだろうか。

何よりも大事なのは「人間の命」だ。革命思想の出発点は倫理にある。革命以来、そのための社会づくりに全力を注いできた。

私は初めユートピア共産主義者といえるものだったが、マルクス主義文献に接して歴史的唯物論を知った。その後、1971年にチリのアジェンデ大統領を訪ねたとき、「解放の神学」を知るという特権を得た。不条理の克服には何よりも団結が必要だ。

われわれの最大の誤りは「社会主義とは何かを知っている」、「社会主義社会の建設の仕方を知っている」と考えたことだ。マルクスの理論もレーニンの理論も、それぞれの時代の条件のもとで成立したものであり、普遍化できない。歴史上、目的のために手段が正当化されたこともあった。私の理念に反するものだ。

資本主義的手法で社会主義を実現できると考える人々も限りなく存在した。彼らはマルクスやエンゲルスやレーニンなどの文献を引き合いに出し、理論家とみなされたが、失敗を続けた。ドグマは許されない。

われわれは、いま、ようやく社会主義建設のあり方について明確な考えをもてるようになった。わが国はソ連解体後、想像を絶する厳しい状況に置かれた。誰も助けてくれないということは、その数年前からわかっていた。孤立のなかで誰に頼ることなく、絶望的状況のもとで必死に努力し、ここまで来られた。資源も何もない国で、帝国主義に抗しつつ主権を守ってきた。それは独立戦争以来のわが国の伝統である。われわれはそれだけの文化、知識、自覚をもつ。一人でやっていかなければならない。誰かが助けてくれると思ったら間違いだ。自分の責任でやらなければならない。

だが、革命は崩壊するかもしれない。破壊するのは彼らではない。われわれ自身だ。

労働意欲は低下し、腐敗がはびこっている。管理者ぐるみで企業から横流しされる物資。それを公然と売る闇市場。盗品を食材に使い儲けるレストラン。国の補助金で手に入れた住宅を他人に高く売る市民……。

なぜ、貧しい家庭でありながら大学に通えるのか。なぜ、ただ同然にふんだんに電気を使えるのか。インテリですらそれを考えていない。問題が山積しているのに対応しようとしない経済学者たち。国が生活も何もかも面倒を見てくれるのを当たり前と考え、物がないと非難しながら、不正行為や利那的な快楽に走る人々……。

エネルギー問題については、省エネ電球や省エネ家電の配布、電気料金体系の改定などを進めている。ソ連製の高燃費の車も代えていく。だが、これまでのような丸抱えの、無償の社会サービスや扶助は維持できなくなった。発想を転換しなければならない。

21世紀に相応しい社会はどうあるべきか。帝国主義者は私の死ぬのを待っている。古い世代はいずれ消滅する。これからの時代を担う新しい世代の諸君は、情報操作やカッコつきの情報に惑わされることなく、鑑識眼と「知の力」をもって、あるべき新しい社会主義とは何かを追求してほしい。

（2）経済悪化の悪循環

では、キューバはどのような状態にあったのだろうか。

まず第一に、国民の基本的生活は守られ、社会指標は依然として先進国並みの高さを維持していた

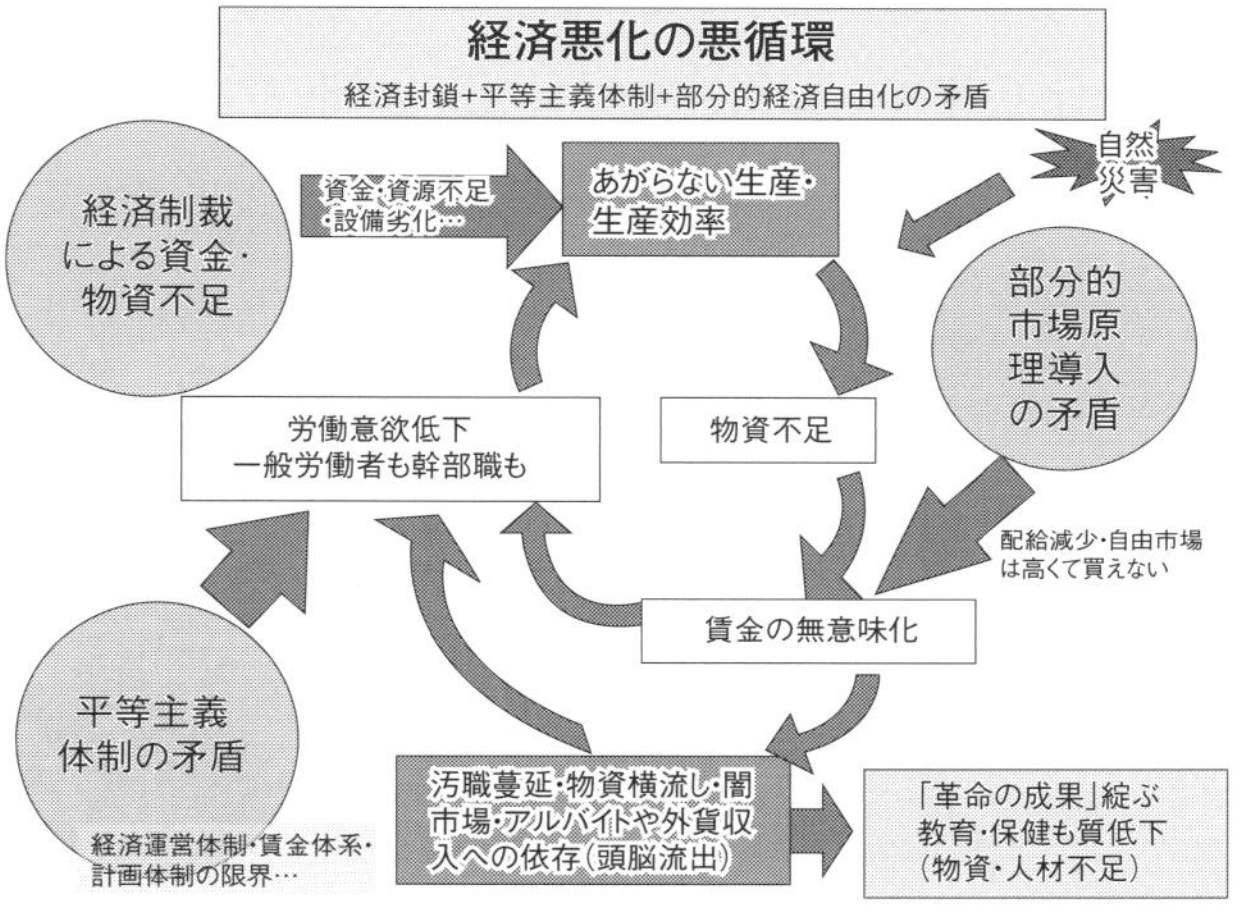

ものの、物質的に豊かな社会にはほど遠かった。

第二に、生産低迷がさらなる生産低迷を呼ぶという「経済悪化の悪循環」が生み出され、経済回復の見通しが立たなかった。

第三に、一般労働者から企業の管理者にいたるまで、多くの国民が生活のために不正行為に走り、革命が目指す「モラルの社会」が崩れつつあった。

第四に、経済情勢の悪化のため、キューバが世界に誇る高度な教育や医療も形骸化していた。

「経済悪化の悪循環」は、米国の制裁、平等主義体制、すなわち中央集権的経済運営体制、それに90年代以来進んできた部分的市場化があいまって形成されたものであった。

米国の経済封鎖は半世紀も続き、そのため資金や資源が不足し、工場や農場の設備の劣化は激しかった。加えて原材料も燃料も不十分であるとすれば、いかに政府が創意工夫による生産向上を訴えても、効果はなかなかあがらない。

一方、一生懸命働いても生活できるだけの賃金を得られず、逆に、真面目に働かなくても賃金を受け取れるのであれば、労働意欲は失われる。赤字企業も「労働者を路頭に迷わせない」という政府の方針により、国の補助金によって維持され、倒産する恐れはなかった。1990年代から「労働の質と量による賃金」が原則となり、熟練労働者や技術者の賃金が引き上げられ、働けば働くほど賃金が上がる制度が取り入れられたが、賃金体系は依然として国によって決められ、格差も小さかった。よい成績を上げた労働者への報奨金も不正防止のためにさまざまな制限が設けられ、労働者が潤うことは少なかった。

生産を刺激するために国有企業の自主性は拡大されていた。しかし、中央で作成される計画には、政府への生産物の引き渡し額や余剰生産物の販売量等、細かな指標が定められ、依然として制約は大きかった。計画を上回った余剰生産物は自由に販売できるといっても、設備の劣化や資材や原料の不足のために政府との契約額を生産するだけでも難しく、利益をあげるのは至難の業であった。計画作成能力の問題もあった。中央で作られた計画は現場の具体的状況とかけ離れていた。人手が足りない、計画通りガソリンや部品が来ない等々の理由で、工場が動かせず、製糖工場では運び込まれたサトウキビが放置され発酵してしまうといったような事態がしばしば起きていた。

前に述べたように、1980年代には平等主義体制や中央集権的経済運営体制の限界が指摘され、以来、制度転換へ向けて準備が進められてきた。しかし、直後にソ連が解体して未曽有の経済危機に見舞われ、これをチャンスとばかりに米国の制裁が強化された。そのため、限られた資金や資源を合理的に利用しなければならない、社会的経済的弱者にしわ寄せが及ぶ、などの理由から、改革を進めては、矛盾を是正するために規制を強化するという風に、制度改革は一進一退を繰り返してきた。政策は整合性を失い、結果として矛盾はさらに拡大し、「革命自壊」の危険が指摘されるほどになった。

(3) 止まらない不正

その一方で、不正が蔓延し、優れた人材が収入の多い職を求めて国営企業から流出した。生活のためであり、政府にとってはジレンマであった。

革命以来、国民の生活を支えてきたのは配給制度である。1990年代にはいずれ配給制度を廃止することが決まっていたが、経済危機のために量も種類も減少したとはいえ、維持されてきた。食べられない人々がいる、という理由である。

だが、言うまでもなく、配給だけでは食べられない。不足分は自由市場で手に入れなければならないが、価格が高く、賃金だけでは足りない。では、どうするか。

手っ取り早いのは配給品の闇取引である。たばこや酒など、余った配給品を闇で売る。しかし、それだけでは足りず、職場から物資を持ち出して家庭で使ったり、闇で売り払う。ガソリンスタンドではタンクからガソリンを抜き取り、横流しする。企業の管理者も見て見ぬふりをする。1980年代の「修正時代」にも「自由化を悪用した不正」が問題となったが、今回は不正を批判する人々が逆批判されるほどの激しさであった。

不正は国有企業に限られなかった。個人営業への規制が緩和され、タクシーの運転手、車の修理、レストラン等々、業種も働く人々の数も増加したが、税逃れは日常茶飯事であった。制度上の問題もあった。個人営業者向けの卸売業がなかったために、必要な資材は外貨ショップや自由市場で買わなければならなかったが、価格が高く、国営企業などから横流しされた食材や資材などを利用する業者が続出した。

(4) 頭脳流出――キューバが誇る教育も医療も劣化

「頭脳流出」も深刻になった。

キューバで「小金もち」といえば、まず外国から送金を受け取れる家庭であるが、恒常的な外貨収入がある人々は国民全体ではおよそ4分の1、ハバナ市では60%ほどに達する。このほか、自由市場で販売できる小農民、レストランやタクシー運転手などの個人営業者なども一般労働者の数十倍、数百倍の収入がある。

なかでも観光業は最も人気のある職業である。ソ連解体直後の経済危機のときには1ドルが170ペソ(ほぼ平均月収に近い金額である)にも達していた。2000年代に入ってからはほぼ24ペソに安定したが、それでも、たとえばホテルのドアボーイが一回1ドルのチップを受け取るとすれば、数回で平均賃金の1週間分を稼ぐことができる。

これに対し、政府は国営企業労働者の賃金を継続的に引き上げ続け、平均賃金は90年代のおよそ200ペソから、2000年代には2倍のおよそ400ペソにまで上がった。2014年には584ペソにまでなっている。しかし、それでも不十分である。これ以上引き上げればインフレが起きる。所得格差の解消のためにはなによりも二重通貨制度（一般に流通するキューバ・ペソCUPと兌換ペソCUC）を廃止しなければならないが、そのためには1ドル＝1ペソにまでキューバ・ペソの価値を上げなければならない。それには経済力の向上が必要であり、時間がかかる。

その結果、起きたのが「頭脳流出」であった。高学歴者を含め、優秀な人材が続々と観光業や個人営業に転職した。1993年に最初に個人営業が解禁されたときには大卒者はアルバイトや個人営業に就くことが禁止されていたが、不平等であるという声が高まり、あらゆる職業の人々が従事できるようになった。すると、教員や医師や技術者、果ては大学教授までが本業もそこそこにアルバイトに精を出したり、観光ガイドやタクシー運転手などに「転職」した。そのために一時は1万人の教員が離職し、政府は高卒者を教員として即席に養成して補充した。教材に加えて教員も不足し、革命が世界に誇る教育の質も低下した。

医療も同様であった。革命後、ホームドクター、地区診療所、州立病院、国立病院という4段階の医療体制のもとで、予防注射から高度医療に至るまで、誰もが無償で受けることができる制度が整い、キューバの優れた医療制度や高度な医学の発展は世界でも広く知られるようになった。しかし、病院へ行っても薬がない、医療機器がないという状態に加え、「頭脳流出」によって医師も不足し、「診療所に行っても看護師しかいないではないか」という事態に立ち至った。

確かに、医薬品や医療器具の不足は米国の制裁の影響が大きい。

2001年から米国は食料のほかに医薬品の輸出を認めるようになったが、食料に比べれば量はごく限られた。世界の医薬品や医療機器の特許のほぼ90％は米国企業とその子会社が保有しており、第三国から入手しようとしても制裁法に阻まれ輸入できない。たとえ輸入できても、価格が高い。そのため優れた医師が存在するにもかかわらず、マイクロスコープがないために子どもの心臓手術ができず、手をこまぬいて見ていなければならないといった事態も起きる。

このほか、キューバではラテンアメリカやアフリカ諸国、米国の黒人など、貧しい人々を給費生として招き、無償で医師を養成しているが（ラテンアメリカ医科大学）、医療機器の不足のために教育も十分できなくなった。

ブッシュ（子）政権は２００６年に、キューバからの外国人患者用医薬品の「第三国への輸出」を禁止した。キューバはベネズエラだけではなく、ラテンアメリカやアフリカの貧しい諸国に、スラム街や農村地帯に医師を送るなど無償の医療援助を行っている。キューバの評判が高まるのを阻止しなければならないというのである。

しかし、事態は放置できないところにまで至っていた。

経済の低迷は社会の衰退をもたらした。

革命後、教育の発展により高学歴社会となったが、経済低迷のために学歴に見合った職業に就ける可能性は小さい。たとえそれなりの就職ができたとしても、賃金は低く、魅力は薄れた。物資不足、資金不足のために知識や技術も発揮できない。そのため若者のなかにアパシーが広がり、小学生から大学生に至るまで学習意欲は後退し、学校生活の乱れも問題となった。経済低迷によってカストロが目指した「知」の社会にも黒い影が忍び寄った。

3　発想の転換――第6回共産党大会

（1）「革命と党の社会経済政策基本方針」

「社会主義を守る」とは？

「革命自壊」の危険を前に、２０１１年4月に第6回共産党大会が開かれ、社会経済体制の抜本的転換が決定された。

党大会は延期に次ぐ延期の末に開かれた。フィデル・カストロ議長の病気が一進一退を繰り返したこともあったが、重大な覚悟を伴う転換であり、じっくり議論し、国民全体の意見を集約し、意見を統一する必要があった。

第6回党大会で決定されたのは「革命と党の社会経済政策基本方針」（以下、「基本方針」）である。これは「キューバ社会主義モデルの現代化」と名づけられている。党大会のあとも、キューバは「社会主義を守る」と謳っており、そのために世界では依然として「社会主義国キューバ」というイメージで捉えられているが、キューバが言う「社会主義」の意味は大きく変化している。

「基本方針」では「キューバ共産党第6回大会は、社会主義の継続と不可逆性と、わが国の経済発展と、国民の生活水準の向上を保証することを目的として、キューバ経済モデルの現代化（actualizar）

のために、わが国市民の倫理的政治的価値の形成に即した、党と革命の社会経済基本方針最終案を議論し分析した」と述べられている。確かに「社会主義の継続と不可逆性」が謳われているが、しかし、傍点を付したように、キューバが追求しようとしているのは、「キューバ固有の価値観に基づく、新しい時代に即した、経済発展と国民生活向上のためにふさわしい体制」であり、それを「社会主義」と名づけているということがわかる。

フィデル・カストロがハバナ大学講演で訴えたように、1961年に社会主義革命宣言を行って以来、初めて、既成の社会主義思想の呪縛から解放され、自由な立場から選択した、「革命の基本理念にふさわしい体制」ということになる。

「あらゆる手を尽くしたが、国内体制の限界ゆえに問題を解決できない」

「基本方針」の「はじめに」では、なぜ体制の抜本的転換が必要になったかが明らかにされている。「1997年の第5回共産党大会以来、あらゆる手を尽くしたが、効果はなく、いまや革命崩壊の危険に直面するに至った。米国の経済封鎖の影響もさることながら、原因は国内体制の限界、すなわち、平等主義体制、中央集権的な経済運営体制にもある」というのである。

経済再生のためには部分的市場化が不可欠だが、これまでは、「経済自由化」を進めながら、その一方で国民生活を守るために規制を課してきた。しかし、あらゆる手を尽くしたが、そのような政策には限界があることが判明した。覚悟をもって、新しい発想のもとで、国の経済主権を維持し、国民の生活を保護するための体制を求めなければならない、ということである。

いうまでもなく、それは単に「市場化を進めさえすればよい」ということではない。中央集権的な経済運営体制が経済活性化という点で限界があるとすれば、市場原理を拡大しなければならないが、それによって所得格差が生じることは避けられない。しかし、すべての人々に等しく基本的生活を保障する「平等主義体制」は財政的に維持できない。今後は所得格差の存在を前提として、国民生活をいかに守るかを考えなければならない。

では、経済再生のために市場原理を拡大し、同時に国民生活を守るためにキューバが選んだ経済社会体制とはどのようなものであろうか。

フィデル・カストロとラウル・カストロ［提供：AFP＝時事］

「守旧派」は一般市民のなかにも

第6回党大会で決定された「基本方針」の草案はマリノ・ムリージョ経済計画相が委員長を務める「基本方針作成委員会」が作成し、その後、「国民的討議」、すなわち党の下部組織だけではなく、町内会などの住民会議、職場集会、女性連合や大学生連合などの大衆組織で討議された。これらの会議で出された提案は州議会でまとめられ、それを基本方針作成委員会が修正案としてまとめ、党大会に提出した。

「国民的討議」では、いっそう抜本的な改革を求めるものか

革命と党の社会経済基本方針の構成（目次）

1．基本方針に関する決議

2．はじめに

3．基本方針

1）経済運営形態　2）マクロ経済政策　3）対外政策

4）投資政策　5）科学・技術・イノベーション・環境政策

6）社会政策　7）農工業政策　8）観光業政策

9）輸送政策　10）建設・住宅・水資源政策

11）通商政策

4．基本方針の実施について

ら、改革に反対するものまで、さまざまな提案がなされた。党大会でのラウル・カストロの報告によれば、修正された項目は、草の根レベルの討議では197か所（69％）、州レベルでは147か所（57％）、最終段階の第6回党大会では86か所（28％）に上った。

党大会後には、基本方針作成委員会がまとめた原案と党大会で決定された方針の対照表が出されているが、規制緩和が進められている部分、新たに制限が課された部分など、さまざまである。

では、どのような人々が体制転換に賛成し、どのような人々が反対したのであろうか。

この点について、「歴史的革命家」、すなわちカストロ兄弟などの革命指導者や官僚が「旧い体制」の擁護者であり、一般市民や革命後世代が改革を望んでいると考えるならば、間違いを犯す。これまで述べてきたことからもわかるように、体制転換を主導してきたのはフィデルやラウルらの指導部であり、これを理論や調査などで知識人層が支えてきた。

体制転換に対する姿勢は、社会的地位や、職業や、世代などで違いはない。政府指導部のなかにも、研究者のなかにも、企業幹部や労働組合幹部のなかにも、また一般市民のなかにも、あるいは、革命世代にも、革命後の世代にも、改革に賛成する人々もあれば、反対する人々もいる。協同組合論者のピニェイロによれば、一般市民のなかにもこれまでの体制の方がよいという人々があり、逆に、経済至上主義、すなわち市場化を進めさえすれば問題は解決すると考える人々は、国営企業の管理者や経済学者のなかに比較的多いという。

新しい体制のための法制度の整備は２０１４年末までにほぼ終了し、15年から本格的な実施段階に入った。しかし、それは、「基本方針」でも「漸進的に実施する」と規定されているように、法律が制定されると、まず一部の地域で実験的に実施し、手直しをしたうえで、全国で適用された。

（２）〝キューバ風〟社会主義体制

４部門体制――「改革」国有部門・外資部門・中小民間部門・協同組合部門

新しい経済体制は「全人民の所有制」と名づけられているが、これは「改革」国有部門、中小民間部門、協同組合、外資企業の４部門から成る。

注目されるのは「改革」国有部門となっていることと、協同組合部門が含まれていることである。農業ではすでに国営農場は大幅に減少し、協同組合農場と小農中心の体制になっているが、農業以外の部門では依然として国有部門が中心になる。しかし、それはあくまでも「改革」国有部門だというのである。

これは「国有企業でも生産性を高められることを示そう」ということで、名実ともに独立採算制度へ移行することになった。

国有企業への規制緩和はこれまでも課題になってきたが、実際には生産の確保のためにさまざまな生産指標の達成を義務づけてきた。これに対し、今後は、国が提示する指標は国への生産物引き渡し額や総販売額や利益率程度に限られる。企業側は国と契約した生産物を引き渡し、税金等を支払いさえすれば、余剰生産物を自由に販売することも、利益を生産のための投資に使うことも、従業員に対する報奨金に充てることも自由になった。

また、従来は国有企業はそれぞれの省の管轄下に置かれてきたが、今後は、これに代えて産業ごとに、各企業が作成する生産計画や賃金体系、生産状況などを監査する「企業運営最高組織」（ＯＳＤＥ）が設けられる。企業赤字の補填のための基金もＯＳＤＥ内部に作られるため、国が財政補填を行い、赤字企業を維持することもなくなる。

しかし、キューバ社会にとって大きな変化は、これまでは国が賃金体系を定めていたが、賃金をはじめとする労働条件は企業が決定することになったことであろう。いうまでもなく、２０１４年には労働法が制定され、一定の歯止めがかけられているが、これによって国有企業間でも賃金格差が生じることになる。

協同組合については、非農業部門で導入されるのはこれが初めてである。党大会開催に先立ち、協同組合論者であり、大部の研究書を出しているピニェイロが検討を依頼されたといわれるが、革命以来、初めて協同組合社会主義論が認められたことになる。１９６０年代に旧ユーゴスラビアの自主管理企業を資本主義だと批判していたことを考えるならば、大きな転換である。

協同組合は3人集まれば作ることができ、2015年6月時点では419組合に上った。そのほぼ半分が食品の加工や販売であり、そのほか衣類の縫製、バス輸送、会計士、コンピューター技術者など、職種は多彩である。といってもまだ始まったばかりであり、国も、協同組合員も、手探り状態にある。

民間部門が「社会主義の一員」として認められたことで、民間部門も大きく拡大する。これまではあくまでも家族経営が中心であり、個人営業と呼ばれ、小規模なものにとどめられ、さまざまな規制が課されてきた。たとえばパラダールと呼ばれるレストランの座席数は12席までとされていたが、これからは50席まで可能となり、使用者も雇うことができるようになった。また、融資制度や卸売市場も整備されるため、拡大のための条件も整う。

個人営業のなかで多いのはレストラン、タクシー運転手などの輸送業、自宅の部屋を観光客などに提供する民泊などであるが、政府は民間部門で働く人々を経済活動人口の半分程度にまで高めることを想定している。その数は2015年6月には約45万6000人で、経済活動人口の約10%。このうち、いわば下働きの被雇用者は9万2000人であった。

農業部門ではこれまでと同様、農業協同組合化（土地を集約して共同耕作を行う農業生産組合＝CAPや独立農民から成る信用生産組合＝CCP）の推進に重点が置かれる点に変わりはないが、注目されるのは、小農民が拡大されたことである。第6回党大会後、特に重点的に進められているのは、国有地（遊休地）を個人へ無償貸与（30年間）する「借地農」の形成だが、土地の分与面積は拡大され、最大5カバジェリーア（約64ヘクタール）までとされ、小農も含め、必要であれば労働者も雇うことができるため、「中農」が増える可能性がある。

開放的な新外資法――制裁法の壁を乗り越えられるか？

資金や技術が不足するキューバにとって、経済活性化は外資の導入にかかっており、2014年6月には新外資法が制定された。米国の厳しい制裁のもとで外資を呼び込むためには大幅な優遇措置が欠かせない。しかし、国家の経済主権を維持するには規制も必要であり、優遇措置と規制のバランスをいかにとるべきか。2014年の新外資法はそうした矛盾への一つの回答であった。

キューバで最初に外資が導入されたのは、観光業に限られていたが、1982年のことであった。その後、ソ連解体後の1995年に経済危機の克服のために外資法が制定され、国民向けの教育や保健、および防衛を除いてすべての部門が開放された。政府との合弁企業や100%外資企業も認められ、税制上の優遇措置もとられた。外資にかなり有利な法律であったが、しかし、米国の制裁法に阻まれ、成果はなかなか上がらなかった。キューバと取引すれば第三国の企業も政府も制裁を科されるためである。

これに対し、2014年の新外資法では、利益送金の自由、税の免除など優遇措置がさらに拡大され、これまで実質的に外国資本の参入が禁止されていた公共サービス（輸送、通信、灌漑、電力等）も外国投資に開放された。政府との合弁企業や100%外資企業、業務契約に加えて、民間部門への投資も可能になった。

では、国家規制はいかにすべきか。そのために政府が選んだのは「法にもとづく規制」であった。外国企業が最も恐れるのは接収である。これに対し、接収はキューバの憲法や国際法に則ったものに限り、しかも、あらかじめ法律で規定することになった。また、認可の条件が不明確である、許可が出るまで時間がかかる、という不満に対しては、具体的な認可基準や認可を出すまでの期間が法律に明記された。

一方、従業員の間接雇用制度は維持された。外資企業はキューバの雇用機関が提出する名簿に従い、従業員を雇用し、賃金も雇用機関からペソで支払われるというものである。雇用の際の人種差別や性差別を回避し、所得格差があまり拡大しないようにするために設けられたものだが、しかし、14年法では、場合によっては直接雇用も可能であることが規定された。自由な雇用制度を求める外国企業が多いことを意識したものである。

食料自給化を軸とする経済発展へ

ソ連解体のために未曽有の経済危機に見舞われた経験を踏まえ、経済発展戦略も転換された。「工業化こそ発展である」という考え方は放棄され、食料生産を軸にした発展戦略がとられることになったのである。

キューバの食料の自給率は20％程度であり、輸入に占める食料の割合はおよそ3分の1を占める。これだけでも食料の自給化は経済再生のための重要な鍵となる。そのため、新しい経済発展戦略では、食料生産を中心に据え、これに砂糖やかんきつ類などの伝統的輸出農産物と、劣化が進んでいる住宅資材や輸送業の再生のための製造業を加えて、重点的発展産業とすることになった。

革命直後には、当時、ラテンアメリカでも一般的であった「工業化こそ自立的発展につながる」という経済発展戦略に沿って急進的な工業化政策が実行された。しかし、資金や資源の壁に突き当たって破綻し、ソ連の提言に従い、砂糖輸出で得た外貨で経済発展を実現するという発展戦略に転じた。これにより革命前と同じ砂糖モノカルチャー経済に戻り、そのために、社会主義圏が消滅すると、国家の存亡にかかわるほど深刻な経済危機に見舞われた。

ここからキューバが学んだのは、米国であれ、ソ連であれ、外国に依存した経済発展がいかに危険であるか、ということであった。貧しい発展途上国が背伸びをして工業開発を進めれば、外国への依存が深まることは避けられない。そこで選んだのが農業国としての「身の丈の発展」であった。

１９９０年代の経済危機の時代に食料確保を最優先課題としてあらゆる手を尽くしたこともよい経験となった。このときには「耕せる土地はすべて耕す」という方針のもとに地方自治体の菜園やオルガノポニコなどが推進され、その成果として「都市農業」や近郊農業が発展した。当時は野菜や鶏肉、豚肉程度のものであり、食料の自給率を高めるところまではいかなかったが、ハバナなどの大都市の台所はかなり潤った。

都市農業の発展は観光立国の手助けともなった。ホテルの食材が国産で賄えるようになったのである。一方、観光業の発展はドアノブやリネン類などの軽工業の発展にもつながった。ここから食料加工と観光用資材の生産を軸にして軽工業を発展させるという発展戦略が生まれた。

「平等主義社会」から「福祉国家」へ

国有企業も独立採算制となり、民間部門や協同組合部門が拡大すれば、賃金格差は拡大する。そのような状況のもとですべての国民に一律に、無償ないしは低価格で社会サービスを提供する制度は不合理となる。

そのため第6回党大会では、「国民に応分の負担を求め」、「すべての国民に等しく平等な社会福祉を提供する政策から、社会的経済的弱者の保護を中心とした制度へ移行すること」が決定された。これに伴い、配給制度の全廃も決まり、所得に応じた課税制度がとられることになった。社会保険料は企業と労働者の負担となり、個人営業者や協同組合員も社会保障制度への加入が義務づけられた。

「過剰な補助金」も見直された。学校や病院の給食は依然として無料であるが、職場の食堂などへの補助金は削減され、自前で運営しなければならなくなった。バスや電気料金なども引き上げられた。社会政策については、社会的経済的弱者に対して生活保護手当を支給したり、低価格で物資を配給したり、高齢者には地域のコミュニティ・センターを通じて給食その他のケアが行われるようになった。

ただ、少子高齢化はキューバでも重要な社会問題となっており、2008年には定年が引き上げられ（男性は60歳から65歳へ、女性は55歳から60歳へ）、年金生活者の再雇用制度も取り入れられた（年金と賃金が支払われる）。元気に働けるうちは働いてほしい、ということである。

しかし、新しい制度が機能して順調に生産が伸びるまでには時間がかかる。そのため、「強い者が勝者となり、弱い者に矛盾が集中しないよう」、制度転換は、実験的実施、手直し、法制化、完全実施という漸進的な形がとられた。
完全廃止が決まった配給制度も、「漸進的かつ秩序をもって廃止する」こととされ、党大会後も細々ながら続いている。地域によって量や種類は異なるが、ハバナ市では、2014年初頭には、1か月に一人当たり卵5個、米5ポンド、油0・5ポンド、フリホル豆0・5ポンド、蛋白源としては鶏肉1ポンド、魚の代わりに配給される鶏肉が0・75ポンドといったところであり、これでほぼ必要量の20日分程度になる。このほかにはコーヒー、砂糖、塩、マッチなどが配給されていた。

国民も応分の負担を——新税法

2012年に新しい税法が制定され、翌年1月から実施された。税金は1995年からとられるようになっていたが、所得税は個人営業など「高所得者」に限られていた。新税法では課税対象が広げられ、すべての法人と国民が対象になる。

所得税、固定資産税（土地の所有や保有なども含む）、たばこや酒などに対する物品税など通常の税金のほか、キューバ固有のものとしては、環境保護税、労働力使用税（毎年5％ずつ減税し、2016年には総賃金の5％にまで引き下げる）、持続的発展のための税（自然資源の開発や海岸の利用等）がある。

所得税は累進課税制度が取り入れられており（1万ペソまでは15％、5万ペソ超が50％）、国有企業の改革が功を奏して業績が上がったり、二重通貨問題が解決されてドル収入のある者とない者の格差がなくなったりすれば、国有企業の労働者のなかにも課税される層が出てくる。しかし、当面、対象となるのは個人営業者、自由業者、外国企業やマリエルのフリーゾーンで働く労働者などであり、個人営業者などは年度末に確定申告し、税金を支払う。

しかし、外国からの送金や年金には課税されないこと、外国投資に対しては免税措置（8年間）がとられること、農業と鉱業では税が減免されるなど、経済の活性化という観点からの配慮も多い。長い間税金を支払う習慣のなかった国で、税収入を基礎とする財政体制が始まったために、すべてが順調に推移しているわけではない。第1年目の所得税申告率は平均93％に達したが、個人営業者は所得税のほか、労働力使用税、社会保険料（所得の25％）なども納めなければならず、申告率は94％と高かったものの、過少申告率は60％にも達した。

（3）新移民法

難民も帰国

革命直後には上流階級を中心とする「反革命家」が亡命したため、亡命者や、許可を得て出国しながら定められた期間内に帰国しなかった者は、資産が没収された（1961年法）。その後、1976年に移民法が制定され、海外在住者の招待状があり、かつ外貨預金がある場合には出国が認められるようになった。しかし、申請した滞在期間が経ても戻らなければ帰国できなくなる、という点は変わらなかった。

移民政策が大きく転換するのは、2013年10月に新移民法が発効してからである。高級官僚、専門職、スポーツマンなど特別なケースを除き、一般市民の出入国は自由になった。パスポートの発行

キューバ系移民数（人）　2010年米センサス

フロリダ	1,213,438
カリフォルニア	88,607
ニューヨーク	70,803
テキサス	46,541
ジョージア	25,048
イリノイ	22,541
北カロライナ	18,079
ペンシルバニア	17,930
バージニア	15,229
全国	1,785,547

料金も引き下げられ、親類縁者を総動員して出国費用を募るということも少なくなった。未成年の渡航も可能となり、不法に出国した移民も犯罪者を除けば、自由に帰国できるようになった。外国で市民権を得た人々もキューバの市民権を保持することができ、「故国を捨てる覚悟の出国」の時代は過去のものとなった。

海外への脱出願望は世代や性別を問わず、多くのキューバ人にみられる。豊かな生活や能力の発揮など、映画などから垣間見られる外国の生活や、海外に移住した親類縁者から寄せられる情報は夢をかきたてる。しかし、幻想であることがわかり帰国する者も少なくない。キューバでは少なくとも制度的には人種差別はなくなっており、黒人にとっては米国での露骨な差別はショックである。マイアミのキューバ人社会も白人中心の世界である。

ヘルムズ・バートン法では、キューバの民主化のために芸術家やスポーツマンの亡命を援助することが規定されており、多くの野球選手が亡命組織の手を借りて大リーグに飛び込んだ。数千ドルの契約金を提示されれば心が動くであろうが、亡命を選んだのは必ずしも金銭問題だけではなかった。

キューバは革命後、全州に体育大学を設置し、反ドーピングセンターなどの研究機関を設置するなど、スポーツ医学を振興し、国民の生涯スポーツやスポーツマンの養成に力を注いできた。その結果、野球、柔道、ボクシング、バレーボール等々、世界のトップレベルとなった。しかし、ソ連解体による経済危機のためにボールやバットすら不足し、コーチなどの人材も流出し、研究・教育機関も衰退した。国際試合で敗退が続き、国際試合への出場機会も少なくなって、選手のモチベーションも揺らいだ。スポーツマンとして世界で活躍したい、高レベルの選手と切磋琢磨して飛躍したい、新しい技術を吸収したいという気持ちは満たされなくなった。

チェ・ゲバラの映画『チェ　28歳の革命』、『チェ　39歳　別れの手紙』で主役を演じたベネチオ・デル・トロが監督し制作した短編映画『セブン・デイズ・イン・ハバナ』がある。悩みながらも国内にとどまる決意をした野球選手の心の動きを描いたものであった。亡命を潔しとしなかった選手も多かったのだ。新移民法制定とともに読売ジャイアンツをはじめとする日本のプロ野球チームに次々とキューバ選手が入団したのも、決して金銭のためだけではなかった。フィデル・カストロがイチロー選手を高く評価していたように、緻密な日本野球はキューバ野球にとって学ぶべきものは多い。

新移民法のもとでは、スポーツ選手の出国には政府の許可が必要である。野球選手については、日本の場合にはスポーツ・レクリエーション省と日本のチームとの間の契約となり、選手はプロ選手としての報酬を受け取るとともに、所得税や社会保険料を支払う。スポーツマンの海外派遣がキューバ政府にとって重要な外貨収入源であることは確かだが、スポーツマンにとってもようやく海外で合法的に活躍できる条件が整ったことになる。対米関係改善とともに、大リーグとの交流も拡大しており、米国で「合法的に」活躍する野球選手が出てくる日もそう遠くない。

「乾いた足、濡れた足」――キューバ調整法

２０１４年末に対米関係改善交渉が動き出したあとも難民の流出は止まっていない。むしろ逆に、駆け込み難民が急増している。マイアミに向けて海路で脱出した者、メキシコ国境から米国に不法入国した者など、２０１５年の第１四半期にはキューバ人の「不法入国者」は前年同期比18％増となった。メキシコ国境を越えて米国に入り、当局に出頭したキューバ人は２０１４年には約１万７５００人、過去10年間では10万人に上る。

まずエクアドルに渡り、コロンビア、ホンジュラス、コスタリカなどを経てメキシコに到達する者もある。エクアドルにはキューバ人はビザなしで入国できるため、ここからコヨーテ（本来はオオカミに似た動物のこと。主にメキシコから米国への密入国斡旋業者を指す）などの手引きで国境を越えてコロンビアにわたり、パナマやコスタリカなどの中米諸国を経て、とにかくメキシコに到達し、米国の移民当局と接触できれば何とかなる。

このように難民流出が絶えないのは、「キューバ調整法」が廃止されず、いまだに生きているためである。キューバ側は調整法の廃止を求め続けているが、米国側は受け入れていない。

これは「乾いた足、濡れた足」政策といわれている。

キューバ調整法は、革命直後に多くの政治亡命者が米国に入国したのに対して、１９６６年に制定された。ともかくも米国の国土に足を踏み入れたキューバ人に対しては2年後（その後、１９７６年に1年後に改訂）に米国の永住権を与えるというものである。他のラテンアメリカ諸国の難民の入国には厳しい措置が取られているのとは対照的に、３６５日経てば永住権を得られるというのは、キューバ

人にだけ与えられた特権であり、調整法が廃止されないうちにと、駆け込み難民が増えているのである。

マリエル港事件など1980年と1994年に難民の大量流出事件が起きたときにも、両国は難民を阻止することで合意している。しかし、難民の流出は絶えなかった。領海の境界までたどり着くことができればフロリダの反キューバ団体の船が待ち受けていることは知られており、米国に難民として入国すれば永住権が与えられるのであれば、危険を冒しても出国する。

1994年には難民協定が結ばれ、米国は海上ルートによる難民の流入を阻止することと、年間2万人に移民ビザを発行することを約束したが、しかし、在ハバナ米国利益代表部（現大使館）はビザの発給を制限した。ブッシュ（子）政権下では申請者のおよそ半分、ときには80％がビザを与えられなかったこともあった。今日もなお、ハバナのマレコン通りに面した米国大使館の周りに毎日長蛇の列が続く理由もそこにある。ヘルムズ・バートン法では、キューバの非民主性をアピールすることが重要な政策の一つに挙げられているように、難民の流出はその証しになるからである。

4　政治改革へ向けて

（1）共産党改革

〝干渉が続く限り多党制はとれない〟

第6回党大会で討議、決定されたのは社会経済体制の転換であり、政治改革については翌年の2012年1月に開かれた第1回共産党総会で議論された。

このときには一党制問題も議論の俎上に上った。ラウル・カストロ議長が閉会演説で、共産党の一党制の廃止に関して提案があり、議論されたことを明らかにしたのである。

しかし、現状では多党制をとることはできないという結論になった。米国の経済封鎖は強化され、武力攻撃を含むさまざまな侵害行為は未だに続いており、このような状況のもとでは、一党制のもとで一致団結していかなければならないというのである。

この点について、ラウル・カストロが指摘したのはヘルムズ・バートン法の規定であった。前にも述べたように、制裁法の最大の目的は国内の「民主化勢力」を支援し、民主政府を樹立することにある（Title 2）。しかも、「自由選挙」で成立した政府が「民主政府」であるか否かを判断するのは米国であり、制裁は米国が認める「民主政府」が成立するまで続けられる。このような状況のもとで多党制をとれば、野党となるのは米国が支援する勢力であり、これらの勢力が政権を握るまで、制裁は続くことになる。

このとき、ラウル・カストロは独立の歴史にも言及した。

1902年の独立は次のような経過をたどり実現している。

第2次独立戦争がホセ・マルティの指導で始まったのは1895年である。独立戦争開始にあたり、マルティが心血を注いだのが「キューバ革命党」の結成であった。党にはイデオロギーや階層の違いを超えて「独立」を望むすべての人々が加わっていた。独立実現のためにはあらゆる人々を統一しなければならないという信念にもとづくものであった。

革命党が成立すると、マルティは1895年、キューバに向けて出帆し、独立戦争を開始した。マルティは上陸直後に戦死するが、解放軍が勝利まであと一歩というところまで迫ったとき、1989年2月にハバナ湾に停泊していた米国の軍艦メイン号がなぞの爆発事件を起こした。これを機に米国が軍事介入し、独立戦争は米西戦争となった。米国は独立軍の頭越しにスペインと和平条約を結び、キューバは米国の占領下に置かれた。占領期間中に米国が力を注いだのは「マンビー」と呼ばれた解放軍を武装解除し、消滅させることであった。パリ条約では米国はキューバの独立を認めることを約束していたが、その前に独立派を解体しておく必要があったのである。

独立を前にしてキューバで制憲議会が発足すると、米国はプラット修正条項を新憲法に含めることを求めた。受け入れない限り独立は認めないというのである。プラット修正はキューバに対する米国の内政干渉の権利を規定したものであった。制憲議会は何度も米国に撤回を申し入れたが、聞き入れられず、激しい議論の末に、最終的に受け入れを決定し、キューバは1902年に独立した。「マンビー」も、マルティが独立実現のために創立した「キューバ革命党」もすでに消滅していた。選挙で初代大統領に当選したのは米国の市民権をもつキューバ人のエストラーダ・パルマであり、以後、キューバは米国の事実上の植民地となった。キューバ革命は、「名ばかりの独立」を半世紀の歳月をかけて覆し、「真の独立」を実現したものであり、今、米国の要求を飲めば革命は無に帰する。

国民政党としての共産党

キューバ共産党は1965年に創立したときから、さまざまなイデオロギーを持つ人々から構成されていた。入党条件は「革命の基本理念を守ること」にあり、マルクス・レーニン主義を信じる者も、信じない者も、また、宗教を信じる者も、信じない者も、入党していた。

ところが、「ソ連化の時代」と言われた1970年代には党の多様性に変化が生じた。これは党の規定にも表れていた。1976年憲法では、共産党は「マルクス＝レーニン主義にもとづく、労働者階級の組織された前衛であり、社会と国家の最高指導勢力であり、社会主義の建設と共産主義社会の前進という最高の目標に向けて共通の努力を組織し、指導する」となっていた。

しかし、そのような時代は長く続かず、1980年代に入ると社会は大きく変化し、党のイデオロギー的多様性も復活した。その結果、1992年憲法では、共産党は「マルティ主義・マルクス＝レーニン主義にもとづく、キューバ国民の組織された前衛」となった（傍点は筆者）。マルティ主義が復活するとともに、「国民の党」という位置づけになったのである。

実際、共産党の基盤は大変広い。

党員数は76万9318人（2012年）。これは党員になれる年齢層（31歳以上）のほぼ10人に1人にあたる。下部組織の共産主義青年同盟員は40万5830人であり、両者を合わせると117万5148人である。キューバの総人口はおよそ1100万人である。党員の年齢構成も人口構成とほぼ同じで、35歳から45歳までが40％、46歳から55歳が28・7％となっている。

人種や性別の構成も同様である。2012年の人口センサスでは白人は65％、黒人は10％、ムラートは25％であったが、共産党員はそれぞれ65％、16・5％、18・5％である。共産党政治局も黒人とムラートが26・6％、中央委員会では35・5％となっている（エルナンデス、2015）。

女性の進出も著しく、党員の39％、共産党中央委員会の42％が女性である。

ただし、政治局だけは女性は14人中1名と非常に少ない。政治指導部が黒人とともに女性の登用を積極的に進めているにもかかわらず、女性の政治局員が未だに増えないのはのちに述べるように固有の事情がある。

こうした「国民政党としての共産党」を意識して、党の政策決定のあり方も他国の共産党とは異なっている。たとえば、2011年の第6回党大会では、大きな制度転換であったために、「基本方針」について、まず地域組織や職場集会、大衆団体の下部組織などの「国民討議」にかけ、州議会で意見を集約したあとに、最終的に党大会で決定された。この基本方針にそって専門家も含めて法案を作成し、国会で審議し、一部地域で「実験」してから、全国的に実施している。

その後、2016年の第7回党大会で第6回大会以来実施されてきた「基本方針」の評価が行われた際には、時間的制約のために逆の形が取られ、まず党大会で決定し、それを「国民討議」にかけ、党中央委員会で調整したあと、国会にかけるという形になった。

一党制の枠内での多党制

キューバ革命の思想的原点といわれるホセ・マルティは「民主主義とは権利と機会の平等を基礎とするすべての人々の参加である」としていた。西欧型代表民主主義制度は国民の政治参加制度によって補完しなければ民主的とはいえない、というのがキューバの立場である。

フィデル・カストロは、「4年に一度の選挙だけで『ローマの皇帝』をしのぐほどの巨大な権限が大統領に集中し、貧困層や黒人などの権利が顧みられず、外国への侵略や核戦争の決定権すら大統領の意思で決まる米国の政治制度」に疑問を呈し、共産党の一党制のもとにあっても、国民がさまざまなルートを通じて意思を表明できるキューバの制度も「それほど悪くはないのではないか」と語っている（カストロ、1996）。ラウル・カストロも、第1回党総会で、米国流の代表民主主義制度について、「経済・金融を握る階級に権力が集中し、多数の人々が政治権力から排除され、多国籍企業化された大新聞の共犯のもとで沈黙させられている」と批判している。

しかし、第1回党総会で一党制問題について議論が行われたことは多党制への移行が課題に上がり始めていることを示しており、一党制のもとでいかにして民主主義を確保するかが重要になる。

これに対し、第6回党大会では、地方分権の推進や選挙制度や国会の改革によって（「議会に関する決議」）、国民の決定への参加を拡大する方針が決定された。また、第1回党総会では、ラウル・カストロが「党内に異なる意見が存在することを当然のものとして尊重すること」、「反対意見の発表の場を確保し、あわせてメディアのあり方を改革すること」を挙げ、党内民主主義を基礎に、共産党の多様性を確保していく方針を明らかにした。すなわち、当面の方針として、「一党制の枠内での多党制」を確保していくということである。

党総会のあと、さまざまな研究機関や文化団体などで決定過程の情報公開などについて議論が交わされ、ジャーナリスト団体ではマスメディア改革のためのシンポジウムが開かれるなど、「政治的民主化」問題に関する議論は活発化している。2016年には第7回党大会が開かれ、「基本理念」の評価が行われているが、このときにも「民主化問題」に関するセッションが設定された。議論は「異見の尊重の確保」が中心となったが、対米関係改善の進展とともに、党外だけではなく、党内でも、多党制への移行が現実の課題になり始めている。

(2) 革命後世代への橋渡し役としてのラウル政権――進む若返り

2012年の第1回党総会では、ラウル・カストロは、主要な政治職の任期を2期までとする方針を明らかにした。国家評議会議長の任期は5年である。これは2016年の第7回党大会で正式決定された。国会で憲法改正が承認されれば効力をもつ。ラウル・カストロが最初に国家評議会議長に就任したのは2008年、再任が2013年である。この措置は正式には次期の任期から適用されるが、ラウル自身は早期退陣の意思を示している。

ミゲル・ディアス・カネル第1副議長
［提供：AP/アフロ］

ラウル・カストロ政権のもとでは「若返り」が進んでいる。これまで述べてきたことからもわかるように、ラウル・カストロ政権はフィデル・カストロ政権から託された体制転換のための基礎を確立し、革命後世代へ橋渡しするための政権である。「歴史的革命家」といわれる革命戦争を担った世代は高齢化しており、指導部の若返りは時間の問題でもある。しかし、すでに、今日おいて体制転換を中心になって進めているのは40代から50代の革命後世代である。

ラウル・カストロ議長に続くナンバー・ツーは、2013年2月の国会（人民権力全国会議）で国家評議会第一副議長に任命されたミゲル・マリオ・ディアス・カネル、1960年生まれである。エレクトロニクスを専門とするラス・ビジャス大学教授で、自転車で通勤する庶民派教授として知られていた。

「基本方針」の実施責任者（「基本方針実施・発展委員会委員長」）は閣僚会議副議長のマリノ・ムリージョ、1961年生まれの革命後世代であり、ラス・ビジャス中央大学と共産主義青年同盟幹部学校の経済学の教授であった。

ディアス・カネルもムリージョも元大学教授であるように、国会議員や州議会議員を含め、指導部には教育者や技術者などの専門職が多い。政策決定にあたっても大学や研究所などの専門家がそれぞれの分野で政府ブレーンとなり、実態調査を行うなどして、政策を提言したり、検討している。

たしかに国家評議会や共産党政治局だけは、まだ「歴史的革命家」が多いが、それでも50歳未満のメンバーが4分の1を超えている。共産党政治局は半数以上が70歳以上の革命世代だが、そのすぐ下のレベルの中央委員会書記局の平均年齢は63・8歳である。

閣僚や国会議員になると平均年齢はさらに低下し、閣僚会議は58歳、国会議員は49歳である。国会議員の被選挙権は18歳であり、20代の議員もいる。直近の2013年の国会議員選挙では最年少議員は20歳の女子大生であった。州レベルになるとさらに若返りが進み、全国の州議会（人民権力州会議）議長15人のうち80％が50歳未満、議員の平均年齢は46歳である。

共産党も州、地区レベルでは若手が圧倒的多数を占め、トップの共産党書記が州では平均46歳、地区では167人中166人、すなわち一人を除いて50歳未満である。下部ではすでに、革命の後に生まれた世代が多数派となっているのであり、革命後世代はあと一歩で最高指導部を握る所まで達している（エルナンデス、2015）。ちなみに、平均寿命は78・22歳（男性75・92歳、女性80・65歳、2014年）である。

課題は、革命後世代が2011年の党大会で決定された新しい制度を「新しい感覚」をもって、維持ないしは改革していくことができるかどうかにある。

第8章◉21世紀のキューバ

1　米・キューバ関係改善

（1）突然の発表「D－17」

２０１４年12月17日、オバマ大統領はキューバとの関係改善に乗り出すことを発表した。第1次オバマ政権が発足してから、経済封鎖は緩和されるどころか、むしろ内外の銀行に対する口座閉鎖など金融面を中心に制裁が厳しくなっていた。そのため、米国でも、またキューバでも、国民にとっては寝耳に水であり、キューバでは、この対キューバ関係改善の発表は日付けに因んで「D－17」と名付けられた。

オバマ大統領が２００９年に初当選したとき、キューバ国内でも制裁解除への期待が高まった。これに対し、フィデル・カストロ前議長は「オバマ氏は誠実な人間だが、米国の限界を乗り越えられるかどうか」と楽観ムードを引き締めていた。予想通り、その後、米国はなかなか「限界」を乗り越えられなかったように見える。

では、なぜ、米国は対キューバ関係改善に動き出したのか。そこには「任期切れを前にしたオバマ大統領が遺産《レガシー》を残すため」といって済ますことのできない、重要な問題がある。

関係改善発表後の米国政府の動きは早かった。年が明けるや、1月15日には財務省と商務省が制裁緩和措置を発表し、１週間後の22日には第１回交渉が始まった。主席代表は米国側が西半球問題担当の国務省次官補ロベルタ・ジェイコブソン、キューバ側が外務省の米国局長ホセフィーナ・ビダールであった。

その４か月後の５月29日にはキューバはテロ支援国家リストから削除され、７月20日には両国の利益代表部が大使館に昇格し、61年に断交してから54年ぶりに外交関係が復活した。しかし、重要な課題をペンディングにしたままの大使館開設であり、交渉はさらに続くことになった。

キューバ側は米国の思惑を十分に承知の上で、関係改善の道を確実なものとするために、交渉に柔軟に対応した。しかし、その一方では原則的立場を譲ることなく、結果として実を取ってきた、ということができる。長期にわたる米国の制裁のためにキューバ経済は疲弊し、経済回復のためには制裁の解除が不可欠であるが、決して対米関係改善には前のめりではなかった。これは、貧しい小さな発展途上国のキューバが世界一の大国である米国の足元にあって、半世紀という長期にわたる米国の直接間接の干渉にもかかわらず、なぜ革命の基本理念を維持しつつ、生き延びてきたかという問題とも深くかかわっている。

実際、キューバは、２０１１年の第６回党大会で、革命の基本理念を維持することを基本に据え、同時に、米国の経済封鎖が続くことを前提として、新しい時代に即した社会経済体制と経済発展戦略を決定している。米国の経済封鎖の影響はきわめて大きいが、革命の基本理念を放棄してまで対米関係の改善に進むという選択肢はない。そのようなことをすれば、革命以来、半世紀にわたり、これほどの苦しみを被りながら、なぜ米国のあらゆる干渉に耐え、革命の基本理念を守ってきたのか、ということになる。しかも、21世紀に入り、米国の一極支配体制は崩壊し始め、ラテンアメリカ諸国やヨーロッパ諸国など多くの諸国との関係も深まり、米国の制裁は綻びを見せ始めている。

(2) 2009年ルーガー報告——オバマ新政権に関係改善を提言

対キューバ関係の改善は第1次オバマ政権発足時から課題に上がっていた。

2009年2月に共和党のリチャード・ルーガー上院議員が外交委員会に対し、制裁解除を含むキューバとの関係改善を提案した報告書を提出しているのである(「キューバ政策の転換——米国の国家利益との関連において」〔CHANGING CUBA POLICY—IN THE UNITED STATES NATIONAL INTEREST〕)。その年の1月半ばにキューバに2名の連邦議員を派遣し、政府要人等と接触した結果を踏まえたものであった。

報告では、関係改善に向けて、特使の派遣、対話や協力関係の開始、食料や医薬品の輸出規制の緩和、IMFや世界銀行の融資解禁、テロ支援国家リストからの除外など、短期、中期の政策が示され、大統領権限でどこまで制裁解除が可能であるかなどについても細かく記されていた。2014年末の関係改善発表後の動きはほぼこの提言に沿ったものとなっている。

なぜ、制裁解除が必要かという点については、ルーガー報告では、①キューバに対する強硬な姿勢が米国とラテンアメリカ諸国との関係に障害をもたらしている、②キューバはすでに脅威ではない、③制裁はキューバの民主化に役立っていない、④ラウル・カストロ政権が社会主義体制の改革に乗り出している、などが挙げられていた。12月17日のオバマ大統領の声明とほぼ同じ内容である。オバマ第1次政権発足直後には選挙公約であったキューバへの送金制限の緩和が実施されているが、これもまた、ルーガー報告に含まれていた。

ルーガー報告はキューバでも知られており、フィデル・カストロ前議長も恒例の『グランマ』紙のコラム「省察」で取り上げていた。このなかで、カストロは対話開始の可能性を示唆し、「米国内の金融危機問題や貧困問題への対策の必要性を訴えるオバマ大統領にとって、キューバ封鎖は相いれるものではない」、「キューバは米国との紛争を願うような国ではない」、「対話は民族間の友情と平和の実現のための唯一の手段である。キューバは対話を恐れたりはしない」と記していた。

関係改善のための秘密交渉は2年間続けられたといわれており、そうであるとすれば、秘密交渉はルーガー報告から4年後、オバマ第二次政権発足とともに始まったことになる。

(3) なぜ政策転換か

国際的孤立・ラテンアメリカの米国離れ

オバマ政権が対キューバ関係改善に踏み切ったのは、何よりも米国の国際的孤立のためである。国連総会では1992年以来、毎年、キューバ制裁解除決議が採択されているが、解除に反対する国は年ごとに急減し、2014年にはついに米国とイスラエルの2か国だけになった。

米国にとって最大の懸念は「裏庭」と見なしてきたラテンアメリカ諸国の米国離れである。20世紀末には親米政権一色の時代だったラテンアメリカも、21世紀に入ると状況は一変し、親米保守政権は

国連総会におけるキューバ制裁解除決議投票分布

年度	賛成	反対	棄権	欠席	反対国
1992	59	3	71	46	米国、イスラエル、ルーマニア
1993	88	4	57	35	米国、イスラエル、アルバニア、パラグアイ
1994	101	2	48	33	米国、イスラエル
1995	117	3	38	27	米国、イスラエル、ウズベキスタン
1996	137	3	25	20	米国、イスラエル、ウズベキスタン
1997	143	3	17	22	米国、イスラエル、ウズベキスタン
1998	157	2	12	14	米国、イスラエル
1999	155	2	8	13	米国、イスラエル
2000	167	3	4	15	米国、イスラエル、マーシャル諸島
2001	167	3	3	16	米国、イスラエル、マーシャル諸島
2002	173	3	4	11	米国、イスラエル、マーシャル諸島
2003	179	3	2	7	米国、イスラエル、マーシャル諸島
2004	179	4	7	7	米国、イスラエル、パラオ、マーシャル諸島
2005	182	4	1	4	米国、イスラエル、パラオ、マーシャル諸島
2006	183	4	1	—	米国、イスラエル、パラオ、マーシャル諸島
2007	184	4	1	—	米国、イスラエル、パラオ、マーシャル諸島
2008	185	3	2	—	米国、イスラエル、パラオ
2009	187	3	2	—	米国、イスラエル、パラオ
2010	187	2	3	—	米国、イスラエル
2011	186	2	3	—	米国、イスラエル
2012	188	3	2	—	米国、イスラエル、パラオ
2013	188	2	3	—	米国、イスラエル
2014	188	2	3	—	米国、イスラエル
2015	191	2	—	—	米国、イスラエル

メキシコ、コロンビアなど数か国となり、左派政権が圧倒的多数を占めるようになった。しかも、保守政権すら米国と距離を置き始めた。

それだけではなかった。米国が力を注ぐ「米州自由貿易圏構想」がラテンアメリカ諸国の賛成を得られないまま頓挫しているのに対し、米国を除外した、ラテンアメリカ諸国だけから成る地域共同体が発展した。南米共同市場、カリブ海共同体、キューバとベネズエラが中心になって進める米州ボリバル同盟（ＡＬＢＡ）に続いて、２０１２年12月には「ラテンアメリカ・カリブ海諸国共同体」（ＣＥＬＡＣ）も発足した。これは第二のヨーロッパ共同体を目指すものだが、保守政権も含め、あらゆるラテンアメリカ諸国が参加している。キューバは地域共同体に復帰しただけではなく、そのなかで積極的な役割を果たしている。

半世紀にわたり米国の干渉に耐え、革命の理念を維持してきたキューバは、体制の違いはあるものの、ラテンアメリカ諸国にとっては特別な存在である。ルーガー報告でも指摘されているように、キューバに対して強硬姿勢をとり続けるならば、米国はラテンアメリカとの関係を立て直すことができない。

変わる世論・マイアミ・経済界

かつて米国民にとってキューバは「悪魔の国」であった。しかし、今日では事態は様変わりし、関係改善を望む人々が過半数を超えるようになった。

この変化は各種の世論調査にも表れている。２０１４年1月に大西洋評議会ラテンアメリカセンター（Latin America Center of Atlantic Council）が行った調査では、関係改善を支持する市民は、全国レベルでも「強く支持する」（30％）と「どちらかと言えば支持する」（26％）を合わせると56％に達した。さらに、キューバ系の多いフロリダ州ですら63％と、全国の支持率を上回っていた。このうち「強く支持する」は38％、「どちらかと言えば支持する」は25％であった。

反カストロ強硬派の牙城と言われたマイアミも例外ではなかった。フロリダ国際大学は毎年、

外交関係樹立に賛成か反対か（米国到着年別）
フロリダ国際大学　マイアミ・デイドのキューバ人移民アンケート（2014 年 4 月2～5 日）

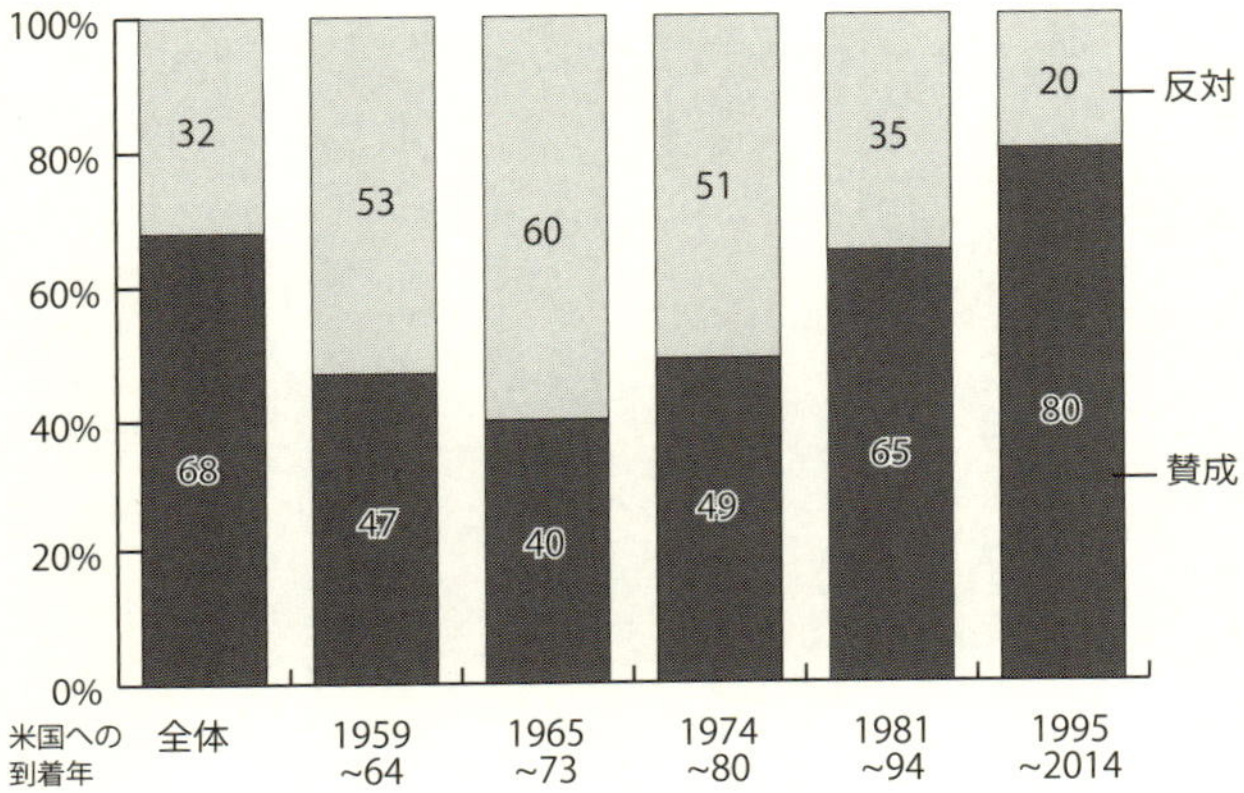

キューバ人移民が集住するマイアミ・デイドでアンケート調査を行っているが、２０１４年（4月2日～5日に実施）の調査では52％が制裁解除を支持していた。

制裁解除を求める人々は新しい移民ほど多い。革命直後の１９５９年から64年までに入国した移民では賛成が45％、反対が55％と、反対が上回るが、１９９５年から２０１４年までの移民では賛成が58％、反対が42％と逆転する。年齢別でも、65歳以上では60％が解除に反対だが、それ以下の年齢層ではすべて賛成が上回り、特に18歳から29歳の若者では82％に達する。

フロリダ国際大学のアンケートには、関係改善を推進する大統領候補に投票するか否かを尋ねた質問がある。これに対しても63％が投票すると答えている。

フロリダ州の政治状況も変化している。共和党の独壇場とみなされてきた州であるが、２００８年の大統領選挙では民主党票が上回った。共和党への支持率は年々減少しており、上院や下院の選挙でも、長い間、圧勝を誇ってきた反キューバ強硬派候補が苦戦を強いられている。とはいえ下院議員にはまだ多くの反キューバ派が当選しており、オバマ大統領の関係改善措置を無効化するための法案を次々と提案している。

経済界が早くから関係改善を望んでいたことはよく知られている。食料輸出はクリントン政権下の2001年から始まっているが、これは農業関係団体の意向を反映したものであった。経済界は関係改善発表以前から、訪問団を送り込んだり、ハバナで開かれる見本市に参加したりするなど積極的に動いており、「D－17」のあとには財界トップが雪崩のようにキューバを訪れ、通信業、建設業、航空業、金融業、食料加工等々、あらゆる分野の業界が進出交渉を開始している。2015年5月には大企業とNGOが「Engage Cuba」を発足させ、制裁法撤廃を訴えている。

半世紀以上にわたる米国の経済制裁のために疲弊したキューバ経済の再建は米国企業にとって大きな投資機会を提供する。それだけではなく、キューバは西半球の生産基地としても大きな可能性をもっている。かつてスペイン植民地時代に本国を出た船団がまずハバナに立ち寄り、南北へと散っていったように、カリブ海の中心に位置するキューバは南北アメリカの格好の経済拠点となり得る。しかも政治も安定し、国民の教育レベルも高い。

政治亡命から出稼ぎへ

米国に住むキューバ系移民の意識が変化しているのは、革命から半世紀を経て世代交代が進んでいること、また、移民や難民の出国目的が変わってきていることによる。

革命直後の亡命者は大農場主や大企業主などの上流階級であり、マイアミに移ってからも地域経済の中枢を握り、連邦議会でも反キューバ・ロビーの急先鋒となってきた。しかし、半世紀を経て、一世の高齢化が進み、二世ともなるとむしろ米国内でのビジネスに関心が移っている。

２０１０年のセンサスでは在米キューバ系移民はおよそ１７０万５０００人。革命直後の亡命者はすでに高齢化し、米国に滞在するキューバ系住民のほとんどは１９８０年代以降の出国者、すなわち経済難民である。２０１３年にキューバで新移民法が制定され、非合法に出国した人々の帰国も可能になると、20万人がキューバに戻っている。

最初に大量の経済難民が流出したのは１９８０年のマリエル港事件であった。このときには最終的に21万人が出国している。その後、１９９０年代のソ連解体による経済危機のときに、再度、大量難民流出事件が起きた。はじめは航空機を乗っ取ったり、船舶を盗んだり、ベルギーやドイツの大使館、チリ領事館を襲撃したりして出ていったが、政府が出国を許可すると手作りのイカダや小舟に乗って大量の難民が流出した。これはバルセーロ事件と呼ばれ、その数は94年末までに総計6万人に上った。

これらの難民はフロリダに到着すると、口々にキューバ政府を非難したが、実際にはマリエル事件と同様、「出稼ぎ」であった。キューバ国内の研究者によっても詳細な調査が行われ、難民には白人、30代、中等学校の卒業以上の高学歴者が多いこと、目的は米国で出稼ぎして、送金することであることが明らかになった。

自己実現という理由を挙げる者もあった。革命後の教育の発展で高学歴社会となったにもかかわらず、経済危機のために学歴に相応しい職業が限られていたためである。

(4) キューバ——〝これで新しいシステムが機能する〟

2014年12月にオバマ大統領の発表が伝えられたとき、キューバ国内での反応は「これで新しいシステムが機能する」というものであった。

「新しいシステム」とは2011年の第6回党大会で決定された新しい社会経済体制である。「キューバ社会主義モデルの現代化」と名づけられているように、革命の基本理念の維持という観点から、1960年代の平等主義体制以来の「社会主義体制の経験の失敗」の経験を踏まえて、社会経済体制を抜本的に転換したものである。

ラウル・カストロが「革命理念の維持は経済の再生にかかっている」と繰り返し述べているように、新しい体制の最大の目的は経済の活性化にあるが、それはあくまでも「革命を守る」ためであった。

しかし、体制転換のための法制化がほぼ整った2014年の上半期のGDPの成長率は0・6%。「これではゼロ成長と変わりはないではないか」と、政府のなかにも、また経済学者のなかにも、落胆の声が広がっていた。米国の制裁の影響がいかに大きいかを示すものである。

資本や技術のないキューバにとって外資の誘致は経済再生のカギである。2000年代に入ると、アメリカ大陸ではカナダや、ベネズエラ、ブラジル、メキシコなどのラテンアメリカ諸国、ヨーロッパではスペイン、オランダ、ドイツなど、さらにアジアでは中国との関係が深まり、多くの投資契約も結ばれた。しかし、契約が履行されないまま放置されるケースも少なくなかった。米国の制裁を恐れたためであった。

これに対し、関係改善が発表されると、堰を切ったように、世界中のあらゆる諸国といってよいほど多くの諸国の首脳がハバナを訪れては経済協力を約束していった。その結果、心理的効果も相まって、GDP成長率は2014年の1・3％から2015年には4％にまで回復した。観光客も急増し、「閑散期」といわれる2015年1月から7月にも前年同期比18％増となった。制裁緩和の見通しが垣間見られるようになっただけで、「新しいシステムが動き始めた」ことになる。

その後、パリ・クラブやロシアをはじめとする多くの諸国と債務交渉が始まり、対外債務が軽減された。長い間、多額の対外債務の返済に苦しんできたキューバにとっては朗報である。

（5）関係改善交渉から大使館開設へ

制裁緩和措置第一弾――「民主化を促進し、民間部門を支援する」

関係改善発表後の米国政府の対応は早かった。翌年1月15日には財務省と商務省が制裁緩和措置を公表している。これは主に以下のようなものから成り立っていた。

①キューバ系移民の送金額増加（年4回、1回2000ドルまで）。
②米国市民の渡航制限緩和（人道目的、教育・文化等）、キューバでの消費容認。
③輸出、送金、投資の解禁（市民・民間団体向け・民主化・市民社会強化、国民生活向上等）。

④個人や民間企業の銀行業務の部分的許可（キューバ人移民の送金用銀行口座開設、米国民の商用等のクレジットカード利用）。

⑤キューバへの船舶寄港制限緩和（人道目的、緊急時）。

ここからもわかるように、制裁緩和の目的は「人道目的」や「民主化推進」にある。米国企業のキューバ進出も解禁されるが、これも民間部門向けに限られている。移民の送金拡大も人道主義にもとづくものとされているが、これまでも送金のほぼ半分が個人営業の資金に充てられていた。1年間に計8000ドルというのはキューバでは大変な額になり、個人営業の大幅な拡大につながる。制裁緩和措置はキューバの市場経済化の推進を目的としたものになっている。

ハバナを訪れたオバマ大統領［提供：AP／アフロ］

他方、キューバからの対米輸出はまったく解禁されていない。医薬品などをはじめとするキューバ産品はいうまでもなく、キューバ産品がわずかでも含まれた物資はたとえ第三国からであっても輸出できない。国際金融機関からの排除、キューバと取引を行う企業や国への制裁などは依然として手つかずのままである。キューバ側が主張するように、キューバへの制裁の緩和には程遠い。

しかし、それにもかかわらず、これらの措置は「アリの穴が堤防を破壊するように」制裁解除に向かう可能性を孕んでいる。緩和措置が発表されるや、通信業、建設業、観光業等々、さまざまな米国企業が投資計画を携えてキューバを訪れており、米系企業の進出が進めば銀行業務の開設や船舶の寄港なども必要となる。「人道目的」などの制約が課されているが、早晩、形骸化し得る。

懸案事項を棚上げしたままの大使館再開

２０１５年４月14日、オバマ大統領はキューバに対するテロ支援国家の指定解除を連邦議会に報告した。その後、議会で多数を占める共和党が猶予期間の45日間中に不承認措置を取らなかったため、５月29日、深夜に発効した。

指定解除が自然承認という形で実現したのは共和党が議会で阻止するだけの力を失っていることを示すものであった。米国の対キューバ政策はマイアミを中心とする強硬派のロビー活動に左右されてきたが、第２次オバマ政権のもとで状況は変化している。

テロ支援国家に指定されると貿易や信用の供与などが禁止されるだけではなく、キューバと取引をした国はテロ支援国家と取引を行ったとして米国政府から厳しい制裁を科される。関係改善の年である２０１４年にもフランスのパリバス銀行がスーダン、イラン、キューバと取引を行ったという理由で８００億ドル以上の罰金の支払いを余儀なくされた。国交が回復したあとも多くの銀行が制裁を科されている。

このあと、交渉は大使館の相互開設が中心課題となった。任期をわずかに残すオバマ大統領にとっても、また、経済封鎖のために厳しい経済状況に置かれているキューバにとっても、大使館の開設は関係改善を後戻りさせないための布石となる。

しかし、大使館開設の日程はなかなか決まらなかった。主張に大きな隔たりがあったためであり、代表レベルの交渉が終了したあとも事務レベルでの話し合いが続けられた。交渉の内容が公表されないまま、時が過ぎていったが、6月に入るや大使館再開が発表され、7月20日にはそれぞれの国の利益代表部が大使館に昇格した。1961年の断交以来、54年ぶりのことであった。米国の臨時大使には2014年8月から利益代表部長官を務めてきたジェファリー・ディローレンティスが就任した。臨時大使にとどまったのは、連邦議会で大使館開設のための出資が禁止されたために、正式な大使任命ができなかったためである。

しかし、大使館再開は懸案事項を棚上げにしたまま、実現したものであった。大使館開設の日の合同記者会見では、ケリー国務長官も、ブルーノ外相も、ともに関係改善を高く評価する一方で、両国間には依然として「深い相違」が存在すること、関係の正常化、すなわち、制裁解除への道は「長く、複雑である」ことを指摘した。

外交官が街を自由に歩く権利とは?

大使館開設にあたり議論となった問題の一つに「外交官が街を自由に歩く権利」がある。

利益代表部は1977年4月に当時のカーター大統領とフィデル・カストロ議長の話し合いで合意され、設置されたが、ニューヨークのキューバの代表団員は代表部のあるマンハッタンのコロンブス広場から40キロ以内しか移動できず、ワシントンに行くときも国務省の許可を得なければならなかった。一方、ハバナのマレコン通りに面した米国の利益代表部のメンバーもハバナ市の外に出る場合には許可が必要であった。

しかし、これは「制限を緩和すればよい」という単純な問題ではなかった。

キューバ側が特に問題としたのは、ヘルムズ・バートン法の主要目的は国内の「民主勢力」の支援に置かれ、そのための活動資金も予算化され、在ハバナの米国利益代表部が支援活動の拠点となっていることである。ラウル・カストロ議長も２０１５年4月にパナマで米州サミットが開かれた際の記者会見で、オバマ大統領に対して、最も懸念されるのはこのような活動が未だに続いていることだと伝えたことを明らかにしている。

ブッシュ（子）政権時代には、ハバナの米国利益代表部の窓に「キューバは喪に服す」などの政治的メッセージが掲げられたこともあった。これに対し、キューバ側はその前の広場に、１９７６年のハバナ航空機爆破事件の犠牲者の数と同じ１３８本の黒旗を掲げた。関係改善発表後も、代表部やそのメンバーの自宅でキューバ人に対する「自由なジャーナリズムのための研修」が行われたり、米国内からのキューバ向け反政府宣伝放送であるマルティ・ラジオやマルティ・テレビ（１９８３年に開始）の予算が増額（総額１００万ドル）されたりしている。キューバ側は、代表部が大使館に昇格すれば、外交特権を理由にこうした活動がさらに拡大するとして、63年のウイーン条約に規定された外交特権、国家主権の尊重、国内法の遵守を求め続けている。

「民主化」を要求する米国、国際法遵守を訴えるキューバ

大使館再開直後に米国で行われた世論調査では、関係改善を支持する人々は58％と過半数に達した。反対は40％であった（AP通信社世論調査）。一般市民の渡航制限はいまだに解除されていないが、人道目的などを理由にキューバを訪れる米国市民も急増し、２０１５年の5月初めには前年12月の36％増となった。米国の大企業も次々と投資計画を打ち出し、経済界ではキューバ・フィーバーが起きている。

しかし、その一方では、米国議会では民主化促進と市民社会強化のための２０１６年度予算案が可決され、キューバ向けに３０００万ドルが計上された。このうち８００万ドルが反キューバ団体「民主主義のためのナショナル財団」（ＮＥＤ）に与えられた。

食料や医薬品の輸出に対する規制も依然として厳しく、２００８年に7億ドルとピークに達した食料輸入も、その後、減少を続け、関係改善発表後の２０１５年には約1億５０００万ドルにとどまった。医薬品は４４０万ドルである（U.S. International Trade Commission）。

このように制裁解除が遅々として進まないのは、米国議会に根強い反対勢力が存在しているだけではなく、両国間に関係改善に対する「深い相違」が横たわっているためである。

関係改善を発表した12月17日の演説で、オバマ大統領はなぜ対キューバ政策の転換が必要であるかについて、①経済制裁がすでに時代錯誤となった、②中国やベトナムと同様、体制の違いを超えた関係構築が必要である、③交流拡大は米国の経済的利益だけではなくキューバの社会や市民が変化し民主化につながる、という理由を挙げている。すなわち、制裁廃止はあくまでもキューバの「民主化」

のためだということである。したがって「民主化」が実現しない限り、制裁は解除されない。

これに対しキューバは「関係改善」ではなく、「関係正常化」、すなわち制裁法の廃止と、国家主権の相互尊重、国際法や国連憲章を基礎とする関係の樹立を求めている。

オバマ演説の3日後の12月20日にはラウル・カストロ議長が国会で演説を行っている。突然の関係改善の発表を前に世界が注目しているときでもあり、キューバの基本的立場を国際社会に示し、その支持を背景に、自国の原則的立場を維持しながら米国との交渉に臨もうとしたものであった。

ラウル・カストロはまず、オバマ大統領の関係改善の決断を高く評価し、感謝の意を伝えた。大統領を立てることにより関係改善への道を着実なものにするためであった。しかし、そのあとに、次のように続けた。「関係改善が実現したのは、特にラテンアメリカやカリブ海の大きな変動の結果であり、制裁法廃止を求める国際社会や米国市民社会の活動も続くだろう」としたのである。米国が関係改善に乗り出したのは国際社会や内外の世論の変化によるものであり、その実現は世界や米国内の世論の動向にかかっている、というのである。

同時にラウル・カストロは、関係改善に対するキューバの原則的立場を明らかにした。すなわち、「キューバは主権国家であり、国民は自由な投票によって憲法を承認し、社会主義の道と政治経済社会体制を決定した。関係改善のために理念を放棄することはない。両国間には主権、民主主義、政治形態、国際関係に関する考え方などに違いがあるが、われわれは米国に政治体制を変えるよう求めたりはしない。対話は、国際法と国連憲章に基づき、主権国家間の権利の平等、諸国民の自決権、国際紛争の平和的手段による解決、脅迫や力の行使への反対、内政干渉の排除によってのみ前進できる」。

国際法や国連憲章の遵守という普遍的理念を基礎に世界の共感を確保し、対米交渉に臨もうとしたのである。

しかし、両国の溝は埋まらず、2015年7月には半世紀ぶりに国交が回復し、16年3月にはオバマ大統領のキューバ訪問も実現したが、その後も交渉は続いている。

米国は制裁解除の条件として「民主化」、すなわち、西欧型代表民主主義への移行と市場経済化を求め続けている。これに対し、キューバは、米国流の民主主義制度は必ずしも民主的ではない、市場原理主義は社会的経済的弱者の排除などをもたらし、非民主的であるという立場であり、国民の総意に基づく体制選択の自由を訴え、制裁法は国家主権の尊重という国連憲章や国際法の基本理念に反するものだとしてその廃止を要求している。このほかキューバは、1902年以来、米国が保持しているグアンタナモ海軍基地の返還、1976年のキューバ航空機爆破事件などのテロに対する賠償、国内民主化勢力の支援活動や米国からの反政府宣伝放送であるマルティ放送やマルティテレビの中止などを求めている。

キューバと米国の関係正常化交渉から見えてくるのは、世界における二つの民主主義概念の対立というよりも、大国の論理に対して国際法を盾に小国が抗する姿である。

2　新しいキューバ、新しい問題

(1)「経済自由化」が貧困と格差をもたらす

可視化された貧困と格差

市場経済化の進行とともに、貧困や所得格差の拡大、人種差別や性差別の復活など新たな問題が浮上している。

貧困問題は、政府が打ち立てた新しいシステムが動き出し、経済が回復すれば徐々に解消されていくであろう。しかし、人種差別や性差別の復活は、制度的な平等が維持され、政治指導部も必死の努力を重ねているにもかかわらず、経済自由化の結果として起きている現象であるだけに、解決は容易ではない。

貧困層は経済がまだ正常だった１９８８年には６・３％、経済危機の勃発から10年を経てようやく危機前のレベルにまで回復したといわれる２０００年には、さまざまな推計で、およそ20％という数字がだされている。２００７年にハバナ市で行われたアンケート調査では「貧しい」、「やや貧しい」と答えた人々はそれぞれ23％に達した。ドル収入を得られる人々が多い首都ですら半数近くの住民が「貧しい」と感じていることになる。

政府も手をこまぬいているわけではなく、国営企業労働者の平均賃金は、１９８９年には１８８ペソだったものが、２０００年には３３０ペソ、２０１４年には５８４ペソにまで引き上げられた。しかし、配給量の減少と自由市場の価格高騰のために、実質賃金はこの間に2分の1弱にまで落ちた（Revista Temas, Julio, 2013）。生産が伸びないまま賃金を引き上げ続ければインフレが起きる。政府にとってはジレンマである。

一方、家計費のうち、配給への支払額は一人当たり40～45ペソ。これでタンパク質とカロリーの60％以上をとることができるが（José Luis Rodríguez, Catalejo, Revista Temas）、不足分は自由市場で買わなければならないために、食料費だけで家計収入の60～75％を占める。その他の日用品の購入に充てられるのは残り3分の1である。年金は平均２００ペソ程度であり、年金生活者の生活は特に苦しい。

キューバで貧困の指標としてあげられるものに、所得と食料のほかに住宅がある。特に都市部の住宅の劣化は激しく、郊外には掘立小屋も見られる。ハバナの下町ではトイレが共同だったり、一軒の家に数家族が同居する例も少なくない。住宅問題は革命以来ずっと解決の必要性が叫ばれ、ミクロブリガーダなど地域住民の協力により建設が進められたりしたが、経済低迷のために最も解決が進まなかった分野の一つである。

ドルを持つ人、持たない人

所得格差も拡大した。ジニ係数は80年代半ばには０・24だったが、２０００年には０・38（Mayra, 2008）、２０１１年には０・40と推定されている（Revista Temas, Valorando lo andado）。ラテンアメリカで最も格差が大きいとされるブラジルの0・54、チリの0・51（世銀、2005〜09年）と比べれば、まだ格差は小さいが、平等主義社会といわれてきたキューバにとっては深刻な問題である。0・3を超えると社会不安が起きるとされているが、問題はあるものの、キューバはまだそのような事態には至っていない。因みに日本0・38（2011年）である。

キューバで高所得者といえば、個人営業、小農民、協同組合員などの非国有部門で働く人々や、ドルなどの外貨収入を得られる人々である。こうした人々の所得は国営企業労働者の数十倍、数百倍に達することもある。

海外送金を恒常的に受け取る家庭は60％強といわれる。観光業従事者のほか、外資との合弁企業で働く人々も外貨収入が得られる場合があり、また、個人営業のなかにもドルで稼ぐ人々がある。

海外からの送金はオバマ第1次政権下の2009年に制限が緩和されてから急増している。個人が携行する場合もあるため正式な統計はないが、2012年には2000年のほぼ2倍、約26億ドルに達したとされる。2015年1月には制裁が緩和されて、送金額は四半期ごとに1回500ドルから2000ドルにまで増額されており、国民間の格差は一層拡大することになる。

海外から送られてくるのは現金だけではない。食糧、電気機器、エレクトロニクス機器等々の物資もほぼ同じ額に上る。キューバ国内のスマートフォンや携帯電話の端末数は2012年には180万台であったが、その70％は移民から送られたものであった。2015年には300万台にまで急増している。

さらに、個人営業の資金の50％は海外からの送金に依存している（2012年）。ハバナ空港は米国からの直行便で里帰りする人々であふれているが、必ずしも両親や子ども、あるいは親類へのお土産を運んできたわけではない。続々と飛行機の貨物室から降ろされてくる大きな袋のなかには個人営業を営む人々のための食材や機材などが詰めこまれている。そのため米国との直行便には運び屋も暗躍している。

ドル収入のある者や個人営業者が富裕層を形成するとすれば、所得の地域格差は拡大する。最も平均所得が高いのは経済の中心地であるハバナ市やシエンフエゴス市である。逆に東部のサンティアゴ・デ・クーバ州やグアンタナモ州は最も貧しい地域となる。

このように考えてくると、低所得層を形成するのは年金生活者、母子家庭などになる。一般的にはその通りである。しかし、前にも述べたように、実態は個々の家庭で異なる。キューバは二世代、三世代家庭が多く、しかも共働きが多いため、一家に働き手が数人いるというケースが多い。また、妻が国有企業で働き、夫が収入の多い個人営業や観光業に従事しているケースも少なくない。

このほか、国有部門で働く人々も基本的には低所得層ということになるが、国営企業であっても外貨取引のあるところでは外貨でボーナスが出ることもある（2000年半ばには国営企業労働者の23％を占めた）。

「強い者」が波に乗る

市場経済化が進むとともに「強い者」が富裕層となり、「弱い者」が底辺層となった。

国有部門の回復が遅れ、利益を上げて賃金を引き上げるまでに至らないために、国有部門の労働者の賃金は相対的に低い。十分に食べていくには国有部門から非国有部門へ移るのが手っ取り早いが、しかし、外国企業や観光ガイドとして働くことのできるのは知識や技術や情報力をもつ高学歴者である。個人営業も複雑な開業手続きをこなすにはそれなりの能力が必要である。また、開業資金も必要であり、それをねん出できるのは主として海外から送金を受ける人々である。高学歴者や海外の移民には白人が多い。そのため、観光業や個人営業の従事者も白人が中心となる。

転職先のない低学歴層や黒人や女性は賃金の低い国有企業に残る。国有企業の、特に肉体労働者に黒人や混血が多いのはそのためである。リストラ労働者に対しては最初の1か月は賃金の100%、その後5か月間は最大限60%が保障されるが、給付期間が終了すれば露頭に迷う。彼ら、彼女らに残された働き口は、レストランや商店などの個人営業の使い走りや非合法の街頭での物売り、あるいは闇取引などの「インフォーマル・セクター」くらいとなる。

しかし、幸いにして高収入の職に就けた高学歴者や技術者も必ずしも満足しているわけではない。食べるためとはいえ、職業と学歴や技術とのギャップは大きく、充足感のないまま日々の生活を送ることになる。

(2) 頭をもたげる人種差別

表面化する「心の内なる差別」

革命前に最も差別され、虐げられていたのは黒人と女性であった。

奴隷制はスペイン植民地時代の1880年に廃止されたが、その後も黒人はサトウキビ農場や工場の労働者など社会の最底辺層を形成してきた。一方、女性は、革命前には職業といえばメイドや売春婦がほとんどであった。キューバは米国の歓楽街だったのである。

革命成功とともにすぐさま人種差別が撤廃され、翌年の1960年には「人種差別から自由な国」と宣言された。また、革命後、最初にできた大衆団体が女性連合（1960年8月成立）であったように、女性の解放にも大きな力が注がれ、識字教育や職業訓練、母性保護、女性の社会進出などで大きな成果を上げた。なかでも教育の無償化が果たした役割は大きかった。だれもが無償で教育を受けることができるようになったことで、企業や官僚組織のトップや技術者などに黒人や女性が増えた。その結果、革命後のキューバは世界で最も人種の平等や女性解放が進んだ国となった。

ところが、第5章で述べたように1980年代になるとこうした「公式の見解」に疑問が呈された。人種差別や性差別が依然として残っていることが指摘され、それとともに人種論、ジェンダー論などが研究テーマにあがった。1986年の第3回共産党大会で「黒人、女性、若者」の登用が決定されたのもその反映である。

人種差別や性差別に関する議論や研究・調査は、1990年代に入ると一層活発になった。「経済自由化」の進行により人種差別が多くの人々にとって「目に見えるようになった」こともその一因である。

その結果、1997年の第5回党大会では人種差別問題が最大のテーマの一つとなった。翌98年の第6回UNEAC（全国キューバ作家芸術家連合）大会ではフィデル・カストロが人種差別の存在を認める演説を行い、「真に深い分析」を行うよう訴えた。白人も黒人もムラートも平等な権利を保障され、そのための制度が確立すれば、また、子ども時代から学校で席を同じくすれば、時とともに差別意識もなくなるだろうと考えられたが、そうはならなかったのである。

差別はさまざまな面に見られた。結婚は最も差別意識が表れるところである。白人の68％は、建前としては人種の平等を当然としながらも、黒人との結婚には反対であると考えていた（Saywer, 2006）。黒人は知性が低い、価値観が異なる、とみなす白人も少なくなかった。

貧困の人種化

こうした「心の内なる差別」が露わになったのは経済自由化、特に対外経済開放が進むとともに「貧困の人種化」、すなわち、貧困が黒人や混血に集中し始めたためである。

たとえば、観光業や個人営業など、市場経済化とともに拡大した経済部門で働く黒人は少ない。ホテルのフロントや観光ガイドには黒人の姿はほとんど見られない。「外国人の顧客が好まない」という理由である。「粗相をした」、「適性に欠ける」などの理由で黒人が解雇される例もある。「小金もち」の多い小農民や協同組合農場、また個人営業でも、黒人や混血は数％にすぎない。

1990年代までは、小農といえば革命前からの農民や、革命直後の第1次農業改革で土地分与を受けた人々であった。黒人は大農場の農業労働者や収穫期だけ雇われる季節労働者が多かったために、協同組合農場（のちに国有農場に転換する）のメンバーとなった。1990年代からは国有地を永代貸与する「借地農」が形成されてきたが、農業技術や経営能力をもたない黒人にとっては参入しがたい。

そのため、小農にも借地農にも白人が多い。

このほか、個人営業もそれなりの経営のノウハウと多額の開業資金が必要であるため、ほぼ白人の独壇場である。第6回共産党大会のあと、個人営業の開業や経営資金が国から融資されることになったことで、様相はいくらか変化するであろう。

海外から送金を受け取る黒人は白人の4分の1である（Prieto & Rodriguez, 2006）。移民の80％以上は白人だからである。1980年と1994年の二度にわたる大量難民流出事件の際には、出国者のなかに数は少ないものの黒人やムラートの姿が見られ、キューバ社会に衝撃を与えたが、米国に定着した人々は少なかった。米国は白人優位社会であり、マイアミの財界の有力者もキューバの上流階級の白人亡命者であり、人種差別に直面して帰国する黒人も少なくない。

格差は教育の場にも表れ始めている。教育は無償であり、すべての人々に一様に権利が保障されているにもかかわらず、大学入学者の圧倒的多数は白人である（「大学の白人化」）。これに対し、黒人やムラートの多くは職業学校に進む。黒人の大学進学率が低いのは経済低迷のために大学を出ても高所得の職業に就けないためであるが、それは小中学校でのドロップアウトや学習意欲の低下につながっている。

解消されなかった革命前の後遺症——住宅問題

ハバナ市では黒人やムラートは住環境の劣悪な旧市街のアバナ・ビエハやセントロ地区に集住している（住民のそれぞれ32％、52％が黒人である。Prieto & Rodriguez, 2006）。革命後も経済発展の制約のために住宅の整備が進まず、革命前と同じ状況が続いたためである。

対外開放が進むとともに、かつては見られなかったコソ泥や、ごくたまにではあるが強盗なども新聞で報道され始めた。貧しい人々が増えれば犯罪も増えるであろうが、刑務所の収容者の57％は非白人である（Prieto & Rodriguez, 2006）。そのため黒人が多く住む貧困地区は犯罪の多い地域とみなされ、警察の監視の目が厳しくなる。これに対し、非白人の側からは「差別だ」という声があがり、逆に、白人の側では「黒人は働かない」、「モラルが低い」という声がささやかれる。

人種差別の復活に対し黒人のなかからも抗議の声があがり、１９８０年代以来、黒人のアイデンティティを基礎とした組織も成立している。しかし、文化的な復権が中心であり、体制転換を求める声とはなっていない。政治指導部も差別撤廃を最大課題の一つとして掲げており、黒人だけではなく、白人を含む知識人も、人種差別の撤廃や人種の貧困化について大きな懸念を表明し、研究や分析を活発に進め、対策を提言しているが、「心の内なる差別」は、経済自由化の進行によって「貧困の人種化」が進むとともに、拡大し続けている。

（3）後戻りする女性解放

革命とともに解放された女性たち

キューバ女性の社会進出ぶりは、日本人にとっては目を見張るばかりである。国会議員（２０１３年選挙）、州議会議員（同）、地区議会議員（２０１５年選挙）のそれぞれ48・9％、50・5％、34・9％

が女性であり、最高政治決定機関である国家評議会でも31名中13名を占めている（任期２０１３〜18年）。職業についても、国有部門と合弁部門の管理職は４人に１人（２０１１年）。就職の際にも能力主義が貫かれるため、日本のように女性の圧倒的多数がパートや派遣などの非正規労働者というようなことはない。

大学進学率も高く、大学入学者の62％が女性である（２０１２〜13年）。文系だけではなく、医学や物理学の専攻者もそれぞれ66・３％、42・６％を占めており、「リケ女」も特別な存在ではない。

革命後、女性解放が進んだのは「虐げられた人々の解放最優先」というマルティ思想にもとづくものであり、革命後には人種差別の撤廃とともに、女性解放が最重要課題の一つとなった。特にフィデル・カストロが果たした役割は大きく、キューバ女性連合（ＦＭＣ）が60年８月という早い段階に成立した背景にはカストロの積極的な取り組みがあった。

カストロは女性の能力を高く評価していた。革命闘争中にも勇気、献身、組織力などで突出した多くの女性闘士が活躍し、「女性版フィデル」といわれたが、そのうちの一人、セリア・サンチェスは、ジャノ（平地部）で７月26日運動の支援活動を行っていたフランク・パイスが警察に殺害されたあとを引き継ぎ、都市や農民の組織化に高い能力を示した。彼女がいなければゲリラの発展はなかったといわれており、グランマ号で上陸したカストロらがシエラ・マエストラに到着できたのも、彼女が組織した農民の支援網が力を発揮したためである。シエラ・マエストラで初めて武器を持って闘った女性もセリアであった。このような女性は数多く存在し、女性だけのゲリラ部隊「マリアナ・グラハーレス小隊」も成立した。「わずかしかない武器をなぜ女に与えなければならないのか」、「女に闘いなどできない」という男性ゲリラの反対の声を押しきり、「では自分の護衛部隊に」と、形成を認めたのはカストロであった。

革命後、ビルマ・エスピンを長とする女性連合の手で識字教育、職業訓練、母性保護を手始めに女性解放が進められ、教育や医療・保健の発展ともあいまって、キューバは先進国並みの高い社会指標を記録し、女性の社会進出も進んだ。

三重負担――「楽じゃないわ」

ところが１９８０年代に入ると、こうした「革命の成果」にも疑問が呈された。ジェンダーの視点から「女性は本当に解放されたのか」という問いが発せられたのである。テレビのホームドラマには「台所で料理をする女性、テレビや新聞を見ながら居間のソファに座っている男性」というシーンが当たり前のように出てくる。男女の平等を掲げた労働法にも、「母性の保護」のために女性が就くことのできない職業が規定されていた。

こうして１９８４年４月にはＦＭＣ内部に女性問題研究センターがつくられ、ジェンダー問題の調査・研究が始まった。１９７５年にメキシコ・シティで女性の権利とジェンダーの平等のための国連世界女性会議が開かれてから９年を経ていた。

１９９０年代には、ソ連解体によりキューバ経済はきわめて厳しい状況に置かれるが、その影響は働く女性にとって特に厳しかった。

バスは間引きされ、通勤は大変な長時間となった。配給を受けるために長い列をつくらなければならず、電力不足で計画停電も頻発した。電気ガマや電子レンジはおろか、冷蔵庫も十分普及していない状況のもとで家事労働の負担は重くのしかかった。家事に費やす時間も、女性が週34時間に対し、男性は12時間（Mayra, 2008）。これに加え、老人や病人の世話も妻の仕事であった。

ところが不思議なことに、経済危機が最も深刻だった1990年代半ばにも働く女性の数は減らなかった。配給が減少し、自由市場で買わなければならなくなったために、多くの現金が必要だったのである。幸か不幸か、住宅不足のために二世代、三世代家庭が多く、同居する親や祖父母に子どもを預けて働くことができた。

どこの国でも外で働く女性にとって仕事と家事の二重負担は大きい。しかし、キューバでは三重負担となった。参加民主主義を国是とするために、草の根レベルの地域活動が重くのしかかったのである。

革命防衛委員会（CDR）は、下水道の整備や孤老や母子家庭の支援から地区選挙の運営にいたるまで、地域のさまざまな問題に取り組む隣組組織であるが、休日にはその活動が待っている。マチズムの名残りもあり、「男の仕事ではない」という男性に代わり女性たちが地域活動を支えていたのである。1975年に家庭法がつくられ、夫婦による家事や子育ての分担が規定されていたが、実態は程遠かったことになる。1992年憲法では職場から家庭に至るまで、あらゆる場での女性の平等が規定されたが、実態はどうであったのだろうか。このほかに、皮肉なことではあるが、ほぼ100％近い女性が参加するキューバ女性連合（15歳以上が加入）の支部活動もあり、「参加」制度は女性の負担を増していた。

家庭への回帰

キューバの社会学者マイラ・エスピナは、市場経済化の進行が女性に与えた影響として、①女性間の格差拡大、②管理職女性の減少、③男性との賃金格差拡大、④家事労働時間の増加を指摘している。「最も解放された」はずのキューバの女性たちも「世界標準」に近づいていることになる。

いうまでもなく、男性と同じく、二か国語はおろか、三か国語、四か国語を操る観光ガイドとして活躍する女性たちも存在する。しかし、一般女性の多くは、あこがれのホテルに就職できても、ルームサービスや洗濯係などにとどまる。

収入を増やすためには高収入の得られる職業に転職することが第一だが、多くの場合、夫が観光業や個人営業に移り、妻は国有企業に残る。残った女性も、国有企業の閉鎖や合理化が進むとともに退職を余儀なくされるケースが多い。結果として管理職の女性も減少することになった。

だが、リストラ労働者の受け入れ先として拡大された個人営業や小農などの非国有部門では、女性は少ない。資金の確保や認可の申請などが難しいためであるが、夫婦で個人営業を営む場合も、女性は夫の補佐役が多い。パラダール（個人営業のレストラン）でライセンスを持つのは男性であり、女性は調理場やウェイトレス役を担う。観光客の急増とともに一般家庭が外国人相手に下宿屋を営むケースが増えているが、ここでも男性が管理の仕事を、女性は食事や洗濯を引き受ける。

このような道も閉ざされた女性たちに残されているのは、非合法の戸別販売者（Puertapropista）である。道路沿いに立ったり、家々の玄関先を訪れて、野菜その他の物資（ときには配給品や不正に取得した物資）を売る。警察は見て見ぬふりをすることが多い。

ソ連解体による経済危機以来、「援助交際」も目立つようになった。ホテルのロビーでは外国人観光客の「恋人」を待つ「ヒネテーラ」(Ginetera) と呼ばれる女性たちの姿が見受けられる。観光客から貰う「お小遣い」やブランド品は貴重な収入であり、リゾート地で休暇を楽しむこともできる。「ヒネテーラ」に高学歴の女性が多いのは学歴に見合った職業が少なく、たとえ就職できたとしても給与だけでは食べていけないためである。革命後、政府が力を尽くして根絶した「売春」が復活している。

結婚観も変化しつつある。キューバ女性連合会長を創立以来務めたビルマ・エスピンは「愛だけで結ばれた夫婦の良さ」を語っていた。母子家庭になっても基本的生活が保障され、良い職業に就くこともでき、子どもたちも大学まで無償で進むことができれば、意に沿わない婚姻生活を続ける必要はない。そのためキューバでは離婚率や同棲率が際立って高く、離婚者も革命前の１００カップル中９・２カップルから、２００８年には58カップルに増加した。

ところが、その後、正式な婚姻が増え、離婚者数が減少し始めた。再婚者も増加している。二人で生活した方が経済的に助かるという理由もあるが、結婚が社会的な上昇手段となったためでもある。理想の相手は社会的、政治的地位の高い男性や外国企業で働く男性などである。

婚姻の状態（%）

	1955	1970	2000	2008
結婚	36.3	40.3	38.4	38.4
同棲	19.1	21.3	25.5	25.5
離婚	1.1	3.3	7.0	7.0
寡夫・寡婦	4.9	4.4	5.1	5.1
独身	38.6	36.7	24.0	24.0
離婚率（100 カップル中）	9.2	21.5	66.6	58.0

出典：Oficina Nacional de Estadísticas, Anuario Demográfico de Cuba 2010 より作成。

3　変容する社会——新しい取り組み

（1）性的マイノリティの運動の発展

性的マイノリティの復権運動の発展は、１９８０年代に始まるキューバ社会の変化がどのようなものであったかをよく示している。

同性愛者は一般市民の嫌悪感とも相まって、革命後、ほぼ20年間にわたり、差別の対象となっていた。１９６０年代から70年代には資本主義の産物であるとして刑法の「公的破廉恥行為」が適用され、矯正センターに送られて「再教育」されたり、映画『苺とチョコレート』にも出てくるように、亡命を余儀なくされたりした。しかし、１９８０年代になると、性的少数者への差別問題も議論の俎上に上り、90年代には「犯罪者」とみなされなくなった。２００８年には性転換手術も無償で行われるようになった。

この運動を中心となって推進してきたのは国会議員であり、全国性教育センター（ＣＥＮＥＸ）長のマリエラ・カストロ・エスピンである。

全国性教育センターは１９８９年に発足している。というよりもキューバ女性連合の全国性教育活動グループ（１９７２年成立）がセクシュアリティ研究の拠点として、発展的に解消したものであった。

これは「修正過程」でジェンダー問題や性的少数者の問題が取り上げられ始めたころである。これを機にラテンアメリカ諸国をはじめ、世界各国の機関との交流が始まり、1991年には第1回キューバ性教育会議も開かれた。2007年からは毎年、世界反ホモフォビア・デー（5月17日）に、国内でイベントや集会が開かれている。

こうした運動の発展を受けて、2012年に開かれた第1回共産党総会では性的差別の禁止が決議され、2013年末に新労働法が制定された際にもこの規定が取り入れられた。

ところが、労働法が提案された国会では、マリエラ・カストロは反対票を投じた。性的少数者の平等が明白に規定されていないという理由である。運動はまだ途上にあり、同性者の婚姻の合法化のために必要な家族法の改定に至る道は遠い。

性的少数者問題について波紋を呼んだのは、2010年8月に行われたメキシコのホルナダ紙のインタビューにおいて、フィデル・カストロが「自己批判」を行ったことである。「大変な不正であった。1960年代、70年代には10月危機問題、米国の封鎖や武力侵略などの問題に対処しなければならず、そこまで考えが至らなかった。しかし、誰が行ったのであれ、責任は私にある」と答えたのである。インタビューが行われたのは重病から奇跡的回復をとげ、公の場に姿を現し始めてから4か月後のことであった。

カストロに対するメキシコの女性インタビュアーの追及にはきわめて激しいものがあったが、性的少数者の平等が世界的に認められるようになるのは20世紀末以降のことであり、カストロがそれを認識するには、国際社会の変化とともに、長い思想的遍歴の期間が必要であった。

（2）歴史観の見直し

１９９０年代には「完成化」（Perfeccionamiento）が始まっている。これは「キューバ社会主義の完成化」と名づけられている。１９８０年代に「社会の見直し」が開始されたことは前に述べたが、その後、ソ連解体による経済危機のもとで「革命の成果」すら綻びを見せるようになったことに対し、あらゆる場で問題点を洗い出し、新しい視点に立って立て直すことになったことから始まったものである。

「企業の完成化」、「高等教育の完成化」、「ファミリー・ドクターの完成化」、「選挙制度の完成化」等々、「完成化」はさまざまな分野に及んだが、教育部門でも進められた。

教育現場では、教科書からコンピューターに至る教材不足、頭脳流出による教員の不足や質の低下、さらには学習意欲の低下など、問題は山積していた。これは小中学校だけではなく大学も例外ではなかった。そこで、現場の教員と専門家からなる知識人が「完成化委員会」を設け、いかにして教材や教員を確保するか、いかにして学習意欲を高めるか、あるいは、「新人類の子どもたち」の教育にいかに向き合うか等々、問題の解決に取り組んだ。

そのなかで、カリキュラム改革、コンピューターを利用した授業の拡充、先生が教えるのではなく自分で調べ、級友と討論しながら答えを考えるという授業方法の採用、そのための新しい教科書の作成など、新たな取り組みもなされた。

それとともに議論の俎上に上ったのがマルクス主義歴史観の見直しである。

これによって、たとえば国史（キューバ史）の教科書にも大きな変化が見られるようになった。キューバ史は義務教育の最終学年である9年生（中学3年）で学ぶが、教員や歴史研究者から成る「完成化委員会」が作成した新しい教科書（初版は1991年に出版）を見ると、歴史上の多くの人物が再評価されていることがわかる。かつてはマルクス・レーニン主義に照らして「思想的に遅れている」とみなされてきた人々が、それぞれの時代の条件のもとでどのような役割を果たし、その後の歴史にどのような意味をもたらしたか、などが記述されている。

なかでも興味深いのは、キューバ革命はスペイン植民地時代、特に第1次独立戦争から100年に及ぶさまざまな運動の積み重ねの結果、実現したものとして描かれていることである。そのため、カストロも決して英雄視されてはおらず、革命の成功は過去の運動の蓄積の成果であり、カストロは歴史上の数々の失敗の経験から学び、最終的に革命を実現させた人物として描かれている。

（3）「資本家マインドの拡大」対「知の社会」――「人間らしい社会」は実現できるか

新しい社会経済体制のもとでキューバが追求しているのは「公正な社会」である。というよりも「人間らしい社会」といった方がよいかもしれない。

これまでも繰り返し述べてきたように、キューバ革命の基本理念はホセ・マルティの思想にある。それはすべての人々に物質的な生活だけではなく、文化的な生活を保障することであり、また、人間

国有企業職種別労働者数（単位 1000 人）

年度	2010		2011		2012		2013	
	男女	女性	男女	女性	男女	女性	男女	女性
総計	**4,984.50**	**1,900.30**	**5,010.20**	**1,876.40**	**4,902.20**	**1,802.60**	**4,918.80**	**1,838.60**
肉体労働者	1,761.90	323.5	1,868.20	305.3	1,839.00	293.2	2,022.80	330.2
技術者	1,534.70	875.5	1,488.00	888.1	1,446.50	853.1	1,396.10	844.5
管理部門労働者	268.7	150	269.1	192.7	260.7	185.2	335.5	219
サービス部門労働者	1,082.60	435.4	1,136.10	404.8	1,112.20	388.9	881.8	349.9
管理職	336.6	115.9	248.8	85.5	243.8	82.2	282.6	95.0

出典：El Ministerio de Trabajo y Seguridad Social de Cuba および Oficina Nacional de Estadísticas de Cuba より筆者作成。

が自由に、しかし助け合いながら生きる社会を建設することである。フィデル・カストロははじめ、これを「理想主義社会」で実現できると考えたが、限界を示したために、50年にわたる紆余曲折の末に、新しい社会経済体制のもとでその実現を追求することになった。

しかし、新しい体制のもとでは市場原理が拡大する。国有企業の独立採算制度への移行が進み、民間部門や協同組合部門も拡大して非国有部門で働く人々も増える。外国企業の参入が進めばグローバルスタンダードへの適応も迫られる。資本の論理は拡大し、資本家マインドを持つ人々も増えていく。

今後、キューバは「人間らしい社会」を実現できるかどうか。この問題について考えるときに重要な要素となるのは、これまで、キューバは世界一厳しいといわれる米国の経済封鎖や干渉、ソ連解体による未曽有の経済危機など、革命以来、半世紀にわたり苦境に立たされてきたにもかかわらず、新しい社会づくりを放棄することなく、革命の基本理念のもとに国民を統合し、ついに、米国が「折れて」対米関係改善に至ったことである。

これは「奇跡的」ということもできるが、そこには「マルティ精神」が深く浸透したキューバ社会の固有性が大きな役割を果たしている。

フィデル・カストロはマルティ主義者として、「マルティ精神」に忠実に社会づくりを進めてきた。その成果はさまざまな形で表れている。なかでも今後の社会のあり方について考えるうえで大きな要素となるのは「知の社会」の実現である。

革命後、教育の発展に大きな力が注がれたことにより、キューバは文字を読めない人々が圧倒的多数を占める社会から高学歴社会となり、カストロが目指す「知の社会」が実現した。1980年代には革命後に形成された知識人層が口火を切って問題点を指摘し、それを政治指導部が受け止め、その結果、キューバ社会は革命後の最も重要な転換期を迎えた。2000年代に入っても両者のコラボレーションは続いており、研究者や研究機関が経済状況、貧困や格差や差別の問題、さらには参加制度の実効性などについて実態を調査し、政策を提言し、こうした研究成果を踏まえて政治指導部は政策を立案し、あるいは政策の見直しを行っている。

一方、政治指導部もキューバ精神を体現した「革命後世代」の手に移りつつある。新しい指導部のもとで、経済が再生すれば、所得格差や貧困問題は徐々に解消に向かい、高学歴社会にふさわしい職業も増え、「自己実現」のための難民流出にも歯止めがかかるであろう。「貧困の人種化」や女性解放の後退などの問題も、1980年代以来の過程が示しているように、「キューバ精神」を継承する革命後世代によって解消の努力がなされていくであろう。

問題は、こうした「革命の成果」が市場化の進展による「資本主義の論理の拡大」にどれだけ歯止めをかけられるかにある。

（4）キューバとラテンアメリカ

ラウル・カストロ議長は対米関係改善直後の国会演説において、関係改善は国際社会、特にラテンアメリカの変動によるものであり、その実現は世界の人々の運動にかかっていることを指摘した。その影響は確かに大きい。

20世紀末には、米国の一極支配のもとでキューバはラテンアメリカで孤立していたが、21世紀に入ると、「米国離れ」が一挙に進み、保守政権は数えるほどになった。それとともにキューバはラテンアメリカ社会に復帰しただけではなく、地域統合などで中心的役割を果たすようになった。

ラテンアメリカにおけるキューバの位置を示すものに2015年4月のパナマにおける第7回米州サミットがある。

米州サミットは1994年に米国のイニシアチブで始まったものであり、目的は米州自由貿易地域（FTAA）の実現にあった。そのため、当然のことながら、社会主義国のキューバは発足時から除外されてきたが、第7回サミットにはラテンアメリカ諸国の強い要求によってはじめて参加した。キューバの参加実現は米国の孤立ぶりを示すものであり、キューバを排除し続ければ、逆に米国が地域で孤立する恐れが強かったのである。

最大の目的であった米州自由貿易地域構想も頓挫している。2005年までに発足する予定であったが、実現の見通しがつかないまま、米国は一か国ずつ二国間協定（FTA）を結び、FTAAにつなげる戦略に転じたが、FTAを締結したペルー、コロンビアなどは他の諸国からは非難を浴びるほどであった。

米州サミットにおけるラウル・カストロ議長の演説もラテンアメリカ諸国の対米自立意識を掻き立てるものであった。

関係改善発表直後の国会演説と同じように、ラウル・カストロはまず、オバマ大統領の決断を讃えるなど、制裁解除実現へ向けた米国政府に対する配慮を示したが、そのあとに、革命以来被ってきた米国の直接間接の干渉の歴史について詳細に述べ、それは他のラテンアメリカ諸国の歴史でもあることを訴えた。すなわち、「キューバはあらゆる干渉に耐え、資源もない貧しい小国でありながら、物資の不足など困難はあるものの、国民生活の保護、市民の政治・社会参加などで成果をあげた。今後も2011年の党大会で決定した新しい体制のもとで革命の基本理念を守り、かつ世界の多数の人々が苦しんでいる飢餓や貧困の解消のために尽くしていく。今、ラテンアメリカは地域統合の発展などに見られるように歴史的転換期にある。各国には体制の違いをはじめ、さまざまな相違があるが、国際法や国連憲章、主権や自治権の尊重を基礎にした相互尊重の関係を築き、国際社会が抱える問題を協力して解決していこう」というのである。

半世紀にわたり米国のあらゆる干渉に抗して「革命」を維持してきたキューバは、ラテンアメリカにとっては、体制の違いはあるものの、自立的発展のシンボルである。

しかし、「非米化」とはいうものの、ラテンアメリカ各国には温度差があり、それぞれの国が「米国からの自立と従属」という相反する側面を内包している。

21世紀におけるラテンアメリカの変化をもたらしたのは20世紀末からの新自由主義時代の経験であった。新自由主義は都市だけではなく農村の奥深くまで浸透し、ラテンアメリカの社会経済構造を根底から揺り動かした。そのために貧困層の膨張、先住民社会の解体、最底辺の労働者としての女性の労働力市場への放出等々、あらゆる場で矛盾が深刻化し、他方では国際企業による経済支配が進み、国家の経済主権も失われた。そのため、1990年代は「死の時代」と名づけられたほどであった。

これに対し、土地なし農民の土地占拠、米国のコカ撲滅政策に反対する農民の抵抗、環境保護運動、先住民の復権運動等々、従来、見られなかった多様な人々が体制への異議申し立て運動の主役として登場した。これは新自由主義の競争原理至上主義や人間の個への分断、経済効率優先や開発第一主義などに疑問を呈するものでもあり、また伝統的左翼運動の「資本家対労働者・農民」という階級概念を超えるものでもあった。そのため、これらの運動は「新しい社会運動」と呼ばれた。21世紀の「非米化」はこうした「新しい社会運動」の発展を基礎としたものであり、保守勢力もその存在を無視できなくなった。

それとともに、新しい社会概念も生まれた。先住民が史上初めて大統領となったボリビアのモラレス政権やベネズエラのチャベス政権などが目指している「21世紀型社会主義」である。これは、新自由主義のオルタナティブであるとともに、旧ソ連や中国などの既成の社会主義概念の批判の上に立つものとなっている。「良く生きる」(Vivir Bien)という言葉で表現されているように、90%の人々の人間回復、人間らしい労働、自然と共存した経済発展、共助の社会、代表民主主義制度と参加制度の結合などを掲げるものであり、革命以来、半世紀にわたる紆余曲折の末に今日のキューバが追求するに至った体制もこれに近い。

だが、2010年代半ばになり、非米化も曲がり角を迎えている。

発端となったのは2009年6月のホンジュラス・クーデターであった。対米自立の姿勢を強めていたホンジュラスのマヌエル・セラヤ政権が軍のクーデターで追放されたものであるが、セラヤ政権はベネズエラとキューバが中心になって進めるALBAのメンバーであった。ラテンアメリカ諸国が一致してセラヤ大統領の復帰を訴えたのに対し、オバマ政権が黙認したために親米派のロボ政権が権力を維持した。

その後、2015年にはアルゼンチンで新自由主義派のマクリ政権が成立し、ブラジル、ベネズエラでも保守派の攻勢を前に、ルーセフ大統領が罷免され、マドゥーロ政権が危機に直面している。このような米国の巻き返しが可能となったのは、直接的には、中国経済の失速や資源安による経済低迷によるものだが、基本的には非米政権のもとでも新自由主義体制の転換が実現しなかったことによる。

中国の経済進出によって、ラテンアメリカ諸国の経済関係は伝統的な対米一辺倒から多極化し、それが対米自立を招いてきたが、中国経済の減速によってラテンアメリカ経済は大きな影響を受けた。そのため、新自由主義体制が手つかずのまま、ときには、新自由主義体制を推進しながら、社会政策によって矛盾を糊塗しようとしてきた「非米政権」は、緊縮財政を余儀なくされ、底辺層も、また国内の企業家も、政府批判に転じることになった。

しかし、新自由主義派の手に政権が移ったアルゼンチンでも、政策転換に対する国民の抵抗運動が激化している。また、１９７３年のピノチェト将軍によるクーデター以来、「新自由主義経済の優等生」といわれてきたチリでも、新自由主義時代に生まれ育った高校生や大学生による体制転換運動が発展している。

他方、対米関係改善の発表後、世界各国が競い合うようにキューバとの経済関係強化に乗り出している。キューバの選択肢は広がっており、ポスト新自由主義時代へ向けての一つの動きともなり得る。遠いカリブ海の小国ではあるが、今後のキューバの動きから目をそらすことはできない。

【第6回共産党大会経済社会政策基本理念】

Partido Comunista de Cuba, 2011 *Los Lineamientos de la Política Económica y Social del VI Congreso del PCC.* http://www.cubadebate.cu/noticias/2011/05/09/descargue-en-cubadebate-los-lineamientos-de-la-politica-economica-y-social-pdf/#.Vzqh3fmLRD8

【共産党大会資料集】

Partido Comunisita de Cuba, *Informes y resoluciones de los partidos Comunistas de Cuba.* http://www.pcc.cu/cong_asamb.php

【フィデル・カストロ演説集】

http://www.cuba.cu/gobierno/discursos/

【社会問題】
工藤多香子、2010「同質性と多様性のはざまで　21世紀キューバにおける人種差別との闘い」、山岡加奈子編『ラウル政権下のキューバ』所収、アジア経済研究所、2010年。

後藤政子、2003「ビルマ・エスピン」、加藤隆浩・高橋博幸編『ラテンアメリカの女性群像』所収、行路社。

Aurelio Alonso, 2001 La espiritualidad religiosa en Cuba hoy, Presentación en la Conferencia sobre Las relaciones entre la Iglesia y el Estado en Cuba a tres años de la visita del Papa Juan Pablo II, en American University, Washington, D.C., el 14 de mayo del 2001. bibliotecavirtual.clacso.org.ar/ar/libros/cuba/cips/.../15A086.pdf

María Cristina García, 1996 *Havana USA: Cuban Exiles and Cuban Americans in South Florida, 1959-1994*, Universty of California Press.

Ernesto Rodríguez Chávez, 1996 *Emigración Cubana Actual,* Editorial de Ciencias Sociales.

Esteban Morales Domínguez, 2013 *Race in Cuba: Essays on the Revolution and Racial Inequality*, Monthly Review.

Mark Q. Sawyer, 2006 *Racial Politics in Post-Revolutionary Cuba*, Cambridge Universty Press.

Isabel Holgado Fernández, 2000 *¡No es fácil!, Mujeres cubanas y la crisis revolucionaria*, Icaria Antrazyt.

Mayra Espina, 2008 *Viejas y nuevas desigualdades en Cuba, Ambivalencias y persectivas de la reestratificación social*, Nueva Sociedad no. 216, julio-agosto de 2008.

Mayra Esina, 2011 *La Política Social en Cuba: resultados y retos*, Texto para Seminario "La cuestión social en Cuba contemporánea," febrero de 2011, Center for Latin American and Latino Studies, American University.
www.ensap.sld.cu/bvgenero/sites/files/11_CIPS_EPMP_PSC.pdf

Mayra Espina, 2012 *La Política Social en Cuba: Nueva Reforma Económica*, Revista de Ciencias Sociales, no. especial.

Mariela Castro Espín, 2014 *La Integración Social de las personas transexuales en Cuba*, La revista Temas, Octubre-diciembre.

Milagros Martínez et. al., 1996 *Los balseros cubanos, a partir de un estudio de las salidas ilegales*, Editorial de Ciencias Sociales.

Espina Prieto & Pablo Rodríguez Ruz, 2006 *Raza y Desigualdad en la Cuba Actual*, La Revista Temas, enero-marzo, 2006.

Guevara, 1988 *Diario del Che en Bolivia*, Editorial Política.)。
チェ・ゲバラ、2001『チェ・ゲバラ　America放浪書簡集　ふるさとへ 1953-56』、棚橋加奈江訳、現代企画室（原題：Ernesto Guevara Lynch, 1987 *Aquí va un soldado de América*, Planeta.)。
パコ・イグナシオ・タイボII、2001『エルネスト・チェ・ゲバラ伝（上・下）』、後藤政子訳、海風書房（原題：Paco Ignacio Taibo II, 1996 *Ernesto Guevara también conocido como El Che*, Planeta.)。
エルネスト・チェ・ゲバラ、2004『チェ・ふたたび旅へ　第2回America放浪日記』、棚橋加奈江訳、現代企画室（原題：Ernesto Guevara, 2007 *Otra vez, Diario Inédito del segundo viaje por América Latina*, Ocean Sur.)。
レジス・ドブレ、1967『革命の中の革命』、谷口侑訳、晶文社（原題：Régis Debray, 1967 *Révolution dans la révolution?*, Maspero.)。
Ernesto Che Guevara, 1970 *Obras Escogidas 1957-1967*, Casas de las Américas.
Ernesto Che Guevara, 1998 *E Diario del Che en Bolivia*, Editorial Política.
Ernesto Che Guevara, 2006 *El Gran Debate, sobre la economía en Cuba*, Ocean Press.
Ernesto Che Guevara, 2012 *Apuntes filosóficos*, Ocean Sur.

【政治問題】

ラファエル・エルナンデス、2015「キューバ社会主義の移行に関する政治力学」、『アジア・アフリカ研究』、第55巻第1号。
Salim Lamrami, 2013 *The Economic War against Cuba: An Historical and Legal Perspective on the U.S. Blockade*, Monthly Review Press.
Mnisterio de Relaciones Exteriores de Cuba, 2014 *Informe de Cuba, 2014, bloqueo*. http://www.cubavsbloqueo.cu/
Camila Piñeiro Harnecker, 2013 *Cooperatives and Socialism: A view from Cuba*, Palgrave Macmillan.
Harian Abraham and Arturo López-Levy, 2011 *Raul Castro and New Cuba: A Close-Up View of Change*, McFarland & Company.
Jorge J. Domínguez, 2006 *Cuba hoy, Analizando su pasado, imaginando su future*, Editorial Colibrí.
Humberto Pérez González, 2015 *Los años 70 del Siglo XX en Cuba y el I Congreso de PCC*, SigloXXI, 25 de octubre, 2015.
José Massip y otros, 2001 *La empresa estatal cubana y el proceso del perfeccionamiento empresarial*, La Revista de Ciencias Sociales, no. 32.

Luis Aguilar, 1972 *Cuba 1933, Prologue to Revolution*, Cornell University Press.
Rubén G. Jiménez Gómez, 2012 *La Crisis de Octubre de 1962*.
http://cordovaluis.org/blog/wp-content/uploads/2012/11/La-Crisis-de-Octubre-de-1962.pdf
María Shriver, 1993 *Misiles en el Caribe, entrevista a Fidel Castro*. Editora Política. La Habana, Cuba.
Nancy Stout, 2013 *Celia Sanchéz and the Cuban Revolution*, Monthly Review Press.

【フィデル・カストロ】
フィデル・カストロ、1996『カストロ　革命を語る』、後藤政子編訳、同文舘出版（原　題：*Fidel Castro y la Religión: Conversación con Frei Betto*, 1986 Siglo Veintiuno Editores.）。
フィデル・カストロ、2012『フィデル・カストロ自伝　勝利のための戦略』、山岡加奈子・田中高・工藤多香子・富田君子訳、明石書店（原題：Fidel Castro, 2011 *Victoria Estratégica*, Ocean Press.）。
フィデル・カストロ、2014『キューバ革命勝利への道　フィデル・カストロ自伝』、田中高・工藤多香子・富田君子訳、明石書店（原題：Fidel Castro, 2011 *Contraofensiva Estratégica*, Ocean Sur.）。
イグナシオ・ラモネ、2011『フィデル・カストロ　みずから語る革命家人生（上・下）』、伊高 浩昭訳、岩波書店（原題：Fidel Castro, 2006 *Biografía a dos voces*, Random House.）。
後藤政子、2004「社会主義的マルティ主義者の摸索 フィデル・カストロ」、今井圭子編著『ラテンアメリカ開発の思想』所収、日本経済評論社。
Fidel Castro, 1992 *Un grano de Maíz. Conversación con Tomás Borge*, Oficina de Publicación del Consejo de Estado.
Mario Mencía, 1993 *The Fertile Prison: Fidel Castro in Batista's Jails*, Ocean Press.
Fidel Castro, 2005 *Fidel, my early years*, Ocean Press.
Claudio Furiati, 2003 *Fidel Castro, La historia me absolverá*, Plaza Janés.
Marta Hernecker, 1979 *Dictadura o Democracia,* Siglo veintiuno editores.

【ゲバラ】

アレイダ・マルチ、2008『わが夫、チェ・ゲバラ　愛と革命の追憶』、後藤政子訳、朝日新聞出版（原題：Aleida March, 2008 *Evocación*.）。

エルネスト・チェ・ゲバラ、1997『モーターサイクル南米旅行日記』、棚橋加奈江訳、現代企画室（原題：Ernesto Guevara, 1993 *Un diario per un viaggio in motocicletta*, Feltrinelli Editore.）。

チェ・ゲバラ、1999『ゲバラ日記』、高橋正訳、角川文庫（原題：Ernesto

◉主な参考文献

キューバ関係の資料は膨大な数にのぼるため、ここでは本書で参照・引用した主な文献に限ることとし、邦訳のある場合には訳書を挙げた。

【全般】

キューバ教育省、2008『キューバの歴史（世界の教科書シリーズ）』、後藤政子訳、明石書店、2011年（原題：Ministeiro de Educación de Cuba, *La Historia de Cuba, 9° grado*, Editorial Pueblo y Educación）。

後藤政子・樋口聡編著、2002『キューバを知るための52章』、明石書店。

後藤政子、2001『キューバは今』、御茶の水書房。

後藤政子、1993『新現代のラテンアメリカ』、時事通信社。

ホセ・マルティ、1999『ホセ・マルティ選集３　共生する革命』、後藤政子監訳、日本経済評論社。

後藤政子、2004「自由主義を開放の思想に高めた独立運動指導者 ホセ・マルティ」、今井圭子編著『ラテンアメリカ開発の思想』所収、日本経済評論社。

楊井克己、1959『アメリカ帝国主義史論』、東京大学出版会。

José Marti, 1992 *Obras Escogidas 1,2,3*, Editorial de Ciencias Sociales.

Thomas C. Wright, 1991 *Latin America in the Era of the Cuban Revolution*, Praeger.

Comisión Económica para América Latina y el Caribe, 1997 *La Economía Cubana, Reformas estructurales y desempeño en los noventa*, Fondo de Cultura Económica.

Mario Mencía, 1986 *El Grito de Moncada, 1, 2*, Editora Política.

【革命後の政策】

マイケル・ドブズ、2010『核時計零時１分前　キューバ危機13日間のカウントダウン』、布施由紀子訳、NHK出版（原題：Michael Dobbs, 2008 *One Minute to Midnight, Kennedy, Khrushchev, and Castro on the Brink of Nuclear War*, Random House.）。

Luis M. Buch Rodríguez, 1999 *Gobierno Revolucionario Cubano: génesis y primeros pasos,* Editorial de Ciencias Sociales.

Gérard Pierre-Charles, 1978 *Génesis de la Rerolución Cubana*, Siglo Veintiuno Editores.

Juan Valdés Paz, 1997 *Procesos Agrarios en Cuba, 1959-1995*, Editorial de Ciencias Sociales.

年	月	出来事
1991	12	ソ連邦解体。
1992	7	1976 年憲法改正、新憲法制定。
	10	米国、キューバ制裁法（トリチェリ法）制定。
1993	8	一般市民のドル所有合法化。
	9	国有農場の協同組合（UBPC）への転換、個人営業の規制緩和を決定。
	12	映画『苺とチョコレート』、ハバナの新ラテンアメリカ映画祭で受賞。
1994	10	農産物の自由市場再開。
1995	9	新外資法公布。
1996	3	米国、キューバ制裁法（ヘルムズ・バートン法）制定。
1997	10	第 5 回共産党大会開催、社会経済立て直し策決定。
2005	11	フィデル・カストロ、ハバナ大学で講演（「カストロの警告」）
2006	7	フィデル・カストロ、病気のため国家評議会議長と共産党第 1 書記の権限をラウル・カストロに委譲。
2008	2	フィデル・カストロ、国家評議会議長、首相を正式辞任、後任にラウル・カストロが就任。
2011	4	第 6 回共産党大会開催、社会経済体制の抜本的転換決定。フィデル・カストロ、第 1 書記辞任、ラウル・カストロが就任。
2012	1	第 1 回共産党総会開催。
2013	1	1994 年税法廃止、新税法公布。1976 年移民法改定、新移民法公布、一般市民の出入国自由化へ。
2104	3	1995 年外資法改定、新外資法制定。
	6	1984 年労働法廃止、新労働法制定。
	12	オバマ大統領、対キューバ関係改善発表（17 日）。
2015	1	米財務省と商務省が第 1 次制裁緩和措置発表(15 日)。第 1 回キューバ・米国間関係正常化交渉開始（22 日）。
	7	キューバ・米国間の国交回復（20 日）。
	9	フランシスコ法王、キューバ訪問。
	12	パリ・クラブとの債務交渉合意。
2016	3	オバマ大統領、キューバ訪問。
	4	第 7 回共産党大会開催、第 6 回大会の「キューバ社会主義モデルの現代化」路線再確認。
	11	フィデル・カストロ前国家評議会議長死去（25 日）。

年	月	出来事
1960	5	キューバ・ソ連国交回復。
	6	米系石油会社がソ連原油精製拒否を通達、キューバ政府は石油会社に経営介入、その後接収へ。
	7	米国政府、砂糖輸入停止。
	8	米系企業の接収始まる。
1961	1	米国、対キューバ断交。
	4	米国傭兵軍侵攻事件。「社会主義革命宣言」。
	7	統一革命組織（ORI）創立。
1962	10	ミサイル危機勃発。
1963	4	フィデル・カストロ、ソ連訪問。
	5	ORI がキューバ社会主義革命統一党（PURCS）に名称変更。
	7	全面的配給制度開始。
	10	第２次農業改革法公布。
1964	12	ゲバラが国連総会出席、その後アフリカ諸国歴訪（～３月 15 日）
1965		「1000 万トン計画」が始まる。
	4	ゲバラ、「ラテンアメリカ革命の旅」へ出立（２日）、ダルエスサラーム着（19 日）。
	10	キューバ共産党成立。
1966	11	米国、「キューバ調整法」制定。
1967	10	ゲバラ、ボリビアで戦死。
1968		1000 万トン計画のための「大攻勢」開始。小規模企業の国有化。
1970	7	フィデル・カストロ、「1000 万トン計画」の失敗発表。
1971	3	パディージャ、逮捕。
	4	全国教育文化会議開催。
	11	フィデル・カストロ、チリ訪問。
1972	6	キューバ、COMECON 加盟。
1975	12	第１回共産党大会開催。
1976	2	新憲法公布。
	10	初の地区議会議員選挙。
	11	初の州議会、国会議員選挙。
1978	9	移民法制定、一定の条件のもとでの出入国の自由化。
1980	4	マリエル港大量難民流出事件。
1985	11	『フィデル・カストロと宗教』、キューバで出版。
1986	2	第３回共産党大会第１セッション開始。
	12	第３回共産党大会第２セッション、75 年体制の「修正」決定。
1989		全国性教育センター（CENESEX）発足。
	11	「ベルリンの壁」崩壊。
1990	3	ラウル・カストロ第２書記、第４回党大会への「呼びかけ」。
	6	ヨハネ・パウロ２世、キューバ訪問。
1991	10	第４回共産党大会開催、社会経済体制の転換と経済危機対策決定。

◉キューバ史年表

年	月	出来事
1868	10	第１次独立戦争開始。
1878	2	サンホン条約締結、第１次独立戦争停戦。
1895	4	ホセ・マルティ、マクシモ・ゴメスらキューバ東部のプラジータ海岸上陸。第２次独立戦争開始。
1898	2	メイン号爆発事件。
	4	米国政府、スペインに宣戦布告。独立戦争は米西戦争へ。
	12	米・スペイン間でパリ条約締結。キューバ島は米国の占領下に置かれる。
1902	5	キューバ独立。初代大統領にエストラーダ・パルマが就任。
1933	8	マチャド独裁政権崩壊。
1940	7	新憲法公布
1952	3	バティスタがクーデターにより政権掌握。
1953	7	フィデル・カストロらモンカダ兵営襲撃、革命の始まり（26 日）。
	10	カストロに対する裁判、モデロ監獄に投獄。
1954	5	恩赦法成立。カストロらモンカディスタ、出獄。
	6	革命運動体「７月 26 日運動」創立。カストロ、メキシコへ亡命。
1956	11	カストロらグランマ号でメキシコのトゥスパンを出港（25 日）。
	12	カストロらキューバ東部ラス・コロラーダス海岸に到着（２日）。ゲリラ戦開始。
1957	2	フィデル・カストロ、『ニューヨーク・タイムズ』のマシューズ記者と会見。
	7	ジャノの指導者フランク・パイスが暗殺される。カストロ、パソス、チバスがシエラ・マエストラ宣言に署名。
1958	3	ラウル・カストロ指揮下のオリエンテ第２戦線開設。
	4	反バティスタ・ゼネスト失敗、７月 26 日運動内部でのゲリラ部隊のヘゲモニー確立。
	5	政府軍の最終攻勢開始（～８月）。
	7	シエラ・マエストラでカラカス協定署名、臨時政府首班にウルティア指名で合意。
	8	カミロ・シエンフエゴスとチェ・ゲバラの部隊が中西部へ向けて進軍開始。
	12	ゲバラ部隊、サンタ・クララ戦勝利。
1959	1	バティスタ大統領逃亡、革命勝利、ウルティアを首班とする臨時革命政府発足（1 日）。フィデル・カストロ、ハバナ入城（8 日）。
	2	ミロ・カルドナ首相辞任、カストロが就任。
	5	第１次農業改革法成立（17 日）、発効（6 月 4 日）。
	7	ウルティア大統領辞任、後任にドルティコスが就任。
1960	2	ソ連のミコヤン副首相がハバナ訪問、協力協定締結。
	3	クーブル号爆破事件。中央計画委員会（JUCEPLAN）設立。

◉著者紹介

後藤政子（ごとう・まさこ）
神奈川大学名誉教授。ラテンアメリカ現代史専攻。
主な著書：『新現代のラテンアメリカ』（時事通信社）、『キューバは今』（御茶の水書房）、『ジェンダー・ポリティクスのゆくえ』（共著、勁草書房）、『キューバを知るための52章』（明石書店）、『ラテンアメリカの女性群像』（共著、行路社）、『ポストコロニアルと非西欧世界』（共著、御茶の水書房）、『ラテンアメリカ開発の思想』（共著、日本経済評論社）、『在日外国人と日本社会のグローバル化』（共著、御茶の水書房）ほか。
主な訳書：ガルシア・マルケス『戒厳令下チリ潜入記』（岩波書店）、『カストロ革命を語る』（編訳、同文舘出版）、パコ・イグナシオ・タイボII『エルネスト・チェ・ゲバラ伝（上・下）』（海風書房）、『ホセ・マルティ選集』（日本経済評論社）、エル・フィスゴン『まんがで学ぶ世界の経済　グローバリゼーションとは何か？』（明石書店）、アレイダ・マルチ『わが夫、チェ・ゲバラ』（朝日新聞出版）、キューバ教育省編『キューバの歴史』（明石書店）ほか。

キューバ現代史
――革命から対米関係改善まで

2016年12月25日　初版第1刷発行

著　者　後　藤　政　子
発行者　石　井　昭　男
発行所　株式会社明石書店
〒101-0021 東京都千代田区外神田6-9-5
電話 03（5818）1171
FAX 03（5818）1174
振替　00100-7-24505
http://www.akashi.co.jp/
組版／装丁　明石書店デザイン室
印刷／製本　モリモト印刷株式会社

（定価はカバーに表示してあります）　ISBN978-4-7503-4457-7